国家出版基金项目
NATIONAL PUBLICATION FOUNDATION

幼儿园领域课程指导丛书

幼儿园数学领域教育精要
——关键经验与活动指导

张俊 著

教育科学出版社
·北京·

前　言

在幼儿园课程的各个领域中，数学向来是教师最感困惑的内容之一。很多教师发现"会的孩子根本不是我教会的，而不会的孩子却怎么也教不会"，甚至有些教师对于数学是否可教、是否需要教也产生了怀疑。究其原因，还在于教师缺乏相关的学科教学知识（或称教学内容知识，即PCK）：我们所要教给幼儿的数学概念究竟是什么？幼儿学习和理解这些概念的进程（学习路径）是怎样的？各年龄阶段的幼儿需要哪些关键经验？如何基于幼儿的学习路径，有效指导幼儿的数学学习？

以上问题，也是本书想要回答的中心问题。我们认为，尽管当前幼儿园的课程形式越来越多样化，不少幼儿园采用综合的或主题的形式，但是"学科"应该仍留在教师的心中，它是课程整合的重要基础。无论是学前师范教育，还是在职幼儿园教师的培养，都不应忽视基本的学科教学知识。编写此书的目的，正是为了帮助幼儿园教师及准教师把握数学领域教育的学科特点和内容线索，了解幼儿怎样学数学、教师应该怎样教数学。

南京师范大学学前教育专业长期以来重视幼儿园课程各领域教育的研究，在本科层次开设"学前儿童数学教育"课程已逾 60 年。本书的编写建立在作者传承南师学前几代学人积累、借鉴国际研究成果以及总结个人 20 年教学、研究心得的基础上，是"教育部卓越幼儿园教师培养改革项目"和"江苏省高校品牌专业建设项目"的成果。本书的编写也是理论研究者和教育实践者密切联系与合作的产物。作者多年来得益于与幼儿园教师的共同研究、相互启发，尤其是近年来，在江苏省高校"基础教育人才培养模式改革"协同创新中心的框架下，与相关幼儿园开展了卓有成效的合作，此书也是合作研究的成果之一。这里特别要感谢北京奕阳教育研究院的资助，使得本书作为教育部人文社会科学研究项目"不同地区幼儿数学思维发展及培养的实验研究"（项目编号 11YJE880002）的成果得以顺利完成。本书中的很多案例，即取自该项目课题组所研发的"通向数学"课程。

全书的编写力求理论和实践相结合，通过理论观点的阐述和实践案例的呈现，帮助读者更好地理解幼儿园数学领域教育精要。本书由本人执笔，但书中引用了大量来自实践的教育案例，在此表示谢意。因时间仓促，书中必有不妥乃至谬误之处，敬请指正。

南京师范大学　副教授　张俊

目　录

第一章

数学与幼儿

数学是对现实的一种抽象。1、2、3、4……这些数字，绝不是一些具体事物的名称，而是人类所创造的一个独特的符号系统。正如卡西尔（E. Cassirer）所言，数学是一种普遍的符号语言——它与对事物的描述无关而只涉及对关系的一般表达。也就是说，数是对事物之间关系的一种抽象。

数学知识究其本质，是一种高度抽象化的逻辑知识，它所反映的不是客观事物本身所具有的特征或属性，而是事物之间的关系。因此，对数学知识的掌握绝不止于对知识的机械记忆，而是对于事物之间各种关系的理解，实际上是一种逻辑知识的获得。具体说来，数学知识具有以下三个特点。

一、抽象性

数学知识的一个突出特点就是高度概括和抽象的数量关系及空间形式。这种数量关系和空间形式既是从具体现实世界中抽取出来的，又区别于具体事物的"模式"，所以，数学是模式的科学。正如哲学家怀特海（Alfred North Whitehead）在《数学与善》一书中所说，数学是在从模式化的个体做抽象的过程中对模式进行研究。比如，数字"5"这个简单的数字，可以表示 5 个人、5 颗糖果，也可以表示 5 个苹果。"2+3"这个式子可以表示 2 棵树加 3 棵树，也可以表示 2 个人加 3 个人，总之，它们舍弃了客观世界中各种具体的现象，只从数量上来考察，并抽象出"5"或"2+3"这样一个数量关系。再比如，"正方形"这样一个简单的图形，就可以代表正方形的画布、正方形的桌面、正方形的地板，它舍弃了种种具体的内容，抽象出正方形这样一个空间形式。

二、逻辑性

数学知识的另一特点是它的逻辑性。数学知识所反映的是事物之间的关系。当我们说一堆橘子的数量是"5 个"的时候，并不能从其中任何一个橘子中看到数量"5"这一属性，因为"5"这一数量属性存在于它们的相互关系中——所有的橘子构成一个数量为"5"的整体。幼儿要通过点数得出橘子的总数来，就需要协调一系列动作，具体说就是"点"的动作和"数"的动作之间的协调。首先，他必须使手点的动作与口数的动作一一对应，即手口一致；其次是序的协调，他口中数的数是有序的，数词与点到的物体一一对应，即数物一致；最后，他还要将所有的动作和在一起，才能得到物体的总数，可以说数量概念的获得是对各种关系加以协调的结果。总之，数学知识反映的不是客观事物本身的特征，而是它们之间的关系。数学知识的逻辑性，决定了幼儿学习数学知识不是一个简单的记忆过程，而是一个逻辑思考的过程。它必须依赖于各种既定逻辑关系的协调，这是皮亚杰所说的反省抽象①。

三、应用性

数学将具体的问题普遍化、抽象化为一个纯粹的数学问题，而对这个抽象问题的解决又具有实际的意义，有助于解决实际的问题。因此，数学具有两重属性，即抽象性和现实性（或应用性），这两者并不是对立的、矛盾的。恩格斯在其著作《反杜林论》中曾精辟、详尽地论述了数学的实践本质，而且指出了，数学之所以具有应用性，正是因为它根植于现实世界并反映了现实世界的必然规律，这也证实了数学知识真理性的根源。比如，从多种不同的实体中抽象出正方形这样一个空间形式，并经过进一步探究，得出如何求其周长和面积，那么这个周长或面积的规律可应用于一切求具有正方形形状的物体的周长或面积的问题。

数学还是科学研究的重要工具。数学可以更精确地表达事物之间的联系和关系。在科学研究的过程中，我们可以借助数学的工具，通过定量化的实验，精确地揭示自然界中事物之间的关系和联系。在科学技术日益发展的今天，数学的应用性也正得到越来越多的体现。

对幼儿来说，数学也同样可以成为解决问题的有效工具。他们可以应用计数、运算等数学方法解决游戏和日常生活中的简单问题。

综上所述，幼儿要能理解数学知识，必须摆脱具体事物的干扰，对其中的数学关系进行思考，从具体的事物中抽象出普遍的数学关系，进而在具体

---

① 皮亚杰（Jean Piaget）将知识分为三种类型：物理知识、逻辑数理知识和社会知识。所谓社会知识，就是依靠社会传递而获得的知识。在数学中，数字的名称、读法和写法等都属于社会知识，它们有赖于教师的传授。如果没有教师的传授，儿童自己是无法发现这些知识的。物理知识和逻辑数理知识都要通过儿童自己与物体的相互作用来获得，而这两类知识之间又有不同。物理知识是有关事物本身性质的知识，如橘子的大小、颜色、味道。儿童要获得这些知识，只需要直接作用于物体就可以发现了。因此，物理知识源于对事物本身的直接抽象，皮亚杰称之为"简单抽象"。而数理逻辑知识的获得依赖的是作用于物体的一系列动作之间的协调，以及对这种动作协调的抽象，皮亚杰称之为"反省抽象"，它反映的不是事物本身的性质，而是事物之间的关系。——作者注

的问题情境中灵活地应用已掌握的数学知识。因此，数学知识的特点决定了幼儿的数学学习内容首先必须具备系统性。幼儿对数学知识的掌握是一个从具体到抽象，再从抽象到具体应用的过程，这一过程不仅要具备一定的逻辑观念，还要具备一定的抽象思维能力。

第二节　儿童早期的数学学习

数学知识的特点决定了数学学习者需要具备一定的逻辑思维和抽象思维或认知能力。那么幼儿是否具备这样的思维基础呢？幼儿又是怎样学习数学的呢？幼儿学习数学的心理特点对教师的数学教学提出了哪些要求呢？

一、幼儿怎样学习数学

幼儿是怎样学习数学的？这个问题既简单又复杂。简单的理由是，他们几乎在不经意间就学会了数数。尽管开始时是胡乱地数，但逐渐地，他们就记住了正确的顺序，并且还能理解数的实际意义，做简单的加减运算……这一切似乎都自然而然。其实，这对幼儿来说是一项了不起的成就。幼儿的数概念从萌发到初步形成，经历了一个复杂而漫长的过程。幼儿需要不断摆脱其思维水平的局限，才能逐步达到对抽象的数学知识的理解。

（一）幼儿学习数学的心理准备

前面已经阐明，数学知识是对现实的一种抽象。1、2、3、4……这些数字绝对不是一些具体事物的名称，而是人类创造出的一个独特的符号系统，有自身特有的逻辑体系和关系。

1. 幼儿逻辑观念的发展

我们以数学知识中普遍存在的逻辑观念——一一对应观念、序列观念和类包含概念为例，考察幼儿逻辑观念的发展。

（1）一一对应观念

幼儿的一一对应观念形成于小班中期（3岁半以后）。起初，他们可能只是在对应的操作中感受到一种秩序，并没有将其作为比较两组物体数目多少的办法。逐渐地，他们发现仅靠直觉判断多少是不可靠的：有时候，占的地方大的物体，数目却不一定多。而通过一一对应来比较则更可靠一些。例如，在"交替排序"的活动中，存在四种物体，其中既有交替排序，又有对应排序。教师问一个幼儿小鸡有多少，他通过点数说有4只，再问小虫（和小鸡对应）有多少，他一口报出有4条。又问小猫有多少，他又通过点数得出有4只，再问鱼有多少，他一口报出有4条。说明幼儿此时已非常相信通过对应方式确定等量的可靠性。

但是能不能说，幼儿此时已在头脑中建立了一一对应的逻辑观念呢？皮亚杰用一个有趣的"放珠子"实验得出了相反的回答。实验者向幼儿呈现两个盒子，一个盛有许多珠子，让幼儿往另一个空盒子里放珠子，问幼儿如果一直放下去，两个盒子里的珠子会不会一样多，幼儿不能确认。他先回答不会，因为它里面的珠子很少。当主试问如果一直放下去呢，他说会比前面盒子里的珠子多了，而不知道肯定会有一个相等的时候。可见幼儿在没有具体的形象做支持时，是不可能在头脑中将两个盒子中的珠子一一对应的。

（2）序列观念

序列观念是幼儿理解数序所必需的逻辑观念。幼儿对数序的真正认识，并不是靠记忆，而是靠他对数列中数与数之间的相对关系（等差关系和顺序关系）的协调：每一个数都比前一个数多一，都比后一个数少一。这种序列观念不能通过简单的比较得到，而有赖于在无数次的比较之间建立一种传递性的关系。因此，这是一种逻辑观念，而不仅仅是一种直觉或感知。那么，幼儿的序列观念是怎样建立起来的呢？

我们可以观察到，小班幼儿在完成长短排序的任务时，如果棒棒的数量多于 5 个。他们还是有困难的，说明这时的幼儿尽管面对操作材料，也难以协调这么多动作。中班以后，幼儿逐渐能够完成这个任务，而且他们完成任务的策略也是逐渐完善的。起先，他们是通过经验来解决问题的，每一次成功背后都有无数次错误的尝试，我们就看到有一个幼儿在完成排序之前经历了 12 次失败，而且每一次只要有一点儿错误就全部推翻重来。到了后一阶段，幼儿开始运用逻辑解决问题。他每次先找到一根最短（或最长）的棒棒，然后再依次往下排。因为他知道，他每次拿的最短的棒棒必定比前面所有的都长，同时比后面所有的都短，这就说明幼儿此时已具备了序列观念。但是，这种序列观念只有在具体事物面前才有效，如果脱离了具体形象，即使只有 3 个物体，幼儿也难以排出它们的序列。一个典型的例子就是，当问幼儿"小红的岁数比小明大，小亮的岁数比小红大，谁的岁数最大？"时，幼儿往往不知如何回答。

（3）类包含观念

幼儿在数数时，都要经历这样的阶段：他能点数物体，却报不出总数。即使有的幼儿知道最后一个数就是总数（比如数到 8 就表示有 8 个物品），也未必真正理解总数的实际意义。如果我们要求他"拿 8 个物体给我"，他很可能就把第 8 个物体拿过来，说明这时幼儿还处在罗列个体的阶段，没有形成整体和部分之间的包含关系。幼儿要真正理解数的实际意义，就应该知道数表示的是一个总体，它包含了其中的所有个体。如 5 就包含了 5 个 1，同时，每一个数，都被它后面的数所包含。只有理解了数的包含关系，幼儿才可能学习数的组成和加减运算。

幼儿从小班开始就能在感知的基础上进行简单的分类活动。但是在他们的思维中，还没有形成类和子类之间的层级关系，更不知道整体一定大于部分。我们给幼儿提供了一些红片片和绿片片，然后问他，是红片片多还是片片多，他一直认为是红片片多。直到我们向他解释，片片指的是所有的片片，而不是（剩下的）绿片片，他才作出了正确的回答。而他得到答案的方式也是耐人寻味的。他不是像我们所想象的那样靠逻辑判断，而是通过一一点数，得出红片片是 8 个，片片是 10 个，因此片片比红片片多。这里，我们可以清楚地看到，在幼儿头脑中，整体与部分之间并没有形成包含关系，而是并列的两个部分的关系。他们至多只是借助于具体的形象来理解包含关系，而绝没有抽象的类包含的逻辑观念。

通过以上的考察，我们可以看出，幼儿已经具备了一定的逻辑观念，这为他们学习数学提供了一定的心理准备。但这些逻辑观念又都具有很大的局限性，也就是说，它们非常依赖于具体的动作和形象。如果这些问题是和直接的、外化的动作和形象相联系的，幼儿则有可能解决，如果是较为间接的、需要内化于头脑的问题，幼儿就无能为力了。这个现象，正是由幼儿思维的抽象程度决定的。

2. 幼儿思维的抽象性及其发展

皮亚杰认为，抽象的思维起源于动作。抽象水平的逻辑来自于对动作水平逻辑的概括和内化。在一岁半左右，幼儿具备了表象性功能，这使得抽象的思考成了可能。幼儿能够借助于头脑中的表象对已经不在此时此地的事情进行间接的思考，能够摆脱时间和空间的限制而在头脑中进行思考，这是幼儿抽象思维发展的开始。然而，要在头脑中完全达到一种逻辑的思考，则是大约在十年以后。之所以需要这么长的时间，是因为幼儿要在头脑中重新建构一个抽象的逻辑。这不仅需要将动作内化于头脑中，还要能将这些内化了的动作在头脑中自如地加以逆转，即达到一种可逆性，这对幼儿来说不是一件容易的事情。举一个简单的例子，如果我们让一个成人讲述他是怎样爬行的，他未必能准确地回答，尽管爬行的动作对他来说并不困难。他需要一边爬行，一边反省自己的动作，将这些动作内化于自己的头脑中，并在头脑中将这些动作按一定的顺序组合起来，才能概括成一个抽象的认识。幼儿的抽象逻辑的建构过程就类似于此，但他们所面临的困难比成人更大。因为在幼儿的头脑中，还没有形成一个内化的、可逆的运算结构。表现在上面的例子中，幼儿既不能在头脑中处理整体和部分的关系，也不能建立一个序列的结构，而只能局限于具体事物，在动作层次上完成相关的任务。

所以，幼儿虽然能够理解事物之间的关系，但是幼儿的逻辑思维，是以其对动作的依赖为特点的。抽象水平的逻辑要建立在对动作的内化的基础上，而幼儿期正处于这个发展的过程中。具体表现为幼儿常常不能进行抽象的逻辑思考，而要借助于自身的动作或具体的事物形象。

值得一提的是，表象思维是幼儿思维的一个重要特点。幼儿时期的表象能力发展迅速，这对于他们在头脑中进行抽象的逻辑思考有重要的帮助作用。但是从根本上说，表象知识提供了幼儿进行抽象思维的具体材料，幼儿的抽象逻辑思维取决于他们在头脑中处理事物之间逻辑关系的能力。总之，无论是形象还是表象，它们都是对静止事物或瞬间状态的模仿，属于思维的图像方面；而思维的运算方面，即对主体的外部动作和内部动作的协调，才是构成逻辑的基础。幼儿思维抽象性的发展，实际上伴随着两个方面的内化过程，一是外部的形象内化成头脑中的表象，二是外部动作内化成头脑中的思考，而后者才是最根本的。

正由于幼儿尚不能进行完全抽象的思考，他们学习数学也必须要依赖于具体的动作和形象。借助于外部的动作活动和具体的形象，幼儿能够逐步进行抽象水平的思维，最终达到摆脱具体的事物，在抽象的层次上学习数学。

3. 幼儿早期的数学学习经验

如前所述，正由于数学知识本身的逻辑性和抽象性的特点，决定了数学学习与幼儿思维的逻辑性和抽象性的发展密切相关。自20世纪60年代起，皮亚杰理论主导了幼儿数学教育的理论和实践。它从领域普遍性的观点出发，认为数学学习从属于普遍的认知结构的发展，儿童的数学发展，实际上是其思维的逻辑性、抽象性发展的具体表现。这种观点对实践的影响非常深远。直到今天，仍有很多幼儿数学课程将逻辑数理经验（或称前数学经验）作为一块独立的内容。

不过，皮亚杰理论在今天，也遭遇不少反对的观点和证据。其中最主要的反对观点认为，逻辑思维和抽象思维的发展，固然对幼儿的数学学习非常重要，但是不能把数学学习看成思维发展的派生物。儿童早期的数学能力有其自身的遗传基础和发展线索，它和思维发展是异源的、平行发展的。最重要的证据就是，儿童早期的数学学习经验，对其数学能力的发展起到了重要作用。比如，幼儿在生活中通过非正式的方式学会了数数，尽管其对数的符号系统所蕴含的抽象意义和逻辑关系并无多少理解，但是这种早期的经验及其熟练化，却是其理解和掌握数系统的重要基础。

综上所述，幼儿数学学习的心理准备，包括两个方面，一是思维发展的准备，二是经验的准备。这两个方面相互作用，构成幼儿早期数学学习的重要基础。

（二）幼儿数学学习的心理特点

根据上述观点，幼儿思维的发展为他们学习数学提供了一定的心理准备。但是，幼儿逻辑思维的发展特点又造成了幼儿在建构抽象数学知识时的困难。在整个幼儿期，数学概念对于他们来说还没有成为头脑中的一个抽象的逻辑体系，必须借助于具体的事物和形象。同时，幼儿在学习数学的过程中，也在不断努力摆脱具体事物的影响，使那些和具体事物相联系的知识能够内化于头脑，成为具有一定概括意义的数学知识。具体地说，幼儿学习数学的心理特点可以概括为以下几点。

1. 幼儿学习数学开始于动作

自从皮亚杰提出"抽象的思维起源于动作"，这已经成为幼儿数学教育中广为接受的观点。我们也经常能观察到，幼儿在学习数学时，最初是通过动作进行的。特别是小班的幼儿，在完成某些任务时，经常伴随着外显的动作。例如，在"对应排列相关联的物体"活动中，幼儿在放卡片时，总要想和上面一排相对应的卡片碰一下，然后才把它放在下面。这实际上就是一个对应的动作。随着幼儿动作的逐渐内化，他们才能够在头脑中进行这样的对应。幼儿在最初学习数数的时候，也要借助于手的点数动作才能正确地计数。直到他们的计数能力比较熟练，才改为心中默数。

幼儿表现出的这些外部动作，实际上是其协调事物之间关系的过程。这对于他们理解数学中的关系是不可或缺的。在幼儿学习某一数学知识的初期阶段，特别需要这种外部的动作。而对于那些抽象思维有困难的幼儿，帮助其理解加减运算中的数量关系的方法，就是让他们进行合并和拿取的操作，在实际的操作中理解两个部分如何合并为一个整体，整体中拿走一部分还剩下另外一部分。而那些不能摆脱实物进行抽象数字运算的幼儿，正说明他们还需要动作水平上的操作。这时给予他们摆弄实物的练习，既符合他们的心理需要，也有助于他们的学习。

2. 幼儿数学知识的内化需要借助于表象的作用

尽管表象对于幼儿学习数学不起决定性的作用，但并不是说毫无作用。幼儿对于数学知识的理解开始于外部的动作，但那时要把它们变成头脑中抽象的数学概念，还有赖于内化的过程，即在头脑中重建事物之间的逻辑关系。表象的作用即在于帮助幼儿完成这一内化的过程。

过去有些不恰当的做法是把表象的作用无限地夸大，甚至以为幼儿学习数学就是在头脑中形成数学表象的过程，于是通过让幼儿观看实物或照片、教师讲解数学概念的方法进行教学，试图让幼儿在头脑中"印下"数的表象、加减的表象。现在看来，这样的方法并不符合幼儿学习数学的心理。不过，如果能在幼儿操作的基础上，同时引导幼儿观察实物或图片及其变化，并鼓励他们将其转化为头脑中的具体表象，不仅能帮助幼儿在头脑中重建事物之间的逻辑关系，对于幼儿抽象思维能力的发展也有益无害。例如，在学习加减运算时，在幼儿进行了一系列操作的基础上，我们可以通过让幼儿观察一幅图中物体之间的关系来理解加减，或者通过三幅图之间的细微变化来表示加减的关系，甚至通过口述应用题让幼儿自己在头脑中形成相应的表象进行运算，这些都有助于幼儿在抽象的水平上进行加减的运算。

3. 幼儿对数学知识的理解要建立在多样化的经验和体验基础上

由于数学知识是一种抽象的知识，它的获得需要摆脱具体事物的其他无关特征。而幼儿对于数学知识的抽象意义的理解，却是从具体的事物开始的，可以说，幼儿在概念形成的过程中所依赖的具体经验越丰富，他们对数学概念的理解就越具有概括性。因此，为他们提供丰富多样的经验，能帮助幼儿更好地理解数学概念的抽象意义。例如，在认识数字 3 时，让幼儿说出各种各样可以用 3 来表示的物体，而且让他们知道，凡是数量是 3 的物体，无论它们怎样排列，都可以用 3 表示。这样幼儿就可以对数字 3 的抽象意义有所了解。

再如，大班幼儿在学习数的分合时，教师首先让幼儿分各种不同的东西，5 个苹果、5 个玩具、5 粒蚕豆等并用分合式记录下来。这时幼儿对分合式的理解还停留在它们所代表的那一件事。当教师问幼儿这些式子是否一样时，大多数幼儿都回答不一样，因为它们表示的是不同的事情。在教师的引导下，幼儿逐渐认识到这些式子的共同之处，以及它们之所以相同是因为它们表示的都是分数量为 5 的物体，因此，可以用同一个式子来表示。这样，幼儿也逐渐认识到了"数的分合"这一抽象的知识，而不再停留于具体的"分东西"上。

相反，如果幼儿缺乏多样化的经验，他们对数学概念的理解就会出现问题。例如，有的幼儿会认为，钝角三角形不是三角形，因为教师从来没有让他们接触到这样的形状。还有的幼儿说 5 不能表示 5 只老虎，因为"老虎不是水果"，究其原因，原来是教师在教 5 的数量时，用的全都是水果的例子，幼儿得到的经验是单一的。

4. 幼儿抽象数学知识的获得，符号和语言起关键作用

幼儿的数学学习也离不开外部的支持。如果仅仅依赖于自然学习经验，幼儿是不可能理解数学这种具有高度抽象性和逻辑性的知识的。有研究发现，如果不是身边的成人鼓励幼儿去注意，幼儿根本不会自发地去注意周围的数字。的确，数学关系并不具有直观形象性，它往往隐藏在事物的背后。因此，成人的引导对于幼儿数学学习的价值就更为突出。

数学是一套抽象化的知识体系。文化传递对于幼儿掌握数学知识是必需的。简单地说，数学也是需要"教"的。成人根据幼儿的水平提供相应的指导，能够有效帮助幼儿克服所遇到的困难，在自己原有的水平上获得提升。

在幼儿的数学学习中，外部支持实际上给幼儿提供了一个"支架"，帮助他们提升对数学概念的理解，同时也帮助他们的思维水平从具体水平向抽象水平提升。在这个过程中，符号系统是重要的中介。

数学符号是人类的发明。幼儿对符号系统的掌握离不开成人的教。而一旦幼儿掌握了符号系统，他们就能够更有效地运用逻辑思维。有时，符号系统还能帮助幼儿在已掌握的逻辑关系和不懂的逻辑关系之间架起桥梁。以加

减运算的学习为例。幼儿积累了大量有关加减的具体经验，甚至也能够用自己的语言讲述这些经验，但是要形成加减的概念，就需要教他们用抽象的符号来表示具体的事情。符号的作用就在于给幼儿一种抽象化的思维方式。事实上，幼儿接触的符号也不限于加减运算的符号，如"标记"就是一个具有抽象意义的符号。它既带有形象性，又不是一个具体的形象，而是对它所代表的所有具体形象的抽象。幼儿从小班起就开始接触标记，并逐渐理解标记的抽象意义，对于其抽象思维发展很有帮助。

值得一提的是，语言在幼儿学习数学的过程中也很重要。语言是思维的工具。幼儿用语言表达其数学操作经验，能够对他的动作实行有效的监控，有助于动作内化的过程。教师帮助幼儿用简洁明了的语言表达数量关系，则能帮助幼儿排除具体因素的干扰，从本质上把握事物之间的数量关系。

5. 幼儿数学知识的巩固有赖于练习和应用活动

幼儿数学知识的掌握是一个持续不断的过程。幼儿用自己已有的认知结构同化外部世界，同时也建构着新的知识。以数数的策略为例，幼儿起初是通过直觉的判断比较数量多少，实际上是根据物体所占空间多少来判断。这一策略有时是有效的，但有的时候就会发生错误。我们观察到的有些小班幼儿不能正确比较数量多少，就是因为他们用了一个不适合的认知策略来同化外部的问题情境。在这个时候，尽管幼儿知道一一对应和点数也是比较数量多少的方法，但绝不会自觉地运用一一对应或点数去比较多少。根据我们的观察，有的中班幼儿还不能做到不受物体排列形式的影响，通过对应或点数比较数量多少，而是通过直觉判断，直到幼儿自己感到现有的认知策略不能适应问题情境了，才会去寻求新的解决办法。这时幼儿主动改变自己的认知策略，比如通过一一对应或点数的方法，去适应外部环境，从而与环境之间达到新的平衡。

这里需要指出的是，幼儿不断与环境相互作用的过程，是他们不断尝试新策略的过程，练习和检验新获得的策略的过程，以及在应用中巩固新策略的过程。它完全是通过幼儿的自我调节作用而发生的，而不是教的结果。比如在上面的例子中，教师即使告诉幼儿一一对应比较多少才是一个正确的方法，如果幼儿自己没有感到他原来的方法有什么不好，他是不会轻易放弃它而接受教师教的方法的。对于幼儿来说，最重要的是要有大量的机会练习和应用。

二、对教育的启示

（一）以操作法为数学教学的基本方法

所谓操作法是指幼儿在亲自动手操作材料、摆弄物体的过程中进行探索学习，从而获得数学经验、逻辑知识和技能的学习方法。它是幼儿学习数学的最基本的方法。

按照皮亚杰的认知发展理论，幼儿对周围世界任何现象和事物的理解都需要经历一个由外及内的动作内化过程。即幼儿需要先通过外部的动作与材料交互作用，获得最初的、直接的、具体的、外部动作层面的感性经验，随着类似经验的积累，幼儿才能将单一的动作形成有序协调的动作，并逐步达到动作的简化和概括，原来依赖外部动作的认识过程开始逐步内化，此时幼儿会采取部分动作操作与部分的表象操作（内部动作）相结合的方式来形成自己的认识。当幼儿能摆脱外部动作的依赖，完全通过表象进行内部操作时，幼儿也就完成了由动作层面向思维层面抽象的过程。

以小班幼儿的等量配对活动为例，教师布置的任务是按实物数量卡配等量的材料——1只兔子喂1根萝卜，2只兔子喂2根萝卜，3只兔子喂3根萝卜……幼儿开始操作时，一般采取每次拿一张萝卜卡片，一一对应匹配每只兔子，通过往返多次，反复一一对应完成等量配对。但经历多次的重复操作后，我们发现幼儿的动作出现了简化和概括，他们每次会拿2—3张甚至更多的萝卜卡片，走到每张兔子实物卡前，逐一对应每只兔子放1张萝卜卡片，完成等量配对。到最后，幼儿的操作达到非常熟练的程度时，他们只要看一眼兔子数量卡，就直接丢下几张萝卜卡片并且不必再用一一对应的方法核对数量是否相等。

从这个例子中，我们可以完整地看到幼儿在形成等量集合观念过程中，自己是如何进行动作抽象的。幼儿只有通过自己的操作，亲历从动作水平的思维向抽象水平的思维转化的过程，才能重构对数学的理解。

由此，我们可以看到操作法对幼儿数学学习所起的关键作用，同时也可以说明，操作法是幼儿学习、理解数学的基本方法。

（二）注重数学教学内容的系统性和前后联系

幼儿园数学教育应注重教学内容的系统性和前后联系，指的是数学教学内容的选择和安排应遵循数学知识的系统性和幼儿学习数学的逻辑顺序，体现先易后难，循序渐进，前后联系的特点，这主要是由幼儿学习数学知识的特点决定的。

幼儿所学的数学知识看似简单，却是一个严密的知识体系，前后学习内容之间具有很强的联系。例如，小班幼儿开始学习分类、对应和排序等内容，这些数前经验为他们理解数的实际意义打下了重要的逻辑基础。而幼儿对数的感知和计数活动，又是他们理解数与数的关系，进行简单加减运算的必要准备。

幼儿对数学知识的理解和掌握，遵循着从具体到抽象的规律，这也决定了幼儿数学教学的内容与要求必须体现这样的逻辑顺序。例如，数概念的教学，小班幼儿的学习仅限于在具体的水平上感知数量，而不涉及具体的数字符号。在积累了一定的数量经验的中班时期，我们才向幼儿介绍数字符号，帮助幼儿对数的理解达到抽象的层次。

尽管现在幼儿园课程强调生活化和综合化，但数学教育内容的系统性是无可置疑的。这是因为，幼儿对数学概念的理解具有明确的学习路径，教学必须遵照这个路径，循序渐进地提供学习内容，才能有效地促进幼儿的发展。应该指出的是，我们今天对于数学教育内容系统性的理解，不同于过去传统课程中所强调的系统性。后者是一种数学知识的系统，未必反映了幼儿的数学学习路径。如，在进行数的组成教学时，从 2、3、4……开始，直到 10 的组成，其内容编排依据只是数量的递增，而未充分考虑幼儿对数的组成概念的理解是如何逐步发展起来的。相反，基于幼儿数学学习路径的系统化，则是充分考虑到幼儿如何从具体的量的分合，发展到抽象的数的分合；从在具体操作中探索数量的不同分法，到发现各组分法之间的规律性，以及在头脑中理解数的分合中所蕴含的各种数量关系。

（三）关注生活和游戏对于幼儿数学学习的价值

"生活中的数学"与"游戏中的数学"为幼儿提供非正式的学习经验，它对于幼儿数学学习的意义有二。一是为幼儿数学概念的建构积累丰富的经验基础；二是为幼儿提供用数学解决问题的机会，有利于幼儿巩固对数学概念的理解。尽管教师在正规教学中也应注重幼儿的经验积累，以及为幼儿提供问题解决的机会，但这些与生活、游戏中的数学学习相比，仍不可同日而语。生活中的经验积累是随机发生的，而游戏是幼儿的基本活动，从量上看，其更加丰富，从质上看，则更加多样。生活中的问题解决也不同于教师所设计的问题解决活动：它是在真实的生活中解决真实的问题，因而最能激发幼儿解决问题的动机，积极调动已有的数学知识，运用策略，发展数学思维，也最能让幼儿体会到数学的有用。所以，在生活和游戏中产生的数学问题情境是幼儿练习和巩固已有数学知识以及运用数学知识解决问题的最佳载体。

第三节　幼儿园数学教育的价值

幼儿正处于逻辑思维萌发及初步发展的时期，也是数学概念初步形成的时期。这一时期的幼儿还不能完全理解抽象的数学概念，但并不是说他们就不可能学习数学。对于幼儿来说，学习数学具有理智训练和实践应用两方面的价值。数学本身所具有的抽象性、逻辑性以及在实践中广泛的应用性，决定了数学教育是促进幼儿思维发展的重要途径。从某种意义上讲，数学是思维的体操，幼儿园数学教育的核心价值就在于促进幼儿数学思维的发展。除此之外，数学学习作为幼儿最早接触到的"学术性"学习活动，能够给他们一些早期的学习习惯和学习品质的训练，使他们将来更好地适应小学阶段的学习。

一、数学教育能使幼儿学会"数学地思维"，体验数学在生活中的应用

所谓"数学地思维"，简单地说就是以数学的眼光看待周围的世界，用数学的方法解决具体的问题。

数学是抽象的，但又是无处不在的。在我们周围，存在着各种各样纷繁复杂的事物，但它们都具有数、量、形的特征。从认识世界的角度看，数学教育能帮助幼儿正确地认识现实世界。数学的精确性、抽象性和逻辑性可以使幼儿更加精确地、概括地认识生活中的各种事物及它们之间的关系。相反，对于一个还没有掌握数学工具，或者还不能自觉运用数学工具的幼儿来说，他们对世界的认识就不一样了。如，一个 1 岁多的孩子，拿着一块饼干直嚷着"还要"，爸爸把这块饼干掰成两半，使一块饼干"变成"两块，他就心满意足了，而不知道饼干其实并没有变多。再如，我们问一个还不会计数的两三岁的幼儿"你家里一共有几个人"。他能列举出"家里有爸爸、妈妈，还有我"，却回答不出"一共有 3 个人"。甚至有的幼儿虽能通过直觉进行多少的判断，却不能正确地认识事物的数量特征。由此可见，数学对于幼儿正确地认识和描述事物是多么重要。

数学还是幼儿解决问题的重要工具。我们在生活中遇到的很多问题，都可以抽象化为数学的问题。例如，幼儿在生活中经常会遇到平分物品的事情：分一包糖果、分一块蛋糕等。从数学的角度来看，它就是一个等分的问题：把一定数目的糖果平均分为两份是一个数目等分的问题，把某种形状（如圆形）的蛋糕平均分为两份则是一个图形等分的问题。幼儿如果不能用数学的方法来解决这个问题，就只能用"一人一块"的方法依次分发糖果，或凭经

验把蛋糕切成大小相仿的两块，然后再从看起来较大的一块中切一点儿出来补偿给较小的一块，直至大家都认为均等为止。而"数学地思维"，则意味着首先要将其抽象化为一个数学问题，然后解决这个数学的问题并将其运用于具体的问题情境中。如，我们数出一共有 10 颗糖果，如何把它们平均分成两份呢？可以先解决 10 怎样能分成相等的两个数，然后再把糖果按相应的数量进行分配。同样，我们可以先判断蛋糕的上表面是什么形状，是圆形还是正方形，然后解决相应形状的二等分问题，再根据这个数学问题的解答方法来解决分蛋糕的问题。

由此可见，数学不仅能够帮助幼儿精确地认识周围世界，还能帮助幼儿解决生活和游戏中遇到的问题。幼儿数学教育不仅能让幼儿学会一些数学知识，更重要的是能够让幼儿获得一种数学的思维方式，对周围世界中所蕴含的数量关系产生敏感性，能用数学的眼光看待事物、用数学的方法解决问题。

二、数学教育能训练幼儿的抽象思维能力，促进其逻辑思维的发展

幼儿阶段正处于以具体形象思维为主、抽象逻辑思维开始萌芽的时期。而数学本身所具有的抽象性、逻辑性以及在实践中广泛的应用性，决定了数学教育是促进幼儿思维发展的重要途径。

前面已经提到，数学知识具有抽象性和逻辑性的特点。数学把具体的问题抽象化，即去除那些具体的事实，揭示其在数量、形体或空间上的本质特点，并运用数学的方法加以解决。比如，"妈妈给小红 1 个苹果，然后又给了小红 3 个苹果，妈妈一共给小红几个苹果？"这个问题，用数学的思维方法来解决，就要排除具体的情节（妈妈给小红苹果），而要抽象出其中的数量关系，1 和 3 合起来是多少，并运用加法运算得以解决。

数学思维追求的是逻辑上的合理性，而不是事实上的合理性。比如，在进行"5 的分合"活动的操作时，要幼儿把 5 个苹果分给爷爷和奶奶，结果

很多大班幼儿都感到很为难，因为 5 个苹果无法平均分配，于是就分给爷爷和奶奶各 2 个，还剩 1 个则放在一边。幼儿不是考虑自己有没有"把 5 分成两份"，而是关心自己分得是否公平。而作为一个数学问题则相反，幼儿不必考虑分得是否公平，重要的是要符合一定的数学条件，即"把 5 分成两份"，既不是把 4 个苹果分成两份，也不是把 5 分成 3 份。数学问题是一个逻辑问题，而不是一个事实问题，它和真正的事实是有距离的。

数学问题的抽象性和逻辑性对幼儿来说是一个挑战。的确，幼儿对"数的组成"的学习和理解，需要经历一个从具体到抽象的过程。起初幼儿在分 5 个苹果、5 个梨、5 个玩具……他们把这些具体的操作都看成孤立的、不同的事情，而没有看到它们在本质上的共同点。在进行了一段时间的操作练习以后，幼儿忽然发现，分 5 个苹果和分 5 个梨的结果是一样的，因为"它们都是分 5"。再以后，只要遇到是分 5 个东西，他们都知道怎样分了。在这个过程中，幼儿不仅理解了数的组成的抽象含义，而且也发展了初步的抽象思维的能力。

此外，在"数的组成"的学习中，幼儿的逻辑思维也能得到初步的发展。例如，他们在操作中尝试找出同一个数的不同分法，不仅加深了对总数和部分数之间关系的理解，而且还能体验到两个部分数之间的逻辑关系。

总之，尽管数学的抽象性和逻辑性造成了幼儿数学学习上的困难，但从另一方面看，幼儿通过数学学习，其抽象逻辑思维能力也能得到发展。

三、数学教育能培养幼儿良好的学习习惯和学习品质，以更好地适应小学阶段的学习

在幼儿园中，数学学习是一项比较特别的活动，具体表现在以下几个方面。

1. 数学学习是一项比较正式的操作活动，它经常采用"作业"的形式，带有较明确的任务性。

2. 数学的操作和作业活动往往有明确的规则、要求和评判标准。

3. 数学的"是非"标准比较明确、客观，而且幼儿对于数学操作结果的对错也比较敏感……

数学学习的这些特点，为培养幼儿学习的任务意识、规则意识，激发幼儿学习动机提供了得天独厚的条件。

年幼的儿童在进行数学操作活动时，起初并没有明确的任务意识。有时，小班幼儿在操作的过程中，会忘记自己正在进行的操作任务。在教师的要求下，幼儿能逐渐形成初步的任务意识。任务意识对于幼儿学习习惯的养成，特别是适应小学阶段的学习是很有意义的。

此外，幼儿对规则的遵从也是在数学学习活动中逐步发展起来的。教师在数学活动中，往往会对幼儿提出一定的操作要求，规定幼儿按照一定的规则进行操作。规则在数学活动中具有特别重要的意义。只有遵从一定的规则，才能显现出数学特有的逻辑性。比如，"按特征分类"的活动，就要求幼儿按照特定的标准（颜色或形状）给一组物体进行分类，而不能随意乱分，否则幼儿就不可能理解其中所蕴含的逻辑。尽管有的小班幼儿开始并不能完全听从规则，常常"自行其是"，但是随着他们认识能力的发展，会逐渐理解规则的意义，并按照规则操作。任务意识、规则意识的发展，能为幼儿适应小学的正规化的学习活动打下重要的基础。

数学教育还能培养幼儿学习数学的主动性、积极性，激发其学习动机。幼儿园的数学活动为幼儿提供了主动参与活动的机会。即使在小班的数学活动中，幼儿也有机会主动地活动。比如，教师为了让幼儿认识圆形和正方形，请他们到教室内外去寻找，哪些东西是圆形的，哪些东西是正方形的，幼儿会非常积极主动地去寻找。对于较大的幼儿，教师常常给他们同时提供多种活动内容，幼儿可以自己选择活动内容和材料，自己独立完成各种操作活动，这些都能够培养幼儿学习的主动性、积极性。

由于数学本身所具有的抽象性特点，它既不像自然物那样具备外在的形象，也不像科学现象那样有奇幻的变化，更不像艺术作品那样富有动人的旋律或鲜艳的色彩，幼儿一般不会自发地对事物背后抽象的数学属性产生兴趣。但是，只要教师选择恰当的教育内容，采用得当的方法，并加以适当的引导，同样可以激发幼儿对数学的兴趣。幼儿对数学的兴趣往往开始于对材料的兴趣，对活动的过程和成果的兴趣。如教师提供色彩鲜艳、形象可爱的操作材料，就能吸引幼儿操作的兴趣，进而将兴趣转移到操作的内容上。在数学操作活动的过程中，让幼儿自主操作，充分地和材料相互作用，能够满足幼儿操作的愿望，培养幼儿对数学操作活动的兴趣。有的活动还让幼儿通过操作完成一个小小的作品或作业，这样也能强化幼儿对数学活动的兴趣。当幼儿在具体的操作活动中真正体验到数学内在的魅力时，就会将对数学操作活动的外在的兴趣转变成对数学本身的内在的兴趣。这种兴趣不仅是对数学知识的兴趣，更是一种对思维活动的兴趣。如果幼儿真正体会到数学的乐趣和学习的乐趣，幼儿园的数学学习必将成为他们学校生涯的良好开端。如果幼儿真正获得一种全面的学习准备，而不仅仅是一种数学知识上的准备，那么他们将受益终身。

第二章

幼儿园数学领域教育概要

第一节　幼儿园数学教育的目标

一、幼儿园数学教育目标的结构

2001 年教育部颁布的《幼儿园教育指导纲要（试行）》（以下简称《纲要》）中规定科学领域的目标包括以下几个：

1. 对周围的事物、现象感兴趣，有好奇心和求知欲。

2. 能运用各种感官，动手动脑，探究问题。

3. 能用适当的方式表达、交流探索的过程和结果。

4. 能从生活和游戏中感受事物的数量关系并体验到数学的重要和有趣。

5. 爱护动植物，关心周围环境，亲近大自然，珍惜自然资源，有初步的环保意识。

其中第 1—4 条目标均与幼儿数学教育有关，这些目标的表述传达了如下重要思想。

1. 强调兴趣和求知欲的培养。将幼儿对数学的兴趣、好奇心和求知欲作为首要目标，并要求在学习过程中要让幼儿"体验到数学的重要和有趣"。

2. 淡化知识学习，注重学习过程，强调培养幼儿探究和解决问题、表达和交流的能力。

3. 重视数学对发展幼儿思维能力的价值。《纲要》指出应引导幼儿从生活和游戏中感受事物的数量关系，这是因为数量关系是幼儿数学教育内容中起着发展思维作用的核心问题。

2012 年教育部颁布的《3—6 岁儿童学习与发展指南》（以下简称《指南》）将"数学认知"作为科学领域的一个子领域，对其明确提出了如下三个方面的目标：

1. 初步感知生活中数学的有用和有趣。

2. 感知和理解数、量及数量关系。

3. 感知形状与空间关系。

与《纲要》的精神相一致，《指南》将培养数学学习兴趣作为首要目标。此外，也强调数学与生活的联系，以及对数量关系、空间关系的理解。

综合《纲要》和《指南》中有关幼儿数学教育目标的思想，我们认为，幼儿数学教育的目标可包括以下三个方面：

1. 学习品质方面：对周围环境中的数学现象和问题感兴趣，能体验到数学的有用和有趣，喜欢参加数学活动和游戏，有良好的学习习惯。

2. 数学知识方面：感知和理解数、量及数量关系，感知物体的形状特征和空间关系。

3. 数学能力方面：运用数学的方法描述生活和游戏中的现象、解决简单的问题，并用适当的方式表达、交流操作和探索的过程和结果。

以上三个方面的目标，体现了我们对幼儿数学教育的基本观点。

第一，良好的学习品质，是幼儿学习数学的前提和基础，是幼儿数学教育的首要目标。

《指南》在"前言"部分明确指出："幼儿在活动过程中表现出的积极态度和良好行为倾向是终身学习与发展所必需的宝贵品质。要充分尊重和保护幼儿的好奇心和学习兴趣，帮助幼儿逐步养成积极主动、认真专注、不怕困难、敢于探究和尝试、乐于想象和创造等良好学习品质。"在各个领域的"目标"和"教育建议"中，也多次提到了培养学习品质的目标与方法。

学习品质不同于具体的学业知识内容，似乎看不见、摸不着、难以评量，然而其重要性丝毫不亚于学业知识、技能，甚至可以说比知识、技能的学习有着更加深刻、长远的意义。在幼儿数学教育当中，学习品质的培养尤为重要。这是因为：

首先，兴趣、好奇心和求知欲是幼儿学习数学的内部动力，然而数学知识是高度抽象的，幼儿往往不会自发地对事物背后隐含的数学特征产生兴趣。任何一个数学教育活动，都需要培养和保护幼儿对数学的好奇心和学习兴趣，这样才有可能吸引幼儿积极参与和投入到活动当中，真正促进幼儿的数学发展。

其次，幼儿的数学活动以操作活动为主，要求正确使用操作材料，按规则进行活动，这就要求培养幼儿的任务意识和完成任务的能力、规则意识和遵守规则的能力。这两个方面也是入学准备中学习品质培养的重点。

最后，幼儿的数学活动往往需要幼儿自己探索问题的解决方法，对幼儿的思维具有一定的挑战性，这就需要幼儿能够具备积极思考、认真专注、坚持尝试和探索等良好的学习习惯。

综上所述，数学的学科特点和幼儿数学活动的特点，决定了幼儿数学教育必须把培养和保护幼儿的数学学习兴趣、形成良好学习习惯和方法作为首要目标。

第二，幼儿所学的数学知识，应该是在幼儿具体感性经验的基础上所形成的初步数学概念。

幼儿期的思维特点是：在直觉行动思维的基础上，发展到以具体形象思维为主，后期（5—6岁）抽象逻辑思维开始萌芽。幼儿首先是在实物操作的层面达到对数学概念的理解，继而发展到表象水平的理解，最后才向抽象符号水平的理解发展。这就决定了幼儿获得的数学知识是经验性的、具体的知识，建构的是初级的数学概念，这种概念是幼儿从具体的实际经验中归纳出来的，是建立在表象水平上的概念。例如，幼儿对"5"这一数概念的获得，是他们多次拿取和看到 5 个球、5 个娃娃、5 个苹果等物体，经过分析、概括，排除了其他无关特征的干扰后，发现这些物体只有"数量是 5 个"这一共同的特征，然后逐步建构起"5"的数概念。

在幼儿数学教育实践中，存在着一些常见的误区。一个最为明显的误区就是注重幼儿"会说""会做"什么，忽视幼儿实际的理解水平。忽视理解的数学学习势必变成乏味的记忆、练习和考试，不但会妨碍幼儿在实际情境中运用、体会数学的有用，更不利于幼儿体验数学的乐趣、享受发现数学规律的成就感。比如，让幼儿重复成人的话语"5 比 4 多 1""5 可以分成 2 和 3，2 和 3 合起来就是 5"……认为幼儿"会说"、能正确回答就表示他理解了 5 和 4 的数量关系，学会了 5 的分解与组成。再如，教幼儿做数量排序时，让幼儿依次拿出最少的一个，认为幼儿"会做"、能排出正确的结果就代表他理解了序列中的数量关系。事实上"会说""会做"只是单纯模仿、记忆成人的语言和行为，幼儿并不能理解为什么 5 比 4 多 1、多在哪里，5 怎么就"分成"了 2 和 3，为什么要求从少到多排时每次都找出最少的放上去就能排对。幼儿只有通过对实物在"量"的层面上反复操作、比较和反思，才可能逐步达成对"数"的关系的理解。而《指南》中的目标表述特别强调了这一点，如"能通过实际操作理解数与数之间的关系，如 5 比 4 多 1；2 和 3 合在一起是 5"。幼儿对数学概念的理解，一定要建立在实际操作经验的基础上。

另一个误区主要是忽视幼儿的年龄特点，要求幼儿掌握数学概念的定义，强调符号水平的运算。比如，学习梯形时，要求幼儿掌握"只有一组对边平行的四边形是梯形"这一定义，并根据这一定义来判别某个图形是不是梯形，这就超越了幼儿的能力水平。实际上，幼儿几何图形概念的发展是在对具体事物的各种形状特征的感知经验基础上，建立物体与几何形状之间的关系，并从整体感知图形的突出特征开始，慢慢注意到图形的组成部分（如边角特征）。虽然幼儿能根据边角特征区分图形（如知道直角梯形不是长方形，因为"有一个角不是方方的"），但还远远没有达到在抽象概念和逻辑的层面上掌握"定义特征"的水平。正如《指南》中的要求，幼儿能够做到的是"感知和发现常见几何图形的基本特征，并能进行分类"。显然，这不是要求幼儿在下定义的水平上认识几何图形。

　　再如，加减运算的教学中，忽视幼儿对加减运算中数量关系的理解以及对加减实际意义的理解，片面强调加减算式的练习、追求运算速度和答案的准确性也是不合适的。虽然幼儿在入小学前适当接触符号水平的加减运算是可行和必要的，但大量的加减算式练习并不能帮助幼儿理解加减的意义，反而容易导致幼儿对数学的抵触和畏难情绪，丧失数学学习的兴趣和信心。对此，《指南》中也明确提出，要"借助实际情境和操作（如合并或拿取）理解加、减的实际意义""能通过实物操作或其他方法进行 10 以内的加减运算"。幼儿阶段的加减运算学习应尽量结合实际的问题情境，注重对加减意义的理解，鼓励幼儿运用自己的方法解决加减问题、体验解决问题的乐趣和成就感。

　　综上所述，基于幼儿的思维特点和数学学习规律，数学知识的学习应注重幼儿的实际理解，反对机械的模仿、记忆和练习；应注重其"启蒙性"，即在具体感性经验的基础上形成初步的数学概念，避免超越幼儿能力水平、损害学习兴趣的"提前学习"。

　　第三，幼儿数学思维能力（或称"数学过程性能力"）的发展、初步数学概念的获得和应用是同一过程的两个方面，互相制约、互相促进。

　　具体来说，幼儿获得和应用初步数学概念的过程，就是从不同的情境和多种多样的具体事物中逐步排除其他特征的干扰，发现其共同的数学特征的过程。而这一过程，也正是幼儿思维的抽象概括能力逐步发展、逻辑推理能力开始萌芽的过程，还是幼儿学习运用数学语言符号交流表达和记录表征的过程，更是发现数学与生活的联系、尝试运用数学解决实际问题的过程。

　　幼儿能够学习的数学知识范围是有限的，理解程度也是比较初步的，从未来的数学学习着眼，幼儿数学教育应十分重视通过数学知识的学习过程，发展幼儿的数学思维能力。在以往的教育实践中，"幼儿数学思维能力"具体包括抽象概括能力和逻辑推理能力两个方面。"数学过程性能力"概念的提出，则扩展了幼儿数学思维能力的内涵。"数学过程性能力"一词最早来自 2001 年，由全美数学教师理事会（National Council of Teachers of

Matchematics，简称 NCTM）出版的《美国学校数学教育的原则和标准》（*Principles and Standards for School Mathematics*），它的提出反映了数学学科在促进幼儿思维能力发展上的特殊作用。"过程性能力"是指获得和运用数学知识、技能所需要的能力，包括数学表征的能力、解决问题的能力、推理和证明的能力、联系数学与生活的能力、交流表达的能力。过程性能力是幼儿掌握数学知识不可缺少的保证和支持，同时又在掌握数学知识的过程中得到不断发展。

《指南》中"数学认知"部分的许多目标，如"能发现生活中许多问题都可以用数学的方法来解决，体验解决问题的乐趣""能用数词描述事物或动作""能使用上下、前后、里外、中间、旁边等方位词描述物体的位置和运动方向"等，都体现了问题解决、交流、表征等"数学过程性能力"。美国国家研究理事会幼儿数学委员会（Committee on Early Childhood Mathematics/ National Research Council）在 2009 年出版的《早期幼儿数学学习：通向卓越与公平》（*Mathematics Learning in Early Childhood：Paths toward Excellence and Equity*）一书中也明确建议，在幼儿数学教育中应培养幼儿的"数学过程性能力"。

二、幼儿园数学教育目标的分析

（一）学习品质目标

所谓"学习品质"，主要是指学习态度、学习行为和习惯等与学习密切相关的基本素质，是在幼儿期开始出现与发展，并对幼儿现在与将来的学习都具有重要影响的基本素质。具体到幼儿数学教育中，学习品质目标包括以下两个方面。

1. 数学学习态度，即总目标中提到的"对周围环境中的数学现象和问题感兴趣，并在运用数学的过程中体验到数学的有用和有趣，喜欢参加数学活动和游戏"。要培养和保护幼儿的数学兴趣，就需要教师引导幼儿注意到数学在自己生活中的运用，让幼儿"感受到生活中数学的有用和有趣"。在数学游戏中，教师应提供幼儿喜爱的操作材料，以满足他们操作的愿望；提供幼儿自己掌控操作过程的机会，让幼儿享受到完成操作、获得成功的快乐，进而逐步地将幼儿的兴趣点从活动的形式和过程转向活动的数学内容上。

2. 数学学习习惯，即总目标中提到的"有良好的学习习惯"。具体表现为以下几个方面。

（1）具有任务意识和规则意识。在操作过程中，能始终意识到自己的任务、记得活动的规则，能按要求正确拿取、使用和收放操作材料。

（2）能积极主动、认真专注地参与活动。在集体或小组活动中，能专注地倾听教师或同伴的发言，认真观察他人的演示，积极地参与讨论。在操作过程中，喜欢数学学具，能不受干扰，专注地进行操作，能自己选择操作活动。

（3）坚持尝试和探索，完成操作活动。对于较难的活动，能做到不怕困难，积极思考，耐心尝试、探索解决问题的方法，直至完成活动。

这里需要特别指出的是，幼儿在数学活动中思维参与程度的高低、是否真正经历了解决问题的过程，决定了幼儿能否获得新的数学经验、得到有效发展。为此，数学活动必须具有适当的思维挑战性，牺牲思维参与度、片面追求现场效果的做法是不可取的，不利于幼儿数学能力的持续发展，也不利于幼儿不怕困难、坚持探索的学习品质的养成。

（4）能细心地、有计划地进行操作。对于材料、步骤较多的活动，能做到耐心细致、有条理，按照一定的计划进行活动。

（5）会检查和反思自己的操作。完成操作后知道进行检查，并掌握检查的方法；能反思、评价自己做得好的地方和不足的地方。

（6）能与他人合作进行活动。在合作游戏中，会友好协商、轮流操作、不争抢，别人操作时能耐心等待、帮助检查。在集体或小组活动中，他人发言时知道不打断，没有轮到自己发言时不急躁、不走神。

数学学习兴趣的培养和保护，任务意识和规则意识、专注性、坚持性、计划性、反思能力等学习行为和习惯的培养，应贯穿于幼儿数学教育的全程，体现在每一个数学教育活动中。应循序渐进、由浅入深，让幼儿喜欢数学、学会学习，为当前和未来的学习与发展奠定良好的学习品质基础。

（二） 数学知识目标

幼儿学习的数学知识分为"数与量""图形与空间"两个部分。

1. "数与量"部分的目标

（1）感知和理解物体的数量特征，能理解并进行简单的加减运算。具体包括：①学习计数；②比较集合之间的相等和不等；③理解并区分数的基数意义和序数意义；④理解数的大小关系、分解与组合关系；⑤能通过实物操作或其他方式进行 10 以内的加减运算。这些内容之间存在着密切的关系。

幼儿对基数概念的理解，是在学习计数和集合比较的过程中逐步发展起来的。能够按数取物（即按他人要求从一堆物体中取出指定数量的物体），表明幼儿理解了自己数到的最后一个数代表总数（即所有数过的物体），这是幼儿掌握基数概念的标志。通过判断集合之间是否等量、发现各种不同集合之间共同的数量特征，是幼儿的基数概念走向抽象和概括的重要途径。

幼儿理解数量关系，同样依赖于计数和集合比较的经验，因为"数的大小关系"是由"量的多少关系"而来：通过计数活动，幼儿可以感受到数词表中排在后面的数代表的数量更多；集合比较活动可以让幼儿直观、准确地判断（或证明）数量的多少。

数的分解与组合关系、数的加减运算都需要幼儿理解总数与部分数之间、部分数与部分数之间的关系。各种计数策略、数的分解与组合的经验，是幼儿解决加减问题的主要方法。

幼儿学习加减运算，不应追求算式层面的难度和解答速度，重点应该放在"理解加减的实际意义"上，以解决具体情境中的加减问题为主，鼓励幼儿运用多种方法解决问题。

（2）感知周围环境中各种常见的量。量分为不连续量（即数量）和连续量。在这里，"常见的量"指的是各种连续量，如大小、长短、粗细、轻重等。此外，幼儿可以认识常用的时间、货币单位并解决一些实际问题，这实质上是数量在生活中的具体应用。

2. "图形与空间"部分的目标

（1）感知物体的形状特征。几何图形是对实际物体的形状特征的抽象。幼儿对几何图形的认识，从感知物体的形状开始，并逐步从中抽象出对几何图形的理解，从而建立物体和几何图形之间的关系。幼儿感知物体的形状特征，从最初的整体的、笼统的感知，逐步过渡到感知形状的基本的、典型的特征，最后达到对各种特征的综合认识。

（2）感知物体之间的空间关系。空间关系实际上是空间中物体之间的相对位置关系，包括对空间方位的理解、描述和表征，运用平移、旋转和翻转等空间运动形式进行造型拼搭。

（3）空间测量。空间量包括长度量、面积量、体积量（或容积量）。幼儿阶段测量的学习重点是运用自然物进行长度测量，初步理解测量的意义，为后续的学习奠定基础。

（三）数学过程性能力目标

数学过程性能力是指获得和运用数学知识、技能所需的能力。按美国国家研究理事会幼儿数学委员会在 2009 年出版的《早期幼儿数学学习：通向卓越与公平》一书中的界定，数学过程性能力包括一般过程性能力和特殊过程性能力两大类。

1. 一般过程性能力目标

一般过程性能力是指在几乎所有数学知识、技能获得和运用的过程中都会用到的能力，包括数学表征的能力、解决问题的能力、推理和证明的能力、联系数学与生活的能力、交流表达的能力。

（1）数学表征能力

数学表征能力是指能用自创的或社会约定的符号记录（或用头脑中的形象来表示）数学内容。例如，幼儿听完《三只熊》的故事后，头脑中浮现出它们的形象：最大的是爸爸，小一点儿的是妈妈，最小的是宝宝，并用绘画表示（可能画得很粗糙，甚至只是几条线）。幼儿头脑中的表象、画出的图画都是表征，他可以运用这些表征进行大小关系的推理：熊妈妈是不是既比熊爸爸小，又比熊宝宝大？它怎么能同时既大又小呢？等到上小学后，儿童才能用规范的数学表征形式 A>B 和 B>C 来表示这一问题，并推论出 A>C。不过，在表示事物的数量或几何特征方面，头脑中的表象、简单的图画并不亚于书面的数字或算式，同样是得到普遍认同的数学表征形式。教师应允许和鼓励幼儿用自己的符号或方式表示数学内容。

（2）解决问题的能力

解决问题的能力是指在事先并不知道具体方法的情况下，能运用自己已有的经验进行尝试和探索，想办法解决问题。在解决问题的过程中，幼儿的数学经验得到扩展和提升，解决问题的能力也得到了发展。

（3）推理和证明的能力

推理和证明的能力是指能发现数学当中的规律并进行推断。在大班阶段，随着逻辑思维能力的萌芽，幼儿也能进行一些简单的推理与证明。

（4）联系数学与生活的能力

联系数学与生活的能力，是指儿童能认识并运用数概念之间的联系，并能在实际情境中认识和应用数学。研究表明，儿童早期数知识的习得是和许多具体的情境相连的，但他们最初在不同的情境中对数的理解是不会融会贯通的，要经过相当长的时间才能逐步整合起来，如儿童学会了数数之后并不会马上就运用数数去比较两个集合或理解数数和加减运算之间的关系。这种联系还包括儿童的感性经验和正式数学知识之间的联系、不同的数学内容之间的联系、数学和其他知识之间的联系。教师可通过多种方式来促进这些联系的建立，如帮助儿童发现日常生活中的数，相同的数学知识和概念在不同的生活情境中会反复出现，把新学习的数学概念应用于不同的实践活动和其他学习活动中。教师要观察了解儿童在概念联系方面存在哪些问题，然后用多种方式来强化这些联系。

（5）交流表达的能力

交流表达的能力是指能用数学语言和符号表达、交流操作探索的过程和结果。幼儿基于自己的经验、探索和问题解决的过程，能用非正式的语言进行交流和表达，这是学习正式数学语言和符号的基础。教师需要营造一个

"数学交流"的学习共同体，允许和鼓励每个幼儿表达自己的数学思维过程，使得非正式的和正式的表达方式持续互动，不断提升幼儿运用数学语言和生活语言的能力。这事实上也反映了幼儿数学学习的"社会建构"的特点：幼儿的数学学习并不仅仅是幼儿与物质材料相互作用的认知过程，也是幼儿学习社会约定的数学语言和符号的过程，是成人、幼儿共同活动的内化过程，是幼儿社会化的过程。

综上所述，数学表征能力、解决问题的能力、推理和证明的能力、联系数学与生活的能力、交流表达的能力等一般过程性能力使得幼儿能够理解数学的实际意义，并将各种不同的具体问题转变成抽象的数学问题，也即能够"数学地思考"。

2. 特殊过程性能力目标

事实上，这些能力在介绍数学知识目标的过程中已经涉及，它们是将多个数学概念联系起来的"贯通性概念"，能帮助幼儿发现不同数学内容之间的联系和共同的本质特征。具体包括发现和创造单位、分解与组合、比较与排序、发现模式与结构和组织信息五个方面。

（1）发现和创造单位

发现和创造单位在数、图形、空间等领域都有体现。在计数时，幼儿要先确定计数对象的单位，比如，自己要数的是有几只猫、几只猫爪还是有几对猫。在测量时，幼儿要先选择长度单位，是用蜡笔还是用自己的脚丫。在创造按规律重复排列的模式时，幼儿也要先确定单位并将其不断重复。比如，做项链，用两个方块接一个圆珠为单位，不断重复；用积木片搭建筑，以正方形、三角形为单位，不断重复；用模式积木设计图案时，往往需要将多个图形组合起来当作一个单位，然后不断重复。而在理解数系统中的十进制规律时，也需要幼儿能将 10 个 1 变成 1 个 10，将其作为一个单位来看待。研究表明，将一组图形的组合看作一个单位的能力，与将一个两位数看作几个 10 和几个 1 的组合的能力存在一定的联系（Clements et al.，1997；Reynolds & Wheatley，1996）。由于"单位"是数、图形与测量等领域共有的核心概念，所以应该作为幼儿数学教育的核心点之一（Sophian，2007）。

（2）分解与组合

分解与组合在数量判断、数的分解与组成、图形的分合、测量中均有体现。在判断较小集合的物体数量时，幼儿有时可以将集合分成两个均能一眼看出数量的子集，比如，将数量为 4 的集合看成由数量为 3、数量为 1 的两个子集组合而成。数的分解与组成是幼儿学习加减的基础，而图形的分合则是幼儿学习测量的基础。在测量中，若干小的单位可以合成一个大的单位，一个大的单位反过来也可以分成若干小的单位。实质上，测量就是将连续量看作若干个单位量的组合，将连续量分解为若干个相等的、可数的单位量。

（3）比较与排序

比较与排序体现为数量、长度、面积等的比较和排序。既包含数量比较，又包含长度比较的情境，能加深幼儿对于数学的理解，比如，两摞积木都是由 6 块小积木垒成，但两组不一样高，因为两组所用的小积木高度不同。通过测量，量（长度、面积等）的比较变得更为精确，数量的运用范围也得到了扩展。

（4）发现模式与结构

发现模式与结构包括发现模式、分类、识别结构三个方面。这些内容在以往的幼儿数学教育中是作为数学知识看待的。模式是指按一定规律排列的颜色、形状、声音、身体动作等，包括 ab 模式、abc 模式、aabb 模式乃至更复杂的模式。幼儿可以感知、发现简单的模式，并尝试模仿、扩展或创造模式。模式学习的核心是，发现模式中的单位并按规律重复下去。对模式达到了抽象、概括的理解的标志是，能用其他感官形式来表现这一模式，例如，对于用声音表现的 ab 模式，能够用颜色（或形状、动作等）表现。数系中的模式要比这些模式复杂得多：在每个数位上，0—9 这几个数字都会定期重复出现，只是重复的单位不同。幼儿要流畅地数到 100，就需要对数系中的这一模式有所了解。

（5）组织信息

组织信息主要是指分类。幼儿可以学习按物体的某一个（或两个）特征进行分类，按物体的特征进行多角度分类，按物体内在的包含关系进行层次分类，并尝试按自选标准对物体进行分类。分类的标准可以是数量、形状、类别、颜色等各种特征。分类活动既可以发展幼儿具体的类别概念，又可以促进幼儿分类能力的提升。

发现模式、分类都可以看作是识别结构的一部分。可以说，所有的数学学习都是在寻找一定的结构。其中有些经验还能成为代数思维的基础，例如，认识到树上一开始有 2 只鸟，又飞来 3 只鸟，跟树上一开始有 3 只鸟，又飞来 2 只鸟，总数是一样多的，这就是理解加法交换律 a+b＝b+a（其中 a、b 代表任意数）的基础。

以上所举的发现模式与结构和组织信息的例子，作为数学知识看待诚然是合适的，但这只是幼儿所学的数学知识的极小的一部分，当把它们看作数学过程性能力时，它们实际起作用的领域远比这些例子要广阔。

第二节 幼儿园数学教育的内容

一、幼儿园数学教育内容的体系

幼儿园数学教育内容体系的构建，既要考虑幼儿阶段所学习的数学学科内容及其逻辑联系，又要考虑幼儿数学学习的年龄特点及学习路径，可以说，它是学科逻辑和心理逻辑的结合。从横向看，幼儿园数学教育的内容大致可归入"数与量""图形与空间"两个系列。从纵向看，它选取了各个系列中处于核心地位又互相联系的概念和技能，构成一个循序渐进的、系统化的内容序列。

（一）数与量

1. 数的意义
（1）集合的分类与对应

其内容主要包括："1"和"许多"、分类与对应。

"1"和"许多":"1"是自然数的基本单位,也是表示集合中元素数量的基本单位;"许多"是一个笼统的词汇,它代表含有两个以上元素的集合,不论"许多"代表的数量是多少,它总是由一个一个元素构成的。对幼儿进行认识"1"和"许多"的教育能使幼儿感知集合并对集合中的元素产生具体、清晰的认识,为学习逐一计数和形成数概念奠定基础。

分类:分类是把一堆物体分成各有共同属性的几组。幼儿学习分类的内容包括:按物体的某一个(或两个)特征进行分类,按物体的特征进行多角度分类,按物体内在的包含关系进行层次分类,并尝试按自选标准对物体进行分类等。

对应:对应是指在两个集合的元素之间建立关系。幼儿学习的对应主要是指两个集合之间的一一对应关系。也就是说,一个集合里的任何一个元素与另一个集合中的每一个元素分别相互对应。幼儿学习对应的内容包括:关联物体的一一对应匹配、通过一一对应比较多少等。

(2)感数和计数

感数是指不需要点数快速感知并说出小集合数量的能力,这种感数能力是与生俱来的。如,幼儿能够不经过点数一眼看出桌上有3颗糖果。

计数是幼儿用来判断物体数量的主要方法。计数是指手口一致地点数实物并说出总数,即幼儿能口说数词、手点实物使每个数词与一个集合内的每个元素建立一一对应的关系,数的结果会用数词来表示。幼儿能用最后数到的数词回答"有几个"的问题,并不一定意味着幼儿理解了这个数表示总数(即所有数到的物体)。能够按数取物,才是幼儿掌握基数概念的标志。

随着计数技能的熟练化,幼儿还能掌握一些复杂的计数策略:倒着数,即从指定的数(不从1)开始往后接着数;在接着数的时候,能记住自己数了几个(如从5开始接着数三个,是8);按群计数(如两个一数、五个一数、十个一数等)。在判断较多物体的数量时,幼儿常常需要将整个集合分成若干部分,用接数或按群计数的方法得到总数。

（3）基数意义（理解数的抽象意义）

数的基数意义是指，数可以表示数量的多少，既可以是以具体事物为单位的数量多少（如篮子里有 5 个苹果，桌上放着 2 本书），又可以是以集合为单位的数量多少（如 3 盒糖、1 箱苹果）。进行做等量集合（即出示一个集合，要求做一个与之物体数量相同的集合）、按数量分类（即把物体数量一样多的集合放在一起）等活动，幼儿排除物体类别、大小、排列方式等因素的干扰，运用一一对应或数数的方法发现集合之间的等数性，是幼儿逐步理解基数概念的抽象意义的重要途径。

（4）序数意义

数的序数意义是指，数表示物体的次序，如第一名、第二名；一组队列中，从左往右数，小红排在第 6 位；等等。在同时用到基数和序数的情境中（如第 3 组有 5 个小朋友），就需要幼儿区分并正确使用数的这两种不同的意义。

（5）数的表征系统

包括：认识 10 以内的阿拉伯数字与借助百数表初步感知 100 以内数的系统。

认识 10 以内的阿拉伯数字，不只包括认读和书写，更重要的是理解数字的抽象意义，能正确使用数字作为多个具有相同数量特征的集合的标记，如，能分别给画有 5 个苹果、5 辆汽车、5 只蚂蚁的三张卡片，做一张印有一个数字 5（而不是 5 个 5）的标记。而借助百数表幼儿能够从中感知 100 以内数的系统，以及初步理解位值的意义。

2．数量关系

（1）数量的"大小"与"多少"比较

数量的"大小"与"多少"比较是指比较集合的多少与数字的大小。集合的多少比较是进行数字大小比较的基础。集合比较是指比较两组物体的数量是否一样多，如果不一样多，那么谁多谁少。幼儿最初通过两个集合的元素之间一一对应的方法来比较多少，这种方法能直观地显示出两组物体是否一样多、多在哪里（或少在哪里），有助于幼儿理解数的大小关系（如 5 比 4 大 1）。随着计数技能和对数的关系认识的发展，幼儿开始学会用计数的方法进行集合比较。比较数的大小关系，除了两两比较数的大小之外，还包括比较相邻 3 个数的大小，体验大小的相对性（或双重性，如 5 比 4 大 1，但比 6 小 1）和依次差 1 的数差关系等。

（2）数序

数序，即自然数的顺序。每个自然数在自然数列中的排列，都是按照后面的一个自然数比前面的一个大 1、比后面的一个小 1 的顺序排列起来的，数序与数差反映的是每个自然数在自己数列中的位置以及相邻两个数之间的大小关系。

（3）连续量的比较与排序

量可以分成不连续量和连续量两种。不连续量是表示物体集合元素有多少的量，即集合的数量。连续量是表示物体属性的量。连续量物体排序是将两个以上物体按照某种量的差异进行排序，如根据物体的大小、高矮、长短、厚薄等进行排序，排序进行的前提是量的比较。

（4）估数

估数是指"大概有几个"而非准确计数，即根据物体大小初步估计其数量，或根据一个已知小物群的数量，来估计另一个未知的大物群的数量。例如，已知一个小物群数量是 5，根据大物群所占的空间来估测其数量。估数实际上是两个数群之间的比较，因而将其列入数量关系的内容系列中。

3. 数的运算

（1）数量的分合

学习数量的分解与组成关系，不仅要掌握 10 以内每个数有几种分法、分别是分成几和几，还要在学习过程中感知和体验一个数和它分出的两个部分数之间的关系，以及部分数之间的互换关系和互补关系。

（2）数的运算

数的运算包括借助实际情境和操作（如合并或拿取）理解加减运算的实际意义，理解+、−、=等运算符号和加减算式的意义，并能通过实物操作或其他方法（如借助手指、口头数数的接数策略、数的分解与组成经验或心算等）进行 10 以内的加减运算。

（二）图形与空间

1. 几何图形

包括对常见的平面图形（如圆形、三角形等）和立体图形（如球体、圆柱体等）的识别、命名、建构、绘画、比较、区分，并对其进行分类和空间组合。也就是说，几何图形的认识包括认识几何图形特征和几何图形的分解与组合两部分内容。

（1）几何图形的特征

对几何图形特征的认识，不只是辨认和命名典型的图形（如能将底边水平的等边三角形命名为"三角形"），还包括在比较和区分的过程中注意到各种图形的基本特征，并能据此进行分类。如能将各种不同的变式三角形都归为"三角形"，因为它们虽然形状各异、底边不一定水平，但都有三条边和三个角。

（2）几何图形的分解与组合

几何图形的分解与组合，指的是通过拼图、折纸、搭积木等活动，认识到常见几何图形之间的组合替换关系。例如，两个相同的正方体摞起来可以组合成一个长方体，一个长方体又可以分成两个相同的扁长方体（或三棱柱）；一个正方形可以分成两个相同的等腰直角三角形（或四个更小的等腰直角三角形）；六个相同的等边三角形可以拼成一个正六边形……

比较复杂的拼图、搭积木活动，则要求幼儿灵活、创造性地运用多种几何图形之间的组合替换关系进行拼搭。《指南》中对图形认识提出的"能用常见的几何形体有创意地拼搭和画出物体的造型"也与此相关。例如，用模式积木拼正六边形，借助图形之间的组合替换关系，用等边三角形、细菱形、粗菱形这三种图形进行不同的组合，想出多种拼法。

2. 空间关系

空间关系实际上是空间中物体之间的相对位置关系。在幼儿阶段，空间关系的学习，包括空间方位和空间视觉化两个方面。

（1）空间方位

空间方位的认识，具体包括感知物体基本的空间位置与方位，理解上、下、前、后、里、外、中间、旁边等方位词；学习运用方位词描述物体的位置和运动方向；学习分辨左右，体验空间方位的相对性；理解语言指示或简单示意图所描述的空间关系，按要求正确取放物品。

（2）空间视觉化

空间视觉化，则不仅是对空间方位的认识，也不是对空间方位的语言描述，而是一种对空间关系的思考过程，即将视觉感知到的空间形象、空间关系在头脑中进行再现和操作，并将这种操作的结果表现出来。例如，在头脑中将一个图形进行旋转（心理学上称为心理旋转），或是在教室中的地图里画出各个物品摆放的位置（即空间表征），都离不开空间视觉化的能力。

需要特别指出的是，《指南》中对图形认识提出的"感知物体的形体结构特征，画出或拼搭出该物体的造型"这一要求，也涉及对造型中多个部分之间较为复杂的空间关系的发现和复制，具体表现为按范例拼图、搭积木等活动。这些活动可以有效地发展幼儿对空间关系的感知，发展幼儿运用平移、旋转和翻转等空间运动形式（甚至在头脑当中操作表象、进行心理旋转）进行拼搭的能力。

此外，《指南》中提到的"根据简单示意图正确取放物品"的能力，也是空间视觉化能力的具体表现。

3. 空间测量

空间测量包括长度量（如长短、远近、高矮、宽窄、厚薄等）、面积量、体积量（或容积量）的测量。测量就是把一个暂时未知的量同另一个已知量（即单位量）做比较，将其等量地换算为若干个单位量之和。幼儿阶段学习的测量，其单位量并非社会约定的标准单位，而是常利用各种自然物（如小棍、卡片、小瓶等）来测量物体的长度、面积、容积等，这种测量方法称作自然测量。幼儿阶段测量的学习重点是长度的自然测量。

测量是对量的比较的精确化，将数和形两个关键领域联系在一起。幼儿要理解和学习测量，前提是认识到测量对象是"可分的"，即可以等量地替换为若干个较小单位的组合；认识到单位相同的必要性。幼儿在图形分合的经验基础上，学习用多个自然物覆盖被测长度，进而学习用一个自然单位量进行测量，能够帮助幼儿更好地理解测量的意义，为入学后理解标准测量工具（如尺子）的结构、学习标准测量奠定基础。

二、幼儿园各年龄阶段的数学教育内容和要求

（一）数与量

内　容		各年龄班的关键经验		
		小班	中班	大班
数的意义	1. 集合的分类与对应	1. 在动作的基础上，理解"1"和"许多"之间的关系，即1个、1个××合起来是"许多"，"许多"可以分成1个、1个×× 2. 根据标记将相同的物体集中在一起，进行简单的归类 3. 按物体的一种外部特征（颜色、形状、大小、高矮、长短等）进行简单的分类 4. 根据物体的特点、关系寻找相关物体，将相关的物体相匹配 5. 用一一对应的方法做等量集合	1. 按物体的内部特征（性质、功能用途等）进行分类 2. 按物体间的数量关系进行分类 3. 初步学习对物体进行多重角度分类	学习对物体进行多重角度分类、层级分类以及同时按物体的两种以上特征进行分类
	2. 感数和计数	1. 进行20以内的唱数 2. 学习手口一致地点数5以内的物体，并说出总数 3. 通过直接感知说出3以内物体的数量	1. 进行50以内的唱数 2. 用点数的方法对10以内数量的物体进行准确计数	1. 进行100以内的唱数 2. 学习运用接数、按群计数、目测数群等多种计数方法计数

续表

内　容		各年龄班的关键经验		
		小班	中班	大班
数的意义	3.基数意义（理解数的抽象意义）	1.感知 5 以内数量，学习给 5 以内的点子卡片匹配等量的实物 2.按实物范例的数目或指定数目取出相应 5 以内数量的物体 3.根据数量属性将数量为 5 以内的集合分类	1.感知 10 以内数量，发现物体的数量不会因其排列方式的改变而变化 2.根据数量属性将数量为 10 以内的集合分类	—
	4.序数意义	—	学习 10 以内的序数，能从不同的方向正确指出某一物体在序列中的位置	区分基数和序数
	5.数的表征系统	用点子等非正式方法表示 5 以内的数量	1.将数字与相应数量的集合匹配 2.认识 10 以内的数字，并理解数字的抽象意义	借助百数表初步感知 100 以内数的系统，初步理解数系统的排列规律
数量关系	1.数量的"大小"与"多少"比较	用一一对应的方法比较 5 以内数量的多少	用计数的方法比较 10 以内数量的多少	比较不相邻的 2 个数或 3 个数的大小关系
	2.数序	在感知的基础上将数量为 5 以内的集合按多少排序	1.在数量比较的基础上将数量为 7 以内的集合按多少排序 2.认识 10 以内数序，感知 10 以内相邻数的等差关系	理解 10 以内数与数之间的数差关系的可逆性、传递性

续表

内　容		各年龄班的关键经验		
		小班	中班	大班
数量关系	3. 连续量的比较与排序	按大小、长短等差异对5个以内物体进行排序	按大小、长短、高矮、粗细差异对7个以内物体进行排序	按大小、长短、高矮、粗细、厚薄、宽窄差异对10个以内物体进行"正向排序"和"逆向排序"
	4. 估数	—	—	1. 理解估数的意义，对物体数量有初步的数感 2. 根据已知线索，推断未知物群的数量
数的运算	1. 数量的分合	—	进行5以内数量的分解与组合，体验一个量可以分成两个部分量、两个部分量合起来就是原来的总量	1. 进行10以内数的分解与组合，理解分合中的互换、互补关系 2. 体验数量的多种分合方法 3. 能对一定数量的物体进行等分，如二等分和四等分
	2. 数的运算	—	借助实物或情境理解10以内集合的数量变化	1. 借助动作、表象进行10以内的加减运算，理解加减的实际意义 2. 认识+、-、=和加减算式，初步理解算式表示的意义

（二）图形与空间

内　容		各年龄班的关键经验		
		小班	中班	大班
几何图形	1. 几何图形的特征	探索物体较明显的形状特征，并用自己的语言描述	1. 感知和发现常见几何图形的基本特征，并进行分类 2. 认识并命名立体图形上的平面图形，如三角形、长方形、正方形、梯形、圆形、椭圆形等 3. 认识平面图形（如三角形）的各种变式	1. 认识并命名球体、长方体、正方体、圆柱体，认识长方体、正方体的面 2. 理解图形的对称性并学习等分图形
	2. 几何图形的分解与组合	借助分割线的提示进行简单的图形组合	不用借助分割线的提示，进行简单的几何图形组合与分解	用图形及图形组合进行较为复杂的组合与分解，理解其中的组合替代关系
空间关系	1. 空间方位	用上下、前后、里外等方位词描述物体的位置	用上下、前后、里外、中间、旁边等方位词描述物体的位置和运动方向	1. 学习辨别自己和他人的左右 2. 学习用符号表示物体在二维空间中的位置和运动方向

续表

内　容		各年龄班的关键经验		
		小班	中班	大班
空间关系	2. 空间视觉化	尝试运用平移、旋转进行图形拼搭	1. 有意识地运用平移、旋转和翻转进行图形拼搭 2. 探索图形、常见物品中简单的镜像对称关系	1. 进行图形拼搭时，有意识地预期旋转和翻转的结果 2. 理解简单示意图中的空间关系 3. 理解并重现观察三维物体的不同视角
空间测量	1. 长度测量	—	用首尾相接摆放单位量的方式，进行长度的自然测量	1. 重复使用一个单位量进行长度的自然测量 2. 理解测量同一长度时，单位长度的长短和所需单位数量之间的相反关系
	2. 面积和体积测量	—	通过用单位面积（方块）覆盖的方式，体验面积和面积测量的意义	通过用单位体积（立方块）填充的方式，体验体积和体积测量的意义

三、从内容到经验

上述内容体系，较为完整地呈现了幼儿阶段应该学习的数学内容。教师需要将这些内容转化为幼儿的学习经验，并设计相应的数学活动，以保证幼儿获取相关的数学经验，才能达成促进幼儿发展的目标。这里，我们有必要区分教育内容和学习经验这两个相关联的概念。

教育内容是教师根据幼儿学习与发展需要，所选择的重要的数学概念。内容本身是一种普遍性的学科知识，而学习经验则是幼儿与环境、材料相互作用的过程及从中获得的体验。学习经验是个人性的。每个人通过自己与环境、材料的相互作用过程，获得属于个人的经验和体验。举例说，"一一对应"这个内容本身是一个数学概念，它揭示了两个集合之间的对应关系。教师为了让幼儿理解这个概念，设计了"一一对应"的活动，如，让幼儿给5只兔子喂5根萝卜。在这个活动中，不同的幼儿在进行操作时，会表现出不同的操作方法，也必然会获得不同的经验。有的幼儿会借助一一对应的关系认识到兔子和萝卜是一样多的，而有的幼儿可能已经发现兔子和萝卜的数量都是5，5只兔子和5根萝卜是一样多的。通过这个例子，我们可以看到，教师的作用就是将学科性的教育内容转化成幼儿个人性的学习经验。

教师应该给幼儿提供什么样的数学学习经验？根据杜威的理论，经验具有相互作用和连续性的特点。首先，教师提供的学习经验不是未经转化的学科性的知识，更不是概念性的知识，而是幼儿可以投身其中的活动。在这个活动中，幼儿可以与环境、材料进行充分的相互作用，并能通过这个过程，获取对相应数学概念的个人性的理解或体验。其次，这些经验不应是孤立的、零散的，而应该是前后相联系的。幼儿在活动的过程中，能够调动已有的经验，并在已有经验基础上，丰富、扩展、调整乃至颠覆其已有的认识。

经验在幼儿的生活中可以说是无处不在。只要幼儿在生活中，就是在学习，在获取经验。然而，幼儿园的数学教育，是对幼儿进行的有目的、有计划、有组织的影响，其重要任务就是筛选出对幼儿数学学习与发展最为基本的、重要的经验即关键经验，并提供给幼儿，以达到促进其发展的目的。本书第二至第八章的内容，将分别介绍幼儿园数学教育的各个系列内容，列出与之相联系的关键经验，并提供具体的教育建议。

第三节　幼儿园数学教育的原则

幼儿数学教育的原则是指在对幼儿开展数学教育时应遵循的一些基本准则。毫无疑问，对幼儿进行数学教育，首先要考虑的就是幼儿学习数学的心理特点。以下的教育原则，就是在充分关注幼儿学习数学的心理特点基础上，结合数学知识本身所具有的特点提出的。

一、发展幼儿思维的原则

发展幼儿思维的原则，是指数学教育不应只是着眼于具体的数学知识和技能的教学，而应指向幼儿的思维发展。

数学知识是一种逻辑知识。幼儿逻辑思维的发展，对于他们真正理解数学知识至关重要。例如，当幼儿还没有形成序列的逻辑观念时，他们就不可能用逻辑的方法给不同长短的木棍排序，也很难理解自然数序中相邻数的等差关系和传递关系。反过来，幼儿对数学概念的学习过程，也有助于其思维的发展。这是因为数学知识具有高度的逻辑性和抽象性，学习数学可以锻炼幼儿思维的逻辑性和抽象性。总之，幼儿建构数学概念的过程，和其思维结构的建构过程之间具有相当的一致性。

在幼儿数学教育中，幼儿掌握某些具体的数学知识只是一种表面的现象，发展的实质在于幼儿的思维结构是否发生了改变。以长短排序为例，有的教师把排序的"正确"方法教给幼儿：每次找出最长的一根，排在最前面，然后再从剩下的木棍中找出最长的……幼儿按照教师教给的方法，似乎都能正确地完成排序任务，但实际上，他们并没有获得序列的逻辑观念，其思维结构并没有得到发展。而幼儿真正需要的并不是教给他们排序的技能，而是充分地操作和尝试，并从中得到领悟的机会。只有这样，他们才能从中获得一种逻辑经验，并逐渐建立起一种序列的逻辑观念。而一旦具备了必要的逻辑观念，幼儿掌握相应的数学知识就不再是什么困难的事情了。

总之，数学知识的获得和思维结构的建构应该是同步的。在幼儿数学教育中，教师在教给幼儿数学知识的同时，还要考虑其思维结构的发展。而只有当幼儿的思维同时得到发展，他们得到的数学知识才是最牢固的、不会遗忘的知识。正如一位儿童对皮亚杰所说的："一旦你知道了，你就永远知道了。"（当皮亚杰问一位达到守恒认识的儿童"你是怎么知道的？"时，该儿童说出了上面的话，皮亚杰认为这是一个绝妙的回答。）

在教育实践中，教师常常需要在传授数学知识和发展思维之间做出一定的选择。二者之间实际上是具体利益和普遍利益的关系、眼前利益和长远利益的关系。有时，教师对某些具体的知识技能弃而不教，是为了给幼儿更多的机会进行自我调节，以期从根本上改变幼儿的思维方式，因而并不违背数学教育的宗旨。

二、让幼儿操作、探索的原则

让幼儿操作、探索的原则，就是要让幼儿通过自己的活动建构数学知识。数学知识是幼儿自己建构起来的，而且这个建构过程也是幼儿认知结构建构的过程。如果教师只注重结果的获得，而"教"给幼儿很多，实际上就剥夺了幼儿自己获得发展的机会。事实上，幼儿的认知结构并不能通过单方面的"教"获得发展，而必须依赖他们自己和环境之间的相互作用，在主客体的相互作用中获得发展。

在数学教育中，主客体的相互作用具体地表现为幼儿操作物质材料、探索事物之间关系的活动。让幼儿操作、摆弄具体实物，并促使其将具体的动作内化于头脑，是发展幼儿思维的根本途径。在动作基础上建构起来的数学知识，是真正符合幼儿年龄特点的、和他的认知结构相适应的知识，也是最可靠的知识。而没有建立在理解的基础上、仅仅通过记忆或训练达到的熟练，则并不具有发展思维的价值。

让幼儿操作、探索的原则，要求教师在实践中要以操作活动为主要的教学方法，而不是让幼儿观看教师的演示或直观的图画，或者听教师的讲解。因为操作活动能够给予幼儿在具体动作水平上协调和理解事物之间关系的机会，是适合幼儿特点的学习方法。以小班幼儿认识数量为例，教幼儿口头数数能够让他们了解数的顺序，却不能让他们理解数量关系。很多小班幼儿数数能数到很多，但是，这并不代表他们对数的顺序、数序中的数量关系已经真正理解了。而通过操作活动，幼儿不仅能数数，还能协调口头数数和点数的动作，从而能理解数的实际意义。

操作活动还为幼儿内化数学概念、理解数的抽象意义提供了基础。在熟练操作的基础上，幼儿就能将其外在的动作浓缩、内化，变成内在的动作，最终转变成为头脑中的思考。例如，幼儿的数概念发展到了一定程度，就能做到目测数群而无须点数的动作了，最终幼儿看到某个数字就能理解其所代表的数量，而实际上这些能力都建立在最初的操作活动基础上。因此，操作活动对于幼儿学习数学是非常重要的。

此外，这一原则还要求教师把学数学变成幼儿自己主动探索的过程，让幼儿自己探索、发现数学关系，自己获取数学经验。教师"教"的作用，其实并不在于给幼儿一个知识上的结果，而在于为他们提供学习的环境：和材料相互作用的环境、和人相互作用的环境。当然，教师自己也是环境的一部分，也可以和幼儿交往，但必须是在幼儿的水平上和他们进行平等的相互作用，也只有在这样的相互作用中，幼儿才能获得主动的发展。

三、密切联系生活的原则

现实生活是幼儿数学概念的源泉。幼儿的数学知识和他们的现实生活有着密切的联系，可以说幼儿的生活中到处都有数学，幼儿每天接触的各种事物都和数、量、形有关。比如，他们说到自己几岁了，就要涉及数；和别的幼儿比身高，实际上就是量的比较；在搭积木时，就会看到不同的形状。幼儿在生活中还会遇到各种各样的问题需要运用数学来加以解决。比如，幼儿要知道家里有几个人，就需进行计数；在拿取东西时，幼儿总希望拿"多多"、拿"大的"，这就需要判别多和少、大和小等关系。总之，生活中的很多问题，都可以归结为一个数学问题来解决，都可以变成幼儿学习数学的机会。

从幼儿数学知识的建构看，生活中的数学经验对于幼儿数学知识的建构非常重要。很多抽象的数学概念，如果不借助于具体的事物，幼儿就很难理解。现实生活为幼儿提供了通向抽象数学知识的桥梁。举例来说，有些幼儿不能理解加减运算的抽象意义，而实际上他们可能在生活中经常会用加减运算解决问题，只不过没有把这种"生活中的数学"和"学校里的数学"联系起来。如果教师不是"从概念到概念"地教幼儿，而是联系幼儿的实际生活，借助他们已有的生活经验，就完全能够使这些抽象的数学概念建立在幼儿熟悉的生活经验基础上。如让幼儿在区域中玩买卖东西的游戏，甚至请家长带幼儿到商店去购物，给幼儿自己计算钱物的机会，可以使幼儿认识到抽象的加减运算在现实生活中的运用，同时也帮助幼儿理解这些抽象的数学概念。

数学教育要密切联系生活的原则，具体表现在以下三个方面。

第一，数学教育内容应和幼儿的生活相联系，要从幼儿的生活中选择教育内容。我们给幼儿的学习内容，不应是抽象的数学知识，而应紧密联系他们的实际生活。例如，在教数的组成的知识时，可以引入幼儿日常生活中分东西的事情，让幼儿分各种东西，这样他们就会感到比较熟悉，也比较容易接受数的组成的概念。

第二，在生活中引导幼儿学数学。数学教育除了要通过有计划、有组织的集体教学外，更要结合幼儿的日常生活，在幼儿的生活中进行教育。例如，在分点心时，就可引导幼儿注意，有多少点心、有多少小朋友、可以怎样分，等等。

此外，数学教育不仅要联系幼儿的生活，还要引导幼儿运用数学，让幼儿感受到数学作为一种工具在实际生活中的应用和作用。例如，幼儿园中饲养小动物，可以引导幼儿去测量小动物的生长。在游戏活动中，也可创设情境，让幼儿用数学，如在商店游戏中让幼儿学习买东西、计算商品的价格等。这些实际上正是一种隐含的数学学习活动。幼儿常常在不自觉之中就积累了丰富的数学经验，而这些经验又为他们学习数学知识提供了广泛的基础。

四、重视个别差异的原则

提出"重视个别差异的原则"的依据是幼儿发展的个别差异性。每个幼儿都有其与生俱来的独特性，这既表现在每个人有其独特的发展步骤、节奏和特点，还表现在每个人的脾气性情和态度倾向性各不相同。

在数学教育中，幼儿的个别差异表现得尤其明显。这不仅因为数学学习是一种"高强度"的智力活动，能够充分反映出幼儿思维发展水平的差异，可能也和数学本身的特点有关系——数学是一个有严格限定的领域，有一套特定的符号系统和游戏规则，它不像文学等领域那样需要复杂的生活经历，因而这方面的天赋也易于表现出来。当代研究天才儿童的心理学专家加德纳（Howard Gardner）也提出，数学和棋艺、音乐演奏是三个最容易产生少年天才的领域。

幼儿学习数学时的个别差异，不仅表现为思维发展水平上的差异、发展速度上的差异，还表现为学习风格上的差异。即使同样是学习有困难的幼儿，他们的困难也不尽相同。有的幼儿是缺乏概括抽象的能力，有的是缺乏学习经验。

作为教育者，应该考虑不同幼儿的个别差异，让每个幼儿在自己的水平上得到发展，而不是千篇一律、统一要求。例如，在为幼儿提供操作活动时，可以设计不同层次、不同难度的活动，这样幼儿可以自由选择适合自己水平和能力的活动。

对于学习有困难的幼儿，教师也应分析他们的具体情况，针对不同的困难，给予不同的指导。如对于缺乏概括抽象能力的幼儿，教师可引导其总结概括，并适当加以点拨和启发。而对于经验不足、缺乏概括材料的幼儿，则可单独提供一些操作练习的机会，补充其学习经验。

第三章

数的意义： 关键经验与活动指导

引导幼儿感知事物数量及其关系，建构初步数概念，是幼儿数学教育的主要内容之一。幼儿对数的抽象意义的理解是一个漫长而复杂的过程，也是一个连续的发展过程。本章第一节将介绍幼儿对数的意义理解的关键经验及其发展过程，包括集合分类与对应、感数和计数、数的基数意义、序数意义与数的表征系统。第二节介绍针对数的关键经验的活动组织与指导。

第一节 数的相关概念与关键经验

一、集合分类与对应

把一组对象看成一个整体就形成一个集合。集合是现代数学中最基本的概念之一，整个数学都可以建立在它的基础之上。集合感知不仅符合幼儿掌握初步数概念的发展规律和特点，是幼儿学数学前的准备教育，同时也是幼儿正确学习和建立初步数概念及加减运算的感性基础。因此，本节先介绍三种帮助幼儿进行集合感知的数理逻辑经验——"1"和"许多"、分类、对应，这些都是幼儿认识数的前期经验。

（一）集合分类与对应概述

1."1"和"许多"

"1"是自然数的基本单位，也是表示集合中元素数量的基本单位。"许多"是一个笼统的词汇，它代表含有两个以上元素的集合，不论"许多"代表的数量是多少，它总是由一个一个元素构成的。对幼儿进行认识"1"和"许多"的教育，能使幼儿感知集合并对集合中的元素产生具体清晰的认识，为学习逐一计数和形成数概念奠定基础。所以说，认识"1"和"许多"是小班初期为学数做准备的教育内容，也可将其称之为幼儿的"数前教育"。

2.分类

分类就是把具有相同特征的事物归并在一起。幼儿把一个个具有相同特征的物体放在一起归为一类的过程，正是幼儿将元素构成集合或者将某个集合分成若干个子集的过程。因此，分类可以帮助幼儿直接感知集合与元素、集合与集合之间的关系。同时，幼儿在归类过程中能对物体数量、集合的包含关系等产生注意和有所认识，因此，分类能为他们计数、形成数概念奠定必要的基础。幼儿在分类过程中需要对物体特征进行观察、分析、比较、综合、概括，因此，分类还能有效地促进其思维的发展。可见，分类对幼儿学习数学和发展智力有着重要的意义，是一种重要的数理逻辑经验。

幼儿在刚开始对物体进行分类时，只能根据物体的某一外在的知觉特征进行分类，如只是根据物体的大小、颜色或形状等进行分类。随着其思维的抽象性、逻辑性的发展以及生活经验的丰富，幼儿逐渐能依据物体的内在、本质属性进行分类，如他们不再会因为飞机和小鸟都有翅膀、玩具猴和真猴长得像就把它们放在一起，而是将有翅膀的飞机和有轮子的汽车放在一起，因为它们都是交通工具，将真猴和长得截然不同的真狗放在一起，因为它们都是有生命的。幼儿能逐渐开始考虑物体的多个特征，综合考虑两个以上特征进行一次分类，或按照不同的特征进行多角度分类等。分类可以帮助幼儿感知集合，其实质是形成"概念"，人们是在发现事物的共有属性的过程中抽象出数概念的，因此，分类是数概念形成的基础。

3. 对应

对应是指在两个集合的元素之间建立关系。幼儿学习对应的内容主要包括两个方面：一是指教师引导幼儿感知和体验某个物体与另一个或另几个物体之间的相互关系并学习将相关的物体进行匹配，如碗和勺子、牙刷和杯子等；二是指教师引导幼儿用一一对应的比较方法来确定两组物体的数量是否相等。所谓一一对应是指将一个集合中的每一个元素与另一个集合中的每一个元素分别互相对应，如每个幼儿都有一块饼干、每只脚穿一只鞋。全美数学教师理事会在"一一对应"上设定的目标是与点数（把数字与所数的物体对应起来）相联系在一起的。它被认为是数概念中最基本的组成部分，是一种关于一组物体与另一组物体具有相等数量的理解，是发展点数能力的支持性概念和技能（Charlesworth，2007）。

一一对应是从婴儿时期的感觉运动活动发展起来的。婴儿会发现，两只手能分别抓住一件东西，而嘴巴却只能同时咬住一件东西。当学步儿发现，玩具车里的五个座位刚好能插入五个木偶人时，他很快就能领悟原来一个人只能坐一把椅子、一只脚只能穿一只鞋等。2 岁左右的儿童会有大量的游戏活动与一一对应有关。他会把所有的容器，如茶杯、碟子或盒子排成一列，然后在每个上面放一个动物玩具。他会假装摆好桌子吃饭，一个位置留给自己，一个位置留给他的玩具熊，每个人面前还放上一个盘子、一把汤勺、一个小杯子以及一个杯托。在玩积塑玩具时，他还会发现有一根小棒能插入其他形状积塑的小洞。

小班初期，幼儿能够感知和体验相关的两个物体之间的关系，学习匹配相关联的物体。在此基础上，幼儿学习运用一一对应的方法确定两组物体的数量是相等还是不相等，并逐渐确信这种方法的可信度。幼儿的一一对应观念形成于小班中期（3 岁半以后），在小班末期，有的幼儿已建立了牢固的一一对应观念。例如，在一个对应活动中，教师准备了小鸡、虫子、小猫和鱼这四种动物的卡片若干张。教师问一个幼儿小鸡卡片有多少张，他通过点数说出有 4 张，再问小虫卡片（和小鸡对应）有多少张，他立即报出有 4 张。这说明幼儿此时已非常相信通过对应的方法确定等量的可靠性。不过，小班幼儿借助一一对应确定等量的能力局限于直观感知的范围内。如果两组物体的对应关系被破坏，他们就无法进行正确判断（图 3-1）。到了中班，幼儿能够在对应关系被破坏后，重新将两组物体"排列整齐"后再进行判断，即将图 3-1 调整为图 3-2。

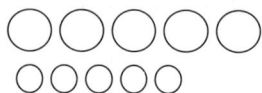

图 3-1

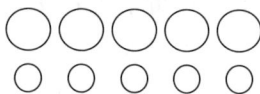

图 3-2

中班以后的幼儿能力逐渐加强。如果我们将两组物体的对应关系破坏，他们会重新将它们"排列整齐"，即将它们一一对应排好，然后再进行多少判断。

由此可见，要在头脑中建立一一对应的逻辑观念对幼儿来说还是很困难的。皮亚杰用一个有趣的"放珠子"实验做出了证明。可见幼儿在没有具体的形象作支持时，就不能在头脑中将两个盒子里的珠子进行一一对应。也就是说，幼儿时期还不能在头脑中建立抽象的一一对应的逻辑观念。

一一对应能够帮助幼儿建立两个集合间的联系，发现每个集合中的元素和元素之间的对应关系，还有助于幼儿进行集合比较。一一对应是计数的前提，也是理解相等和数守恒的基础。一一对应是准确点数的基本原则，幼儿只有对应准确才能不漏数、不重复数并准确说出总数。而在幼儿还没有理解 6 和 5 相比谁大谁小时，幼儿就已经能够用一一对应的方法判断 5 件衣服够不够 6 个娃娃穿。幼儿在将娃娃和衣服进行一一对应的过程中，能够清楚地发现两种物品数量是否相等，6 比 5 究竟多在哪里。即使衣服和娃娃的排列形式变了，幼儿依然能够通过一一对应准确判断，为其以后数守恒的发展奠定重要基础。

（二）各年龄班的关键经验与分析

小班

1. 在动作的基础上，理解"1"和"许多"之间的关系，即 1 个、1 个……合起来是"许多"，"许多"可以分成 1 个、1 个……

2. 根据标记将相同的物体集中在一起，进行简单的归类。

3. 按物体的一种外部特征（颜色、形状、大小、高矮、长短等）进行简单的分类。

4. 根据物体的特点、关系寻找相关物体，将相关的物体相匹配。

5. 用一一对应的方法做等量集合。

中班

1. 按物体的内部特征（性质、功能用途等）进行分类。

2. 按物体间的数量关系进行分类。

3. 初步学习对物体进行多重角度分类。

大班

学习对物体进行多重角度分类、层级分类以及同时按物体的两种以上特征进行分类。

区分"1"和"许多"是幼儿认识"1"和"许多"的第一步，幼儿对物体数量的多有所反应，他们往往用"还要""多多的"来表示对量的要求，但他们没有意识到构成"许多"的元素。他们还不能将物体群当作一种结构完整的有限的统一体去感知，而是一种模糊、笼统的知觉，此时，以他们具有的区分"1"和"许多"的感性经验作为基础，引导幼儿通过感官的直接参与来体验和区分"1"和"许多"是一种最常用的方法。感知体验"1"和"许多"的关系（即 1 个、1 个……合起来是"许多"，"许多"可以分成 1 个、1 个……），在幼儿区分"1"和"许多"的基础上进行，幼儿需要通过动手操作，如亲手将"许多"物体分成"1个、1个……"，再将"1个、1个……"的物体合成"许多"，从这一过程中准确感知元素的个数和"许多"的含义，初步理解"1"和"许多"都可以表示物体的数量，为幼儿感知数量奠定基础。

分类活动依赖于幼儿的分析、比较、观察、判断等思维过程，这些对思维过程的要求也体现在不同类型的分类活动中。根据幼儿思维发展的特点，在小班阶段，一般进行依据物体的一种外部特征分类的活动，且这些外部特征是易于幼儿感知的，如颜色、形状、大小、高矮、长短等。到了中班，随着幼儿类概念的发展以及数量感知经验的积累，他们能逐渐认识物体的内在属性，并能关注到物体的多种属性、数量关系等。按物体的内部特征（性质、功能用途等）进行分类的活动即要求幼儿能够摆脱物体的外部特征，依据物体的内部特征进行分类。如把自行车和公交车归为一类，因为它们都是交通工具。按物体间的数量关系进行分类要求幼儿能够感知、理解物群的数量特征，发现物群之间数量上的共同点，对其进行分类。

以上列举的分类形式，均涉及的是按物体的一维特征进行分类，从培养幼儿思维的可逆性、复杂性，帮助幼儿在逻辑思维的发展中"去中心化"，即能够在头脑中同时考虑事物的两个（或两个以上）特征的角度而言，学习对物体进行多重角度分类也是分类教学的重要方面。一般在中班，教师可引导幼儿先初步体验物体的多重角度分类，积累分类多样性的感性经验，如在一个分类活动中，不同的幼儿可能选择不同的分类标准将同一物体归到不同的类别中，在交流中幼儿会发现原来别人的分类方式与自己的不一样，分类可以有很多种不同的分法。在这些经验的基础上，幼儿开始学习对物体进行多重角度分类，他们关注物体的多种特征是分步进行的，如有的幼儿先按照大小分类，再按照颜色、形状分类，这些都是"一维特征"分类的表现，逐渐地他们能够同时关注到按物体的两种以上特征进行分类，如"大的且红色的"。层级分类要求幼儿从逻辑上把握物体间的关系，理解类与子类的包含关系，这部分内容对幼儿的思维要求较高，一般在大班进行。分类标记是幼儿对分类标准的表征，是幼儿对各种事物概念的理解的表达，如用点子卡片表示数量类别、用色块表示颜色特征、用图形表示形状特征等。

对应是小班的学习内容。幼儿最初是根据物体的特点，将相同、相关或相似的物体相匹配，在对应的操作中感受到一种秩序，积累——对应的经验。一开始幼儿并没有将其作为比较两组物体数目多少的办法。逐渐地，他们发现过去仅靠直觉判断多少是不可靠的，而通过一一对应来比较多少更加可靠一些，在小班末期，有的幼儿已建立了牢固的一一对应观念。但是，幼儿的一一对应观念不能脱离实物而存在，他们还不能在头脑中将两个集合中的元素一一对应起来。小班幼儿还处于对数量的初步感知阶段，此阶段幼儿主要通过感知和运动来把握集合的数量，所以，做一一对应操作是幼儿做等量集合、进行集合数量比较的主要方法。

二、感数与计数

（一）感数与计数概述

1. 感数

幼小的儿童在未学会计数之前，具有对小集合数量物体直接感知（也称作整体知觉）的能力。整体知觉是认识数量的第一个途径，此后便发展出感数能力（即不用计数快速感知并说出小集合数量的能力），有研究中也称作为目测。如幼儿能够不经过点数一眼看出桌上有 3 颗糖果。这种能力是儿童与生俱来的，不需要社会传授。许多国内外研究均表明，对于感数这样在计数前发展的直接认识小数目物体数量的能力，是幼儿数概念发展过程中的一种现象，它不是幼儿形成最初数概念的一种主要途径。研究结果表明，儿童的感数能力随着年龄的增长而发展。但这种能力的发展有限，最大可感知的数量为 5。儿童在 3 岁前只能感知说出 3 以下的数量。大部分人要到四五岁才能感知并说出 4 个和 5 个物体的数量。感数的意义在于帮助幼儿认识最初的数词与数量之间的联系。

2. 计数

计数（数数）是一种有目的、有手段、有结果的活动。人们要知道一个集合中元素的个数就要进行计数。计数的过程就是把要数的那个集合的元素与自然数列从"1"开始的自然数之间建立起一一对应的关系。在计数的过程中，无论按什么顺序去数，只要没有遗漏、没有重复，所得的结果都是一样的。也就是说计数的结果与计数的顺序无关。格尔曼（Gelman）等认为，儿童数数时必须遵循五条基本原则：①一一对应原则，即儿童在数数时，一个数只能对应一个物体；②固定顺序原则，即数与数之间有一个不变的顺序；③基数原则，即数到最后一个数的值就代表这个集合所含元素的个数；④顺序无关原则，即一个集合的数目，和从什么地方开始数无关；⑤抽象原则，即关于数数的原则可以用于任何事物。

幼儿早期的计数能力尚不稳定，有很多因素会影响幼儿的计数活动，有研究表明，幼儿的计数活动会受计数对象的大小、计数对象的空间分布（如密集程度、封闭排列等）、计数活动的方式等因素的影响。

（1）在幼儿计数的过程中可体现出计数的三个特性

①只要没有遗漏、没有重复，无论集合里的元素以什么方式排列，计数的结果总是一样的。也就是说，只要没有遗漏、没有重复，计数的顺序是不影响计数结果的。比如，要数"在活动室里的幼儿"，只要没有遗漏、没有重复，无论这些幼儿是坐成行还是排成列、无论这些幼儿是集中的还是分散的，只要在数的时候没有遗漏、没有重复，数的结果都是一样的。

②如果用其他的事物代替要数的事物，计数的结果不变。比如，要数"在活动室里的幼儿"，如果用每个幼儿进活动室时挂在门口的名字卡代替具体的幼儿，数名字卡的结果与直接数在活动室里的幼儿的结果是一样的。

③无论数什么、怎么数，最后出现的数都代表计数的结果。

（2）幼儿计数能力的发展

幼儿计数能力的发展顺序是：口头数数→按物计数→说出总数→按数取物。其中，随着数概念的发展与计数能力的成熟，幼儿还能逐渐学习、掌握目测、按群计数等计数方法和策略，知道有多种计数方法以及什么样的计数方法可以快速、准确地得出集合的总数。

口头数数也称"唱数"，意指没有动作以及具体的被数对象，仅是口头上按顺序说出自然数。4岁前的幼儿口头数数能力低，而且具有明显的机械记忆和模仿学习的性质，通常他们的数数会出现以下三个特点：①一般只会从"1"开始数；②如果遇到干扰，数数一旦中断就接不下去了；③开头几个数能按顺序数，后面就混乱了（会出现跳跃或重复的现象）。由于父母们普遍重视对幼儿进行口头数数的教育，幼儿在日常生活中经常自发性地对成人的数数活动进行模仿，幼儿口头数数的能力一般发展较快。表现为：随年龄增大，幼儿能按顺序数的部分逐渐扩大；5岁以后，不少幼儿能从中间的任意数开始往下数；6岁左右的幼儿多数能数到100并能倒数数字10—1。

"按物点数"意指用手逐一指点物体，同时有顺序地说出数词，使说出的数词与手点的物体一一对应。由于在按物点数的过程中，需要幼儿做到手、眼、口、脑协同活动，才能达到手口一致，既不重复也不遗漏的要求，所以按物点数的难度大大超过口头数数。3—4岁的幼儿由于不理解数词的实际意义以及感官协调活动的能力差，他们点数物体，特别是点数5以上数量的物体时，往往手口不一致，要么手点得快口说得慢，要么手点得慢口说得快，还经常出现漏数或重数物体的现象。随着幼儿逐步理解数词的实际意义以及感官协调活动能力的提高，点数物体时，手口不一致的情况明显减少，按物点数的数目逐渐增大，6岁以上的幼儿基本上都具有手口一致地点数20个左右物体的能力。

"说出总数"意指按物点数后将最后一个数词代表所数过的物体的数量，说出所数物体的总数。即用最后一个数词回答"一共有几个"的问题。说出总数是计数过程的完结，幼儿会说出总数才能称之为学会了计数。总数代表所数过的物体的整体，说出总数需要幼儿对具体的一群对象进行最初的数抽象，幼儿会说出总数才标志着幼儿开始理解某数的实际含义。由于幼儿对数的理解、概括需经历一定的发展过程，所以他们说出总数的能力比按物点数能力的发展会更迟缓一些。

3—4岁的幼儿点数完物体后，如果问他"一共有几个？"，他往往会出现下列表现：①直接回答"不知道"；②马上从"1"开始重新再数；③说出下一个数（如数到"5"却回答"6个"）；④随便说一个数；⑤固定用一个自己印象最深的数来回答（如对"3"的印象最深，不管点数到哪儿都回答"3个"）；⑥机械地模仿成人的答案（成人说几他就回答是几，不管是正确还是错误）。这些表现都说明，此时的幼儿虽然能按物点数，但正确地说出总数却相当困难。可见，幼儿从按物点数过渡到正确地说出总数仍需跨越有意义的一步。

幼儿能用最后数到的数词回答"有几个"的问题，并不一定意味着幼儿理解了这个数表示总数（即所有数到的物体）。能够按数取物，才是幼儿掌握基数概念的标志。4—5岁的幼儿，大多数能说出数量在10以内的物体的总数，而且能按指定的数取出10以内数量的物体。

随着计数技能的熟练化，幼儿还能掌握一些复杂的计数策略：倒着数；从指定的数（不从1）开始往后接着数；在接着数的时候，能记住自己数了几个（如从5开始接着数3个，是8）；按群计数（如2个一数、5个一数、10个一数等）。在判断较多物体的数量时，幼儿常常需要将整个集合分成若干部分，用接数或按群计数的方法得到总数。

幼儿的计数能力仅仅是标志着他对数的抽象意义的初步理解，以3为例，最初幼儿点数3个物体后说出总数（一共是3个皮球），这个说出总数，就标志着最初的数抽象成分，因为，此时幼儿说出的"一共是3个皮球"，已经不单指点到的那个皮球，而是概括了对3这个数的抽象成分。但是，通过点数说出总数并不代表幼儿已经理解了数的抽象意义，此时幼儿理解的3只是代表3个皮球，还不能理解3还代表3朵花、3个人……任何数量是3的东西。幼儿对数词基数含义的理解是从他们的数数实践中逐步发展起来的。正是由于数数起到了桥梁的作用，它帮助幼儿在具体的实物和抽象的数概念之间建立起联系。所以，学习计数是手段，最终理解数的实际含义才是目的。

（二）各年龄班的关键经验与分析

小班

1. 进行 20 以内的唱数。

2. 学习手口一致地点数 5 以内的物体，并说出总数。

3. 通过直接感知说出 3 以内物体的数量。

中班

1. 进行 50 以内的唱数。

2. 用点数的方法对 10 以内数量的物体进行准确计数。

大班

1. 进行 100 以内的唱数。

2. 学习运用接数、按群计数、目测数群等多种计数方法计数。

唱数即按数词系统的顺序说出数词。以往，人们往往会认为幼儿的唱数水平多少只与他们的记忆能力有关，或只是一种言语活动，列乌申娜甚至认为，数词的学习对促进数数技能和对数词含义的理解没有任何积极意义。而现在的观点认为，幼儿的唱数水平事实上与他们总体上的数数技能和对数的理解都有关系，有研究表明，幼儿唱数的数目大小与他们的不同水平的数数技能相对应，幼儿唱数数目越大，幼儿对数的理解就越好。比如，会数到 20以上的幼儿就可能注意到 20 以上的数有其明显的结构，并有一种把数词联系起来的规则，即数词的某一部分重复以及十进位转换处都有固定的模式和规律可循。也就是说，掌握更长的、正确的数词系列学习过程本身具有扩大和巩固这个数词系列的功能。所以，从小班到大班，幼儿进行有序的唱数学习，不仅是为了将其应用于计数学习中，而且是理解数系统的规则、理解数词意义必不可少的过程。

萨克斯（Saxe, 1982）认为，数数是在两组元素之间建立起一一对应的关系，是用标准性语词来表示它与各种可数实体之间的一一对应的逐步累加的关系。手口一致点数实物并说出总数是计数的主要内容，手口一致即数词与所数物体之间建立一一对应的关系，这种一一对应的关系由两个部分组成：数词与指示动作在时间上的一一对应，指示动作与物体之间在空间上的一一对应。研究表明，幼儿在数数中完成一一对应的能力在很大程度上受到物体的空间排列方式和集合大小的影响。集合越大，对幼儿在说出数词和数词与物体之间的一一对应技能要求越高。物体的非直线排列，如散乱摆放或把物体摆出圆圈，对幼儿在区分数过的和未数过的物体方面提高了难度。幼儿如果要在物体直线排列的情况下较好地完成数数的一一对应过程，除了可以用动作迁移物体，即把已数过的物体移动到另一个地方，这种方式比较容易；还可以运用一些与空间有关的记忆方法，如在视觉上将杂乱摆放的物体分成几块，把靠在一起的物体先按个数完，再数另外一块。起初，幼儿并不能做到这样在大脑里将物体分割为几块，这需要教师在提供可数实物时在物体外部特征上做些处理，让幼儿能够感知到这些物体由几个部分构成。

说出总数即用最后一个数词回答"一共有几个"的问题，能说出总数才是一个完整的计数过程。很多研究都表明，幼儿能说出所数的最后一个数并不意味着他们理解这个数对这一集合的意义，也就是说他们不一定理解最后一个数代表集合的总数，幼儿重复说出最后一个数词可能只是一种模仿行为。在幼儿理解了数词的基数含义之后，才是真正地理解数数时说出的最后一个数词代表整个集合的总数，教师需要做的就是引导幼儿在计数活动与基数概念之间建立起联系，如示范数数时说出的最后一个数词就是集合的总数，但是这种示范并不能最终帮助幼儿获得基数概念，只是幼儿形成数数与基数概念之间联系的一种途径。

按群计数是数群概念初步发展的标志之一。数群概念是指能将代表一个物体群的数作为一个整体去把握，而不是用实物和逐一计数的方法确定物体的数量。这种能力要求具有一定的数抽象水平，才能在没有实物的情况下，理解和运用口头说出的数。幼儿按群计数的能力不是突然产生的，它是在幼儿掌握 10 以内数概念的基础上发展起来的。3—4 岁幼儿点数后能说出总数，这就具有了从整体把握一个数的初步能力和经验。这种经验和能力不断地积累，到了五六岁，就发展为能按群计数。

三、基数意义（理解数的抽象意义）

（一）基数意义概述

任何一个数都具有基数意义和序数意义。基数意义即一个数当用来表示集合中元素的个数时，叫作基数。基数通常表示为"几个"，体现的是自然数量的抽象意义。

幼儿对数量的抽象意义的认识，是在感性认识的基础上发展起来的。幼儿对数量具体的感性认识与对数的抽象认识，不是截然分开的两个阶段。幼儿是在获得数量的感性经验的过程中，产生并逐渐增加对数量认识的抽象成分。幼儿对数要达到完全抽象水平上的认识，要经过由量的积累到质的变化的渐进过程，也就是在幼儿头脑中对数的认识的具体形象成分逐渐减少，抽象成分逐步增加，最后达到完全摆脱对具体形象的依靠，掌握真正抽象意义上的数概念。然而，就总体上说，整个幼儿期对数的认识仍是具体形象成分占主要地位，无论是学习哪一个具体的数经验，甚至是在大班进行的数组成和简单加减教学，均要先从直观入手，再向抽象形式过渡。所以，我们既要理解并十分重视引导幼儿掌握数概念的过程中，抽象成分逐渐增加，思维抽象能力、推理能力逐渐提高的一面，又不能片面地理解和过高地估计其抽象性，否则在数学教学中，易出现过早运用抽象的数进行教学的形式主义倾向。基于这个观点，我们称幼儿期为初步数概念发展的时期。

（二）各年龄班的关键经验与分析

小班

1. 感知 5 以内数量，学习给 5 以内的点子卡片匹配等量的实物。

2. 按实物范例的数目或指定数目取出相应的 5 以内数量的物体。

3. 根据数量属性将数量为 5 以内的集合分类。

中班

1. 感知 10 以内数量，发现物体的数量不会因其排列方式的改变而变化。

2. 根据数量属性将数量为 10 以内的集合分类。

幼儿对集合数量的感知以及对数抽象意义的逐步理解一般是通过做等量集合、按数量分类和等量判断这些活动进行的。小班阶段的基数意义的学习任务主要是感知 5 以内的数量，初步理解 5 以内数的抽象意义。中班阶段的基数意义的学习任务主要是感知 10 以内的数量，并发展初步的数量守恒。在幼儿还不能在计数活动与基数概念之间建立联系时，主要是通过一一对应的方法做等量集合，如做相等数量的物群匹配，而后感知集合之间的等数性，积累数量的感性经验；或是匹配点卡与物群，进一步感知数量的抽象性。按实物范例的数目或指定数目取出相应数量的集合对幼儿计数能力以及基数概念的发展水平有一定的要求，需要幼儿通过计数先明确范例实物的数量，再取出相同数量的另一实物，做等量集合，同样是为了让幼儿感知集合的数量属性，帮助幼儿理解数的抽象性，建构数的实际意义。按数量分类代表幼儿对数抽象性的进一步理解。在做等量集合和按数量分类的过程中，计数虽然只是手段，通过计数感知集合的等数性，理解数的抽象意义才是目的。但是，幼儿在计数中也慢慢体验到计数是一种判断数量的可靠方法，计数的能力也在此过程中逐步发展成熟。

判断 10 以内数量相等的集合的活动不仅有助于幼儿感知数的实际意义，还有助于幼儿数量守恒的发展。能够不受排列形式的干扰正确判断两组数量的相等或不等是幼儿初步掌握数量守恒的表现。数量的守恒实际反映的是空间与数量的关系，幼儿在感知物体数量时容易受到物体大小及其排列方式的影响，教师在教学活动中有意识地引导幼儿运用计数或者一一对应的方法来判断两组物体数量的相等或不等，这样观察、比较会逐渐排除空间对幼儿感知数量的影响，有助于幼儿数量守恒观念的建立。

总之，幼儿对基数意义的理解是从具体到抽象、从发现集合的等数现象到抽象出数的属性，一步一步发展起来的。

四、序数

（一）序数概述

序数是表示集合中元素次序的数，是用自然数表示事物排列的次序，回答"第几"的问题，如第一、第二、第三。因为自然数有量和序两方面的意义，所以对自然数实际意义的理解不仅包含基数意义，还包含序数意义。表示物体排列的次序（回答第几个）叫作序数，所以对序数意义的认识是幼儿数概念发展的重要部分。

我国的研究者一般认为幼儿对序数的认识要晚于对基数的认识。认识序数要在认识基数的基础上进行，因为当幼儿要回答"第几个"的时候，他们首先要在认识基数的基础上进行，如他们先依次点数，数到"3"的时候，这个"3"既表示一共有 3 个物体，同时也表示这个物体排在第三个位置上。如果没有点数，没有对基数意义认识的基础，也就无法理解序数（数的位置）。研究表明，序数概念是在 4 岁以后发展起来的。3 岁幼儿一般都还没有次序观念，常常不能区分基数和序数。例如，3 岁幼儿不会回答"这是第几个"的问题，往往以基数作答，说出"2 个""3 个"。如要求他们拿出第几个东西，他们会随意取出一个或最后一个。4—5 岁幼儿序数概念有了较大的发展，到中班末期能回答 10 以内"第几个"的问题或完成拿出第几个东西的任务。可见，这种认识序数能力的发展是和这个阶段认识 10 以内基数能力的发展相适应的，也是这一阶段初步数概念形成的一种表现。

（二）各年龄班的关键经验与分析

中班

学习 10 以内的序数，能从不同的方向正确指出某一物体在序列中的位置。

大班

区分基数和序数。

理解 10 以内的序数意义，即要能理解一系列物体中，某一个是"第几"的问题。通过对 10 以内基数的学习，幼儿对数的实际意义已有所理解，对数序也有所认识，这些经验都是幼儿学习序数的基础。此外，幼儿在生活中已经积累了很多有关序数的经验，如自己家住在第几层楼、自己所在的小组是第几组等。所以，认识序数的活动可以集中进行，不必一一进行，并注重在日常生活和游戏中渗透对于序数意义的教育。认识序数的意义与做到区分自然数的基数意义和序数意义是两种发展水平，中班幼儿对序数的学习只停留在初步理解序数的意义上，但是还不能完全区分自然数的基数意义与序数意义。幼儿在数数过程中要能明白，数到几不仅表示已经数了几个，还表示数到的这个物体在集合中是"第几"。例如，在数玩具的时候，当玩具与数词一一对应的时候，数词是被当作序数用的，从小熊数到飞机、从 1 数到 4，表示小熊在第 1 个位置上、飞机在第 4 个位置，但是当说到"一共有 4 个玩具"的时候，"4"已经脱离了"第 4"的意义，而是作为基数"4"来使用。对于数的基数意义与序数意义的转换，幼儿往往感到难以理解，教师需要设计一些基数与序数相联系的活动，帮助幼儿区分基数与序数的意义。

五、数的表征系统

（一）数的表征系统概述

数的表征系统即数系统的符号表征形式。符号的运用不仅在人类文化传递和发展上意义深远，它对个体的思维和认知能力的积极影响也极为重要。研究表明，对数的符号系统的掌握是幼儿从具体的数学思维向抽象的数学思维转化的标志。在数的表征系统中，0—9这10个阿拉伯数字符号按照十进制的规则排列，对于3—6岁的幼儿来说，理解数的表征系统，不仅要理解10以内阿拉伯数字的抽象意义，能用数字符号来表征数量，还应包括对数表征系统中的数字排列规律和结构的感知，这也是一种寻找模式和结构的过程性能力。感知数系统的结构及其重复规律，是位值概念发展的基础。

幼儿的生活环境中到处充满了数字，在他们能够理解和使用数字之前，就已经积累了丰富的数字经验，如车牌号、电话号码、商品价格等。然而，幼儿通常要到4岁或更大一些才开始理解数字代表一定数量，而且这一数量总是一样多的。幼儿可能说出符号"3"的名称，并能数出3个物体，但是他可能并不明白"3"不仅代表3个物体，而且代表所有数量是3的物体。心理学联想主义的观点以及我们的传统经验都认为，儿童是通过在物体与符号之间建立联系来学习书面符号的。皮亚杰却认为，儿童并不是通过这种方式来学习符号，他们是通过同化的方式，及运用自己已经建构的数量知识来对符号作出自己的理解和解释。当幼儿在生活中接触到数字符号时，他们首先接触的是这一符号系统的口头表达形式，然后是书面的表达形式。然而，在幼儿学会运用正式的书面符号之前，他们已经创造出自己对数的表征方法，研究发现，幼儿会用多种形式来表征数量，如圆、竖线等。

幼儿对数符号的理解和表征蕴含了他们对数的理解，所以对书面数符号的学习和了解过程不仅促进了幼儿对数的抽象特征的理解，而且使他们认识到数符号在解决问题过程中的特殊功能。

（二）各年龄班的关键经验与分析

小班

用点子等非正式方法表示 5 以内的数量。

中班

1. 将数字与相应数量的集合匹配。

2. 认识 10 以内的数字，并理解数字的抽象意义。

大班

借助百数表初步感知 100 以内数的系统，初步理解数系统的排列规律。

用点子等非正式方法表征数量是幼儿在学习正式的数符号系统之前就发展起来的能力。数量表征是对集合数量特征的再现和表达，其中蕴含了幼儿对数量抽象意义的理解，如在按数量分类的活动中，幼儿用 5 个点子来表示数量都为 5 的集合类，表明幼儿理解了所有数量为 5 的集合的共同特征，并把这一数量特征抽象出来，用 5 个点子来表示。这一过程是学习运用数符号表征数量的基础。

小班幼儿能够认识 10 以内的数字，但是还不能理解数字的基数意义，对数字抽象意义的理解是建立在丰富的具体经验之上的。幼儿一开始通过数字与数量的匹配活动，在数字与数量之间建立对应关系，如知道数字 3 与 3 个苹果对应、数字 4 与 4 朵花对应，但是这并不代表幼儿能够理解数字的抽象意义。进行数字与数量匹配的活动只是让幼儿体验数字的表征意义，能够将数 3 与 3 个苹果对应，还能与 3 朵花、3 个人等匹配。只有当幼儿知道数字 3 表示所有数量为 3 的物体时，才是对数字抽象意义的真正理解。

百数表是对 100 以内数的表征系统的直观体现，既呈现出十进制的排列规律，也呈现出数系统的结构特征。教师可在幼儿理解 10 以内数字的抽象意义的基础上，引导幼儿通过横向、纵向的观察和比较来发现百数表中数字排列的规律，以及两位数的构成，积累初步的位置经验。

第二节　数的认识活动设计与指导

一、集合分类与对应活动设计与指导

（一）理解"1"和"许多"的关系

1. 区分"1"和"许多"

教师可以先选用数量分别为 1 个和多个（以视觉上能觉得有很多为宜）的实物教具来引导幼儿观察比较。如让幼儿观察比较一朵花和一大束花、一颗石子和一堆石子等。让他们能区分出"1"和"许多"的不同。与此同时，教师引导幼儿用"1"和"许多"进行数量表达。如分别说出"1 朵花""许多花""1 颗石子""许多石子"，让幼儿明白"1"和"许多"都是表示物体的数量。

教师对数量为"许多"的实物教具，要特别注意发挥"文氏图"的表示功用，即无论是教师问幼儿"这是多少花？"还是当幼儿或教师说"这是许多花"时，教师都要用手指在这些教具的外围画一个圈，以此动作提示幼儿把这些物体看成一个整体，从而帮助幼儿积累集合的经验，如图 3-3 所示。

此外，引导幼儿在一定的环境中运用记忆表象加深对"1"和"许多"的区分与理解也是一种比较有效的方法和途径。例如，让幼儿想一想、说一说家中有一张餐桌和许多把椅子、公交车上有一个司机和许多个乘客。这样

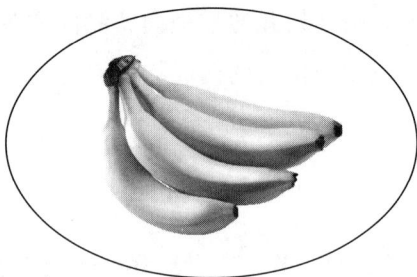

图 3-3

的活动需要记忆和表象的参与，对幼儿来说有一定的困难。

2. 理解"1"和"许多"的关系

在幼儿能区分"1"和"许多"的基础上，教师组织幼儿进行分与合的操作活动。教师提供材料，让幼儿亲自动手先把"许多"的物体分成"1个、1个"，再把"1个、1个"的物体拢在一起合成"许多"，使他们在动作和视觉的过程中感受和领会"1"和"许多"的关系。与此同时，教师引导启发他们概括和表达"1"和"许多"的关系。这种分与合的操作活动可以设计成集体式的，也可以设计成个体式的。列举两则范例如下。

活动范例 3-1 母鸡生蛋（初步感知"1"和"许多"的关系）

适合年龄班 小班上

活动形式 集体

活动目标

在区别"1"和"许多"的基础上，初步感知"1"和"许多"的关系，即"许多"可以分为1个、1个……1个、1个合起来有"许多"。

活动准备

"母鸡生蛋"儿歌录音带，篮子一个（用来盛放鸡蛋），母鸡头饰人手一个，煮熟的鸡蛋人手一个，黄色吹塑纸（或薄的海绵），印有铺着稻草的鸡窝。

活动过程

1. 游戏前准备

（1）教师拿出许多母鸡头饰，问：有多少？（许多）

（2）教师让幼儿每人取一个头饰戴在头上，问：你取了几个？（1个）

（3）小结：刚才有许多头饰，给小朋友拿一个、拿一个……都分完了，原来许多头饰可以分成一个、一个……

（4）教师用上述方法给幼儿分鸡蛋，让幼儿感知许多鸡蛋也分成一个、一个……

2. 听录音，进行"母鸡生蛋"游戏

（1）幼儿听录音跟着念儿歌，学母鸡动作四散走动，当念到"生下一个大鸡蛋"时，教师提醒幼儿赶紧将手中的鸡蛋轻放到鸡窝里去，表示母鸡生下一个大鸡蛋。（儿歌：老母鸡，真能干。会捉虫，会生蛋。咯咯哒，咯咯哒，咯咯哒，生下一个大鸡蛋。）

（2）教师问：鸡窝里刚刚一个鸡蛋都没有，现在有多少？（许多）鸡窝里怎么会有许多鸡蛋呢？

（3）小结：你一个、你一个，一个、一个……合起来就是许多。

（4）幼儿每人从鸡窝里取出一个鸡蛋后，教师问：刚才鸡窝里有许多鸡蛋，现在怎么没有了？

（5）此游戏再重复一遍，以使幼儿再次感知"1"和"许多"的关系。

除了运用分与合的操作活动来启发幼儿理解"1"和"许多"的关系之外，我们还可以设计分与合的游戏活动来启发幼儿理解"1"和"许多"的关系。如例3-2。

活动范例3-2 采蘑菇（理解"1"和"许多"的关系）

适合年龄班 小班上

活动形式 集体

游戏准备

1. 沙箱一个（或将较厚的大泡沫板固定于地面），插有与全班幼儿人数相等的"蘑菇"。

2. 篮子一个。

3. 地上画一个圈代表兔子的"家"。

游戏过程

1. 教师当兔妈妈，幼儿当兔宝宝。首先，教师告诉幼儿"今天要去采蘑菇"，然后他们蹦蹦跳跳地来到"山上"。教师引导幼儿观察蘑菇并启发他们说出"有许多蘑菇"，教师要求幼儿"每人采1个蘑菇，放进妈妈的篮子里"。

2. 蘑菇采完后，教师先引导幼儿注意到"山上没有蘑菇了"，接着可以用考考幼儿的口吻问"许多蘑菇哪去了?"并启发幼儿体会"许多蘑菇可以分成1个蘑菇、1个蘑菇……"教师再引导幼儿注意到篮子里的蘑菇，让他们说出"篮子里有许多蘑菇"，接着可以用考考幼儿的口吻问"篮子里怎么会有许多蘑菇呢?"并启发幼儿体会"1个蘑菇、1个蘑菇……合起来是许多蘑菇"。

3. 教师告诉幼儿"咱们回家吃蘑菇吧"，然后他们蹦蹦跳跳地回到"家"。教师请幼儿每人从篮子里拿 1 个蘑菇，拿完后，教师引导幼儿注意到"篮子里没有蘑菇了"，接着又用考考幼儿的口吻问"许多蘑菇哪去了?"并启发幼儿观察每人手里拿的 1 个蘑菇体会"许多蘑菇可以分成 1 个蘑菇、1 个蘑菇……"教师高兴地对幼儿说："聪明的孩子们，请吃我们自己采的蘑菇吧!"游戏结束。

3. 采用多种形式强化幼儿对"1"和"许多"的认识

（1）通过寻找数量为"1"和"许多"的物体，加深对"1"和"许多"的认识

教师预先可以将各种数量为"1"和"许多"的用品、玩具摆放在活动室的桌子上、橱子里、柜子上，还可以选择含有数量为"1"和"许多"物品的图画张贴在活动室的墙面上。让幼儿在教师预设的一个充满数量为"1"和"许多"的对象的环境中观察和寻找什么东西是"1"个，什么东西是"许多"个。

教师可以专门组织，也可以利用自由活动、散步、参观、郊游等各种时机，引导幼儿观察和寻找存在于自然环境中的数量为"1"个和"许多"个的东西。教师还可以与幼儿进行交谈，根据幼儿的生活经验进行启发，让幼儿把所看到的数量为"1"个和"许多"个的东西尽可能地回忆和表达出来。

（2）通过多种感官感知"1"和"许多"，加深对"1"和"许多"的认识

教师可以设计多种活动形式，激发幼儿调动视、听、触等多种感官感知"1"和"许多"。如教师击掌（或者敲小铃、小鼓等），让幼儿听一听说出是 1 下还是许多下；让幼儿用手摸一摸，从口袋里取出 1 颗石子和许多颗石子；让幼儿按 1 下和许多下的指令拍手、点头、跳跃等。

（二）集合分类

在设计与组织分类教育活动时，首先，教师要注意材料的投放，不同的分类活动对材料有不同的要求，要注意选择和整理材料，最好事先能尝试操作和预测，使材料的种类、数量、整体结构满足幼儿思维和操作的需要，从而达到该活动的要求。其次，在活动组织的过程中，教师应引导幼儿仔细观察材料并充分地思考可以按什么条件分、怎样分，鼓励幼儿表达和交流分类的结果，以利于他们形成类概念，感知、理解蕴含在集合中的包含关系。下面具体介绍两种类型的分类教育活动。

1. 求同操作活动

幼儿在体验的过程中发现并挑选出具有某种共同属性的物体，这样的活动就叫作"求同"。求同活动通常用在需要向幼儿介绍某一概念的时候。特别是当我们无法向幼儿解说物体的属性或某一事物时（如无法说清什么是蓝色、什么是羊角球），最好的方法就是让幼儿照样子拿出具体的实物——求同，这样他们就会自发地形成对各种事物的概念，并修正原先不符合常规的概念。如按颜色求同、按形状求同等。通过求同活动可以帮助幼儿体验物体的共同属性。如发现事物中的"全等"，或在颜色、形状、大小、物体名称、物体用途、物体性质中某一方面特征的"一样"，形成相应的类概念。求同操作有以下两种设计方案。

方案一：按标记求同

"按标记求同"就是用某物体或物体的某一属性做样子，找出和它全等或有相同属性的东西。设计这类活动的关键在于控制物体的相同属性。"相同属性"若是颜色，幼儿就会对颜色形成一定概念；"相同属性"若是外形，则幼儿就会把注意力集中到物体的轮廓上。所以，给幼儿提供求同材料时，一定要明确希望给幼儿的是什么样的关键经验。一般在最初为幼儿设计的求同活动中，提供的只是一种不同属性的物体。例如，颜色不同但形状、大小相同的物体，或形状不同但颜色、大小相同的物体等。为了让幼儿在求同活动中能够坚持求同标准，通常的做法是给幼儿一些求同的标记做提示，例如物体轮廓标记、颜色标记、大小标记等。等幼儿熟悉了求同的规则，操作比较熟练时，可以增加材料中不同属性的种类，例如提供具有不同颜色、不同形状的物体，让幼儿排除某些非求同属性的干扰，按标记认准一种属性进行求同。

在组织求同活动时，教师可以根据需要选择集体教学、分组教学、区角活动等不同的组织形式。小班求同活动的集体教学通常带有一定的情境，以帮助幼儿理解活动的意义。例如，教师扮兔妈妈，幼儿扮小兔子，通过小兔子帮兔妈妈择菜的情节，来集体练习做"白菜"的求同、"萝卜"的求同，积累全等的经验。

方案二：用排除法求同

"用排除法求同"是指挑出所有不属于某集合的物体，使该集合的共同属性更加突出。这是在幼儿能够完成上述"按标记求同"的活动后才能向他们推出的活动。在设计这类活动时，可采取实物或图形两类不同抽象层次的材料，材料中涉及的物体形象应该是符合幼儿生活经验的、为他们所熟知的常见物体。教师可灵活地利用材料的颜色属性或形状属性给幼儿设置一定的干扰因素，以巩固幼儿的类概念。同时在指导这类活动时，应运用多种教学策略因势利导。如为幼儿提供若干串塑料小实物，其中每串实物中有一个不属于该集合的物体，如一串小鱼中有一个纽扣等，要求幼儿把每串实物中放错的东西挑出来挂在分类盒的外面。教师还可以准备一些图板，每一排有一类物体，但是每一排都有一张不属于该类物体的图片，例如，在一排水果图片中夹着一张衣服图片，要求幼儿把每一排中放错的图片用白纸片盖上。

上述两个案例，运用排除法求同的要求是一致的，只是材料的抽象层次有所不同。前一个用的是实物材料，后一个用的是卡片材料。需要说明的是，如果幼儿"不幸"受到颜色干扰，教师可以根据幼儿的水平提供无颜色干扰的操作材料（如所有的虾和作为不同类的汽车都是白色），甚至提供有颜色帮助的材料（如所有的虾都是白色，而作为不同类的汽车是其他颜色）来给幼儿进行操作。

2. 分类操作活动

分类操作活动按分类的标准来分可设计组织以下一系列活动。

(1) 按外部特征分类

即先给物体、图片、图形等集合分类，再用标记表示分出的各个子集。

物体的外部特征包括物体的形状、颜色、大小等属性，在设计"按外部特征分类"的活动时，可以将"按标记求同"的活动延伸，通过改变活动规则实现"分类"活动的设计。例如，某一求同活动的操作规则是在分类盒中"先插标记后放材料"，现在只要把规则改为"先放材料后插标记"即成为分类活动。此外，教师也可以借用生活中需要运用分类技能的问题情境设计一些有生活意义的分类活动。例如，让幼儿学习整理班级物品（玩具、生活用品等），只需建立一条"把一样的放在一起"的活动规则，即可实现学习分类的目的。

在组织"按外部特征分类"的活动时，可以采取多种组织形式。

通常在最初构建幼儿的分类技能时，多采取分组教学的形式，即在同一单位时间内安排若干个相互有平行关系或层次关系的操作活动，以积累幼儿个体的分类经验为主要目的。在幼儿通过小组操作活动的自我建构，初步理解了分类的要求，积累了最基本的分类经验后，教师还可以采取集体教学的形式，设置一定的场景，引导幼儿运用已掌握的分类技能解决生活中遇到的问题。

(2) 按内部属性分类

按内部属性分类即按物体的性质或用途等作为分类的标记。

物体具有某种用途，这是由它与人们的关系决定的。这种关系是无法从物体的外在形态看出来的，是属于物体的内部属性。人们要在使用某一物品后，才能了解它的用途。物体材料的性质也需要在感知后才会认识。教师在设计"按内部属性分类"的活动时，要考虑结合幼儿的生活经验来选择材料。小班幼儿最熟悉的物体是与吃、穿、玩联系在一起的。因此，教师可提供有关食品、服装、玩具的实物和图片。组织活动时，可以先带领幼儿讨论每种物品的用途，然后再让幼儿把可吃的、可穿戴的、可玩的东西分别放到食品柜、衣柜、玩具柜中——实现"按物体内部属性分类"的活动设计要求。

随着幼儿生活经验的扩展，进入中班后，教师还可以设计一些有关植物、动物、交通工具等二级类概念的分类活动。在组织这类活动时，注意不要把"植物""交通工具"等词汇硬教给幼儿，幼儿在这些活动中有能力根据他们自己关于植物、动物、交通工具等方面的经验"创造"出他们特有的指代词，例如，幼儿会把"植物"称为"从土里长出来的东西"，把"动物"称为"活的东西"，而把"交通工具"称为"带轮子的东西"等。

（3）按数量关系和逻辑关系分类

"按数量关系分类"是指将具有相同数量的卡片归并在一起。这是抽象出数，形成数概念的重要步骤，幼儿的计数、目测数群的能力也能在"按数量分类"的活动中得到发展。设计这类活动的要领是在材料中体现物体"数"的属性。为了实现这一目的，教师要避免材料在颜色、形状、大小等属性上的一致性，也就是说所提供的材料在外部特征和内部属性上要各不相同，这样才能将幼儿的注意引向外部特征和内部属性以外的数量关系上，实现从数的角度来表征物体，形成数概念。

"按逻辑关系分类"是指把具有某种特征和不具有某种特征的物体分开摆放，通常用肯定与否定标记来代表。如图3-4所示。

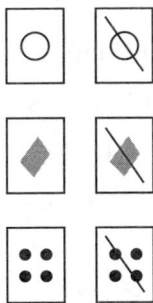

图3-4

案例"边说边做"

教师提供了各种成对的肯定与否定的标记（图3-4）和各种实物卡、图形卡和点卡，让幼儿从中自选一套做分类。奇奇选择的是颜色标记，扬扬选择的是图形标记，而成成与婷婷选择了数的标记。扬扬边分图形边拖着调子叨念着："我把圆形送到圆形的家里，我把不是圆形的送到……圆形的家里。"婷婷在旁边听了哈哈大笑起来说："什么，你把不是圆形的送到圆形的家里了？"扬扬听了连声说："错了，错了!"赶紧把刚才放错的图形找出来，放到了否定标记的一边。幼儿在按肯定与否定标记分类时，要求他们边分边说，有助于幼儿概括自己的操作过程，同时也有利于他们及时发现自己的错误。

按分类的角度来分，分类活动还有以下几种组织形式。

（1）按两个特征或两个以上特征分类

按两个特征或两个以上特征分类的活动，需要在掌握按一种特征分类的基础上逐步向幼儿推出。首先，让幼儿在颜色、形状、大小等外部特征中任意确定两个特征作为分类的依据。例如，在一筐几何图形片中把红颜色的圆形和蓝颜色的正方形挑出来分开放，然后用相应的颜色、图形标记来表示。其次，可以让幼儿学习根据三种特征对物体进行分类。如"为图形做标记""按标记综合图形"活动和下面的这个实例都是属于这种类型的活动。教师可设计如图3-5所示的操作底板，引导幼儿根据每排打"√"项的属性综合出图形，并挑出来放在后面的空格里（每个空格里可以放上许多片）。如第一排的最后一格应该放的是红颜色的大圆片，当幼儿遇到其他排的标记的干扰时，教师可引导幼儿用纸挡住其他几排，指着"√"将其所代表的属性一一念出来。

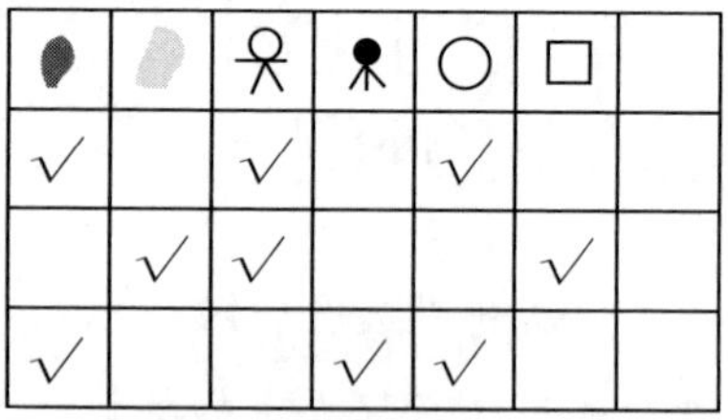

⬮	⬮	⬤	⬤	○	□	
√		√		√		
	√	√			√	
√				√	√	

图 3-5

说明：⬤为大标记，表示大的物品；⬤为小标记，表示小的物品。

（2）层级分类

层级分类是利用层级分类底板（图3-6）和各种小实物开展的多级次分类活动。

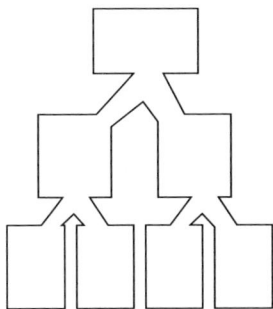

图 3-6

它直观地反映了物体类与子类的包含关系。例如，前面曾介绍过的用一堆不同颜色、形状、大小、质地的纽扣，做层级分类的活动。

先让幼儿把所有纽扣放入层级分类板最上面的方框；然后逐一取纽扣按"是红颜色"和"不是红颜色"分成两类放进中间一层的方框；最后将已分成两类的纽扣再分别按"是圆形"和"不是圆形"分成两类，放进最下面一层的方框。分完后还可以先按形状分，再按颜色分等。

层级分类活动适合安排在中班末期进行。所用材料既可以用实物也可以用实物卡、点卡等材料。最初引导幼儿玩层级分类，或指导有困难的幼儿玩时，可先让他们从二级分类做起，即做到中间一层就可以了，以后再逐步要求幼儿做三级分类。

层级分类活动在生活中的意义体现在"仓库储藏"问题上。教师可以依据操作活动的基本规则赋予活动一定的问题情境。例如，怎样把大仓库中的"货物"按一定规格分到小仓库中去呢？以此使活动富有生活意义。

（3）多重角度分类

多重角度的分类活动，有助于培养幼儿思维的灵活性以及发散性。教师可选择具有多种特征或属性的图形片、彩色积木等，让幼儿对同一类材料做不同角度的分类，即先指定一种实物（如彩色积木），让幼儿各自确定自己的分类标准进行分类，然后再组织交流，拓展幼儿的分类经验，使幼儿发现同一物体可以分到不同的类别中。

多重角度的分类活动，一般到大班才能被幼儿所接受。

首先，教师要准备好具有多种特征或属性的物体，引导幼儿对材料做仔细观察，讨论这些物体中有哪些特征或属性，例如，积木有不同的颜色、形状、大小等特征，同时它还属于玩具一类、木制品一类。

其次，让幼儿自己选择一种属性对物体进行分类，例如，按颜色不同将积木分成红颜色的、黄颜色的等。

最后，让幼儿把材料合并起来，重新选择一种属性对物体进行分类，例如，按形状分，可分成正方体一堆、圆柱体一堆等。如此重复进行。

为了强化幼儿对物体多重特征或属性的认识，教师也可以一种"猜猜我的分类标准"的方式来组织活动，由教师按多重角度的不同分类标准对物体进行分类。

活动范例 3-3　我把玩具送回家（求同操作）

适合年龄班　小班上

活动形式　集体

活动目标

1. 认识玩具、用品图标及它们所代表的各种物品，能按图标将物品（玩具）分别进行归类，体验物体的共同属性。

2. 学习收拾、整理玩具，知道玩具玩过了要收拾到指定的位置。

活动准备

1. 将班级中的各种玩具、用品按类有序摆放到橱柜和用品柜中，并按照其种类设计玩具柜图标，例如，结构游戏材料、智力游戏材料、角色游戏材料、体育用品材料等，并事先贴在各个橱柜的统一位置上。

2. 设计每种玩具、用品图标各一张，胶棒若干。

活动过程

1. 参观班级玩具柜。

教师带领幼儿参观班级的玩具柜，向幼儿介绍各玩具柜的名称。让幼儿仔细观察玩具柜里有哪些可玩的玩具，对幼儿叫不出名字的玩具，教师可与幼儿一起讨论给玩具起名字。

2. 认识玩具图标。

教师出示各种玩具图标，请幼儿猜猜每个图标代表的是什么玩具。若幼儿猜对了，教师就请一个幼儿将该图标贴到该玩具的那一层中，并告诉幼儿"这里就是这种玩具的家"；还可以提问"这种玩具的旁边（或上面）是什么玩具的家""这种玩具的家在哪个玩具柜里"。

3. 建立玩具收放常规。

（1）教师告诉幼儿可以到玩具柜中选择自己喜欢的玩具到指定地点玩，玩过以后必须把玩具送回原来的地方。

（2）幼儿自选玩具开展游戏活动。游戏结束时请幼儿分别把玩具送回家。教师组织幼儿检查各种玩具、物品是否放到了规定的地方。

活动分析

实物归类是数学过程能力中"组织信息"能力的基础。幼儿在观察、比较各种玩具的过程中，积累物体与物体相同的经验，逐步理解具有相同特征的物体可以归为一类。

活动范例3-4 泥娃娃站圈（按逻辑关系分类）

适合年龄班 大班上

活动形式 集体

活动目标

尝试选择泥娃娃的某一特征，按肯定与否定标准进行分类。

活动准备

一样大的红衣、黄衣、蓝衣、绿衣泥娃娃，但姿态和细微特征各不相同；每组红、绿圈两个，纸质泥娃娃一套，活动记录纸、笔；泥娃娃照片若干（活动材料中图3-7至图3-12）。

活动过程

1. 观察泥娃娃，尝试按"是"与"不是"分类。

（1）教师引导幼儿观察泥娃娃，说出它们各不相同的特征。

（2）教师引导幼儿按照某一特征，把具有相同特征的泥娃娃找出来，试着用"是"与"不是"的方法说一说。（例如，幼儿说："有的泥娃娃戴帽子。"教师回答："请把戴帽子的娃娃放在一起，其他的娃娃有没有戴帽子？我们可以怎么说？"引导幼儿说出："戴帽子的娃娃和不戴帽子的娃娃。"）

（3）教师引导幼儿找一找娃娃的其他特征，试着用"是"与"不是"的分类方法说一说。（教师："请你找一找娃娃还有什么特别的地方，也用'是什么样'与'不是什么样'的方法介绍给大家。"）

（4）幼儿多次尝试，发现用这样的方法分类的角度更多、更方便。

2. 泥娃娃站圈。

（1）幼儿分小组合作讨论，按照泥娃娃的某一特征，用"是"与"不是"的分类方法玩站圈游戏。

（2）幼儿每站一次圈，就在记录纸上记录一次。

（3）幼儿用"是"与"不是"的方法轮流介绍各组不同的站圈玩法，并用泥娃娃站圈加以证实。

3. 泥娃娃取照片。

（1）展示泥娃娃的照片。

（2）尝试运用"是"与"不是"的分类方法进行描述，共同寻找所要取的是第几张照片。说对了即可将照片取走，直到照片取完。

活动分析

本次活动旨在让幼儿尝试选择泥娃娃的某一特征，按肯定与否定标准分类，并引导幼儿进一步观察物体的某些细微的特征，改变停留在按颜色、大小等外部特征分类的方法。在活动过程中，教师可引导幼儿观察某一泥娃娃的具体特征，然后问："这些娃娃戴着帽子，那些娃娃和戴着帽子的娃娃比，都是怎样的？"当幼儿出现选择其中的一种特征与其他特征作比较时，教师必须运用语言引导、强化"不是的"这一概念。例如，幼儿说："这组是穿红衣服的娃娃，这组是穿黄衣服的娃娃……"教师可用"这组是红衣娃娃，这组不是红衣娃娃"这样的语言引导，更容易让幼儿接受肯定与否定分类的方法。

活动材料

泥娃娃照片示意图

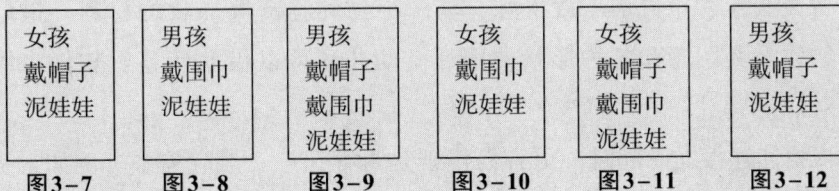

女孩 戴帽子 泥娃娃	男孩 戴围巾 泥娃娃	男孩 戴帽子 戴围巾 泥娃娃	女孩 戴围巾 泥娃娃	女孩 戴帽子 戴围巾 泥娃娃	男孩 戴帽子 泥娃娃
图3-7	图3-8	图3-9	图3-10	图3-11	图3-12

（三）集合对应

幼儿每天的生活中都蕴含着丰富的契机来开展对应活动，教师在设计与组织对应活动时，无论是匹配相关联的物体还是一一对应的比较，都应当了解幼儿的生活经验，选择幼儿熟悉的物体作为活动的内容。例如，动物和食物的匹配、为小组成员分发物品等，帮助幼儿积累一一对应的经验。

教师在挑选材料组织对应活动时，需考虑以下五种特征，教师可以选择或改变五种特征中的一种或多种，并使用不同的游戏材料。这样，就可以提高活动的难度。

在匹配活动中，物体可感知的特征是非常重要的，匹配的标准决定了活动的难易。材料也会根据其相似或相异的程度而有所不同。把动物与它住的窝相匹配，或为每个碗配上一把汤勺，就要比在两组蓝色的塑料片之间进行配对容易一些。如果教师事先把相同点较多的材料取出来的话，匹配的任务就会变得更加困难。

材料的数量也很重要。一组材料的数量越多，匹配的难度也会越大。匹配数量小于5的材料比匹配大于这个数量的材料要更容易。在设计活动时，教师应从量少的开始，然后逐渐递增至9。当幼儿能够处理10以内的一一对应关系的时候，他对这个概念也基本上掌握了。

所谓具体形象性，就是材料与现实物体的相近程度。最简单的5以内的一一对应活动应该使用真实的物体，如小玩具或幼儿熟悉的其他材料。然后，才是不熟悉的、与真实物体有一定相似的材料。接下来，就可以使用裁剪成圆形、正方形、放牛娃、马、小狗和狗窝等形状的材料。最后是真实物体及其图画和各种形状的图片。幼儿还可以借助计算机软件来练习一一对应。

当物体连接在一起时，更容易辨别是否存在一一对应关系。例如，一把椅子上坐着一个孩子这种情形，肯定比椅子与孩子分别位于教室的两侧更容易让儿童指认出一一对应的关系。

1. 对应经验积累活动

在设计与组织学习——对应的活动时，教师可以先引导幼儿初步掌握重叠对应比较的能力，再引导幼儿掌握并放对应比较的技能。重叠对应是把第一组物体从左到右或从上到下排成一行，再把第二组物体一个对一个地分别叠放在第一组物体的上面或里面（如先将碗从左到右排成一行，然后将勺子一一放到碗里面）。并放对应是把第一组物体从左到右或从上到下排成一行，再把第二组物体一个对一个地分别摆在第一组物体的下面或旁边（如先将娃娃从左到右排成一行，再将盘子一一放到娃娃的下面）。

教师可先提供具有一定对应关系的若干实物和实物卡片，如有相连关系的手套、袜子、鞋子等，有相关关系的锁头和钥匙、雨伞和雨鞋、毛巾和脸盆等，有从属关系的奶奶和眼镜、妹妹和娃娃、医生和听诊器等，引导幼儿根据这些实物之间的关系，建立一个对一个的观念，积累一一对应的经验。在组织活动中，教师有必要先引导幼儿逐一讨论各对实物的相互关系，让幼儿领会为某一物体找的"朋友"应是相互有一定关系的物体，然后才能让幼儿对成对的实物或实物卡片进行配对。幼儿在配对的过程中，可以领悟什么是一一对应。

对应的观念及方法是幼儿之后学习运用一一对应的方法计数、做等量集合以及集合数量比较的基础。

2. 对应运用活动

一一对应是不经计数做等量集合和比较两组物体多少的简便方法。当我们想把"多""少""一样多"的概念介绍给幼儿的时候，最好的办法是让他们做配对的活动。

（1）做等量集合

通过一一对应的方法做等量集合是为了帮助幼儿发现集合间等数性，从而进一步抽象出"数"概念的必要步骤。设计组织此类活动时，教师可结合幼儿的生活需要和游戏活动来设计各种问题情境。例如，进餐前请幼儿为每个小组分发餐具、食品，各种活动前请幼儿分发每人所需要的材料和工具等。在组织活动时，教师应允许幼儿出现种种"多余"的动作，让幼儿在多次集合间元素的比较中领悟操作策略。因为这是幼儿达到真正理解而不是"记住"所必需的。

（2）集合间的比较

将两个集合间的元素进行比较，会有三种情况出现，一是"相等"，二是"比……多"，三是"比……少"。幼儿在不经计数确定集合间这三种关系时，所采取的方法是一一配对。有关配对的活动形式有许多。例如，民间扑克游戏"抽乌龟"、实物卡（或点卡）的"等量接龙"等，可帮助幼儿形成相等的概念。而不等量的元素配对，则可以促进幼儿发现集合元素的"多"与"少"。在此基础上，教师可进一步引导幼儿做"变成一样多"的操作练习。

在组织此类活动时，教师依然需要灵活地运用指导策略，立足于促进幼儿的独立思维。如下面的两个活动案例。

①等量配对。教师拿出若干套点子接龙卡。相同点数的接龙卡上点子的排列形式不同，幼儿要将一样多的点子卡接起来。扬扬找不到伙伴，他请教师和他一起玩接龙。教师故意在接每一张卡片时表现得"很迟钝"，经常接错，还要让扬扬帮她选可以接的卡片，这使扬扬非常得意，他很负责地检查教师每次接的卡片，并热情地指出教师接错的卡片。

②变成一样多。教师提供了两组实物，一组比另一组多一个。她要求幼儿先给两组物体一一配对，然后比较两组物体的多和少，最后再思考如何把不一样多变成一样多。在同样面对把数量为 4 和 5 的实物集合变成一样多的练习时，扬扬想到的是添上一个，而奇奇想到的则是去掉一个。教师在活动结束时，向全班幼儿介绍了扬扬和奇奇两人不同的操作方法，并组织大家进行讨论：他们谁做得对，为什么？经过一番辩论和集体验证，大家惊讶地发现，原来他们做得都对！

　　这两种活动的设计与组织的具体方法在下一章还会具体介绍，这里提到主要是由于一一对应是幼儿进行这两种活动的重要方法。此外，一一对应还会在多种活动中涉及。学习一一对应的目的就在于能够正确感知集合数量，理解对应法则，以更好地发展数概念。

活动范例 3-5　实物接龙（相同实物一一对应）

　　适合年龄班　小班上

　　活动形式　个别

　　设计意图

　　让幼儿在接龙游戏中将两个相同的物体配对，体验两个相同物体间的对应关系。

　　活动准备

　　磁性白板一块，磁贴实物接龙卡一套（两端印有不同实物的长方形磁性贴片）或图形接龙卡。

　　操作规则

　　从底板的左上端开始，沿着上底边，将接龙卡片放置于板上，两个相同的实物接在一起，直到接完为止。

　　指导策略

　　接龙游戏的目的是体验相同实物的对应关系，发展幼儿的对应能力，为学习对应比较和点数奠定基础。教师应向幼儿讲清楚接龙游戏的规则：从许多接龙卡中找到相同的两个实物，然后接在一起。如果幼儿能理解操作规则，但偶有出错或违规（如不是朝两头接，而是接在中间，或没有接完所有的卡片），对此，教师可以提示幼儿接龙的规则（只能在两头接，不可以从中间接，要把所有卡片接完）。

二、感数和计数活动设计与指导

计数是幼儿日常生活中最为司空见惯的活动，也是幼儿园各类数学活动中最常用到的技能。幼儿总是不知不觉地点数看到的各种事物，如在站台等车的时候数一数站台上有多少人、该站台会经过几辆公交车……计数活动也是幼儿家长最初最乐于与孩子分享的活动。因此，幼儿在生活中已经积累了相当丰富的计数经验，但是，这些在日常生活中积累的经验还不够成熟、不够完整。教师组织计数活动的意义在于帮助幼儿巩固、补充已有的计数经验，拓展计数的方法，从而提升幼儿的计数能力，促进数概念的发展。根据幼儿计数能力的发展特点，设计和组织计数活动的一般思路是：巩固幼儿口头数数的经验，引导幼儿按物点数，认识总数，帮助幼儿感知和体验数词与物体数量的对应关系。再通过多种形式的活动，强化数词与物体数量之间的联系，促使幼儿在感性经验的基础上，逐步抽象概括出数词和相应数量之间的关系，达到对数的实际含义的初步理解。

（一）巩固幼儿口头数数的经验

口头数数指的是凭着记忆背诵自然数的名称和顺序，未必真正认识数量的意义，包括顺数、倒数、接数、跳数。幼儿一开始只是通过模仿机械地记忆一系列数词，数数过程中不能中断，中断了就无法继续接着数。随着数数经验的丰富，幼儿对数词之间关系和顺序的理解加深，理解了数词的实际意义，能将数词作为可数的实体，能够灵活进行接数、倒数。这种口头数数活动不仅仅是顺口溜式的机械记诵活动，还在于可以帮助幼儿感知自然数列中数的顺序和数列系统的规律，为数序学习和十进制学习积累最初的感性经验。这一类的活动的关键在于帮助幼儿积累多样的数数经验，不需要组织专门的教学活动进行，而适合设计为日常的口头数数游戏，在正式的数学教学活动开始之前作为热身活动或者作为幼儿园一日各环节之间的衔接活动。例如，教师先数 1、2、3、4，幼儿接着数 5、6、7、8……

或者将幼儿分为两组交替数。

(二) 按物点数，感知和体验数词与物体数量的对应关系

按物点数要求幼儿在口头数数的基础上，将数词与客观的事物联系起来，建立起数与物之间的一一对应的联系，做到手口一致地点数。幼儿在5岁以前，由于大脑皮层抑制机能发展较差，手眼协调动作不灵活，再加上口头数数还不熟练，因此会产生手口不一致的现象。说出总数指的是在幼儿按物点数后，能够说出所数物体的总数。幼儿在这方面的发展要更慢一点。它要求幼儿把数过的物体作为一个总体来认识，即能理解数到最后一个物体对应的数词表示这一组物体的总数，也就是在数词与物体的数量之间建立起联系。能够说出总数是计数能力发展的关键，它表明幼儿能运用数目和理解数目的实际意义。

在组织教学时，教师不必急于让幼儿学会手口一致点数事物并说出总数，开始时可以先让幼儿自由数数，积累数词与实物一一对应的经验，这是借助实物理解数词数量意义的过程，当幼儿逐步理解了数词的基数意义时，自然就能理解数数时说出的最后一个数词即是所说数的总数。同时，幼儿在自由数数的过程中，手脑的协调性在练习中也能得到提高。所以，虽然幼儿在学习数数的过程中会出现很多错误，而且数数往往没有结果，但是这些尝试性的探索对于幼儿数数技能的发展以及对数实际意义的理解都是有意义的。

在小班幼儿刚接触计数活动时，教师可适当演示，让幼儿知道该怎样按物点数和知道点数的最后一个数就是表示"一共有几个"，帮助幼儿积累数数的经验，以在计数活动与数的基数意义之间建立联系。例如，教师可以取3个同样的物体（如3个苹果、3个娃娃）排成一行，由教师伴随口头讲解向幼儿进行规范的点数示范。即教师用右手食指，从左向右一边点着物体一边说数词"1个、2个"，在点数到最后一个物体时，提高音调说出这个数词是"3个"。紧接着，教师边运用"文氏图表示法"（用手指围绕所点过的物体顺时针画个圈），边说"一共有3个××"。在点数示范的过程中，教师

要自然地结合讲解，特别向幼儿强调"每个东西只能数一次""要记住最后说的数字，最后数到几就说一共有几个东西"等要领，帮助幼儿掌握点数的技能。

在进行数次演示讲解的基础上，教师向幼儿提供材料，让幼儿从模仿到独立地练习按物点数。手口一致地点数物体和强化总数印象是小班幼儿计数活动的重点和难点，所以，教师应变换点数的方式（如可以点数排成行或列的物体，可以边移动物体边点数，也可以边取放物体边点数等），使幼儿在感兴趣的状态下反复训练，促使手的动作和口说数词协调一致。教师应让幼儿数多种实物（如花、树、水果、动物、服装、日用品、玩具等），多问"一共有几个"，使幼儿很清楚"最后说的数字就是表示一共有几个东西"并初步体会到"一个数可以代表相同数量的任何东西，任何东西只要数量相同都可以用同一个数来表示"。

中班计数的物体可以从 4 个逐步增加到 10 个，在引导幼儿比较熟练地掌握手口一致地点数物体的技能之后，教师可以进一步要求幼儿不用手而只用眼睛点数物体的个数。刚开始时，幼儿会感到困难，容易发生错误，教师可以教他们用点头动作来帮助眼睛点数（可告诉幼儿"看一个东西、点一下头、说一个数"）。幼儿从用手点数物体到能用眼睛点数物体，标志着点数能力的逐步提高。

教师除了让中班幼儿数同样的物体外，还可以让他们数不同颜色、不同大小或不同形状的同类物体（如不同颜色的小旗、不同大小的积木、不同形状的玩具），以此帮助幼儿体验和感受总数的实际含义（如点数 6 面不同颜色的小旗，能帮助幼儿体验和感受总数"6"中包含着 6 个东西）。

教师可以将大班幼儿点数对象的排列方式拓展到圆形（如点数项链上的珠子、玉米棒的玉米列数等）、聚合形（如点数一束花的花朵、一群鸟的数量等）、分散形（如点数活动室里的椅子数、分布在活动室各区域的幼儿人数等），以增加点数的难度，使幼儿能更好地探索学习正确的点数方法（如能用以某种方式认准起始珠子的方法来点数排列成圆形的项链上的珠子数量；能用划分板块、按块接数的方法来点数分布在活动室各区域的幼儿人数），从而进一步提高点数能力。

大班计数的一个重要突破点是引导幼儿将按物点数的动作进行内化，表现为在头脑中"默数"后说出总数。教师可以先要求幼儿将音量放低"小声数"，再要求他们把声音藏在喉咙里"用别人听不见的声音数"，最后要求他们把嘴唇抿住"在头脑中数"，逐步引导幼儿对物体数量进行目测并直呼总数。

（三）其他计数方法

1. 接数

中班的幼儿在口头数数时，就能够做到从任意数开始接数。作为一种计数方法，接数需要幼儿能将总数看成两部分（数群），先目测其中一个数群的数量，再从这个数开始，对另一个数群中的数量进行逐一点数。从某种意义上说，接数能力是幼儿按群计数能力发展尚未完善的表现，是幼儿数群概念发展的初步表现。

中班下学期或大班上学期的幼儿，开始有可能学习接数的方法。在感知5以上的数量时，教师可有意识地将数量在空间排列形式上呈现明显的两部分，以便于幼儿将数量分为两部分。同时引导幼儿用不同的方法计数，让幼儿体会到接数也是一种可靠的计数方法。

2. 按群计数

按群计数是指不依赖于一一点数的方式，而是以数群为单位进行计数，如以2个为单位或5个为单位进行计数，或者是将总数分为两个数群分别计数，再通过两数相加得出总数。按群计数以数群概念为前提，同时也促进幼儿数群概念的发展。以两个一数的按群计数活动为例，这种方法可以帮助幼儿以一种新的方式来了解数系统中存在的模式，也就是说，一个数可以不再由若干个1组成，而是由若干个2组成。在这里，数数的单位是2，而不是1。在教学中，教师可以提供两个为一组的可数实物，便于大班幼儿进行两个两个数，活动前告诉幼儿，两个一数的方法就是要一次点两个，数数时只需要说出双数2、4、6、8……教师在活动中可以做一些两个一数的示范，如请幼儿去玩游戏时一次摸两个幼儿的头，口头数双数，帮助幼儿体验两个一数的意义。

3. 概念性感数（目测数群）

感数是儿童先天的数量感知能力。克莱门茨（Douglas H. Clements）将感数分为直接感数和概念性感数，概念性感数是在感数的基础上进一步发展而来，是一种先感知，再通过空间模式进一步运算快速计数的方式。如放置两排圆点，一排为 5 个，一排为 3 个，5 和 3 合起来是 8，这要求幼儿已熟悉数的组成，并已有数群的概念，感知数量的活动不仅可以帮助幼儿发展抽象的数概念，还可以帮助幼儿积累基础的运算经验。

这类活动组织的关键在于，材料的排列方式要有规则，便于幼儿感数，如线性排列（图 3-13）、矩阵排列（图 3-14）等。

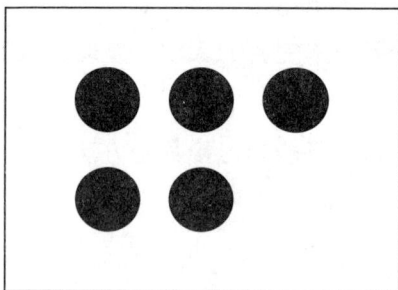

图 3-13

图 3-14

教师可带领幼儿先进行小数量感数的准备活动，巩固这一已有经验，而后引导幼儿观察发现要计数的操作材料可以分为两部分。活动中，教师要强调"快快数出总数"这一要求，提示幼儿先看一看，一眼就可以看出多少。如果有的幼儿不能明白这一要求，可以让他用不同的方法数一数，体验哪种方法比较快。概念性感数的活动安排在大班上学期，可以通过大班幼儿喜爱的竞赛游戏进行。

活动范例 3-6　鸭司令（不受排列形式干扰，手口一致点数 15 以内的实物）

适合年龄班　中班下

活动形式　集体

活动目标

1. 积累呈封闭状排列的物体的数数经验。

2. 在生活化的情境中体验数数的乐趣。

活动准备

1. 池塘背景。

2. 鸭子等池塘动物图片（鸭妈妈身旁围着一圈鸭宝宝，鸭宝宝数量在 15 以内且特征各异）。

活动过程

1. 经验交流。

（1）幼儿各自介绍有关春天的特征。

（2）教师：春天到了，天气暖和了。粉红色的花儿越开越大，大树长出叶子，蝴蝶围着花朵翩翩起舞，小蝌蚪也在找自己的妈妈呢！

2. 游戏：数宝宝。

（1）教师：池塘里，鸭宝宝围在鸭妈妈身边高兴地玩着水，你们知道鸭宝宝有多少只吗？

（2）教师请一个幼儿上来数一数，请其他幼儿仔细观察他是怎么数的。

（3）教师小结：要想数清楚有多少只鸭宝宝，我们首先要记住是从哪一只鸭宝宝开始数的。

（4）教师：还有什么办法能帮我们记住是从哪一只鸭宝宝开始数的呢？

（5）教师请幼儿数一数鸭妈妈周围有多少只鸭宝宝，在鸭妈妈身上贴上相应的数字。

（6）幼儿互相检查同伴数得对不对，贴的数字对不对。

（7）师幼共同交流、验证寻找不同起始点数数的方法，体会只要找到某个特征开始往下数，就能数得正确。

3. 操作尝试。

（1）教师：除了小鸭在暖和的水中游玩，小河里还有谁呢？（蝌蚪、小鱼等）

（2）教师介绍材料，请大家帮忙数一数，然后用数字卡片放在小动物身上。

（3）幼儿尝试操作不同的材料，教师观察、了解幼儿在操作过程中使用的不同的数数方法。

4. 分享体验。

幼儿介绍运用不同的材料采取的不同数数方法（如找标记、用手按住等）。

三、基数意义活动设计与指导

帮助幼儿理解数的实际意义，可通过做等量集合、等量判断、按数量分类这三种活动来进行，下面介绍这三种活动的设计方法与指导策略。这三种活动安排可依据数量递增的顺序平行进行。

（一）做等量集合活动

等量集合是指集合内元素数量相等的集合，这类活动要求根据集合的数量属性进行匹配和操作，即将集合按照数量求同。例如，在"喂小动物食物"的活动中，幼儿将 3 根胡萝卜与 3 只兔子匹配、2 根骨头与 2 只狗匹配，此活动要求幼儿综合考虑动物的食性和数量后进行匹配，幼儿从中体验到不同的集合可以有相同的数量。做等量集合可以帮助幼儿感知集合的数量属性，发现集合之间的等数性，建构出数的实际意义，从而理解数的抽象性。

幼儿先从小数量的物群匹配开始，通过一一对应的方法匹配两个等量集合。随着点数能力和思维抽象性的发展，幼儿逐渐能够通过先点数一个物体集合的数量，再取相同数量的另一物体。再进一步发展，幼儿就能够对多个集合根据数量分类，并能用抽象的圆点或数字符号表征一类集合的数量，逐步建构起对数抽象意义的理解。

等量集合活动的设计需要把握的一个关键就是"按数量求同"，教师应引导幼儿关注不同的集合在数量上的相同点，提供的操作材料可以是实物物群，也可以是印有实物的物群卡片，或更具抽象意义的点子卡片。按照操作要求的高低可分为以下三类：①物群匹配；②点物匹配；③按数量取物。此外，操作材料的难度层次还应体现在数量上，如实物卡片可分数量为 1—5 的一套、3—7 的一套、6—10 的一套，分步向幼儿提供，以满足不同发展水平的幼儿根据自己的能力来选择材料的需要。下面具体介绍等量集合活动的四种类型，这四种类型的活动可在集体教学中进行，也可设计为区域游戏活动。

1. 物群匹配

物群匹配要求综合考虑两个物群之间原有联系与数量进行匹配操作。教师组织幼儿进行这类活动时，首先要引导幼儿关注原有物群的数量，强调取出一样多的另一物群，才能进行匹配。例如，在活动"喂小动物食物"中，在幼儿开始操作之前，教师要提出有几只动物就对应取几个食物的要求。有的幼儿可能只关注到动物与食物之间的联系，而忽略了数量，这时教师可以问"食物与动物一样多吗？有1只兔子就选1根胡萝卜和它对应，2只兔子选几个胡萝卜呢？"，从而帮助幼儿建立物群之间量的对应，发现它们都是"几"个，数量是一样的。个别幼儿可能还不会点数，教师可以先引导他们通过一一对应的方法解决问题，即有1只兔子就对应1根胡萝卜，然后再引导幼儿观察两个物群之间的相同之处，即它们是"一样多"的，都是"几"个。

2. 点物匹配

点物匹配即用抽象的点子集合代替一种物群集合进行匹配的操作。通过点物等量匹配的活动，使幼儿体验到点子等图符构成的集合与实物集合可以有相等的数量，集合之间只有数量相等这一种联系。点子可以看作是由具体向抽象过渡的桥梁，它既是具体形象的，同时也具有概括性，为幼儿抽象出相应的数概念奠定基础。例如，用点子表示糖果，进行"分糖果"的活动，有几只动物就相应地印几个点子，表示给它们分糖果；还可以进行"点物接龙"的游戏，将卡片两端数量相同的点子集合和物群连接起来。

3. 按数量取物

按数量取物即先确定一个集合的数量，再一次取出等量的另一个集合与之匹配，先确定总数，再按照总数取物，而不是简单地一一对应，进一步巩固幼儿点数能力的同时加深对总数意义的理解，并初步理解数量的基数意义。在这类活动中，教师要明确要求幼儿先通过点数确定一个集合的总数，再按总数取另一个集合。这里可通过个别幼儿示范、全体幼儿观察关键的操作步骤，帮助幼儿理解"一次取出"这一关键要求。

除了设计专门的预成性操作活动来实现活动的目的之外，教师还可以利用日常生活中的一切机会，启发幼儿到周围环境中找一找，看看哪些东西只有一个，哪些东西是成双成对的，还有哪些东西是三个或三个以上一组的，鼓励幼儿用自己喜欢的符号在卡片上记录每种物体的数量，发展幼儿对事物数量特征的敏感以及用符号表征物体数量的能力。如下面的案例

"超市游戏"。

中（1）班的巍巍和陈力今天选择了玩超市游戏，他们把货物按照不同的名称简单地归了归就大声吆喝着开张了。可这时玩其他游戏的人还没来得及布置好场地，大家都顾不上前来购物，巍巍和陈力显得有些无所事事。

老师发现了这一情况，不失时机地走进了超市。可是她并不直接去选商品，而是要巍巍和陈力介绍一下他们的这个超市中，哪些商品的数量是一样多的，哪些商品的数量是不一样的。巍巍和陈力立刻忙碌起来，过了一会儿，他俩都抢着来报告老师，可老师又要求他们把商品按不同的数量分别登记在一起。她见巍巍和陈力还没听明白，就解释说："例如，都是3个的东西要记在同一张纸上，都是4个的东西要记在另一张纸上。"于是巍巍在一张纸上画了7瓶洗发水、7本图书，在另一张纸上画了4个碗、4把伞、4把牙刷，当他正想做第三份记录时，却发现陈力早已将做好的7份记录贴到了广告牌上，原来陈力的每张纸上相同数量的商品只画了一个，后面是用圆圈来表示的。

在上面的实例中，教师在幼儿的游戏活动中见缝插针并且成功地渗透了关于按数量求同和按数量分类的教育要求。幼儿在解决问题的过程中，不仅得到了从物体中抽象出数的经验，还得到了关于表达不同数量属性的经验。

活动范例3-7 数量密码锁（5以内点物匹配）

适合年龄班 小班下

活动形式 集体

游戏准备

1. 数量为5以内的物群卡（画有数量分别为1、2、3、4、5的萝卜）。

2. 数量为5以内的点子卡。

3. 透明盒子。

4. 锁类玩具（锁可以与钥匙分离）。

5. 教师将物群卡分别放入透明的盒子中，保证幼儿能从盒子外面辨别物群的数量。然后上锁，在钥匙上配上相应数量的点子卡，作为锁的密码。最后将钥匙打乱放置在一边。

游戏玩法

幼儿选出携带的点子数量与萝卜数量一致的钥匙，打开盒子取出物群卡。

游戏过程

1. 创设游戏情境。

教师：兔妈妈要给兔宝宝们准备晚餐，她昨天把萝卜锁在箱子里了，可是粗心的兔妈妈把箱子的钥匙混在一起了，不知道哪一把钥匙可以开哪一个箱子了。但是呀，这些锁上是有密码的，密码是什么呢？

2. 介绍游戏玩法。

教师：先请幼儿观察各个箱子里的萝卜数量，数一数。然后告诉幼儿，每个箱子锁的密码就是箱子里萝卜的数量，找到点子数量一样的钥匙就可以打开箱子，拿到萝卜。请幼儿帮帮兔妈妈，破译密码。强调游戏玩法，一定要注意钥匙上点子的数量，是不是与箱子里萝卜的数量一样。

3. 幼儿游戏。

游戏分析

在幼儿进行等量的点物匹配的过程中，这个游戏能够给幼儿提供探索的空间，幼儿能够在游戏的过程中自我觉错，当点物数量不匹配的时候，钥匙打不开箱子，幼儿需要再次探索，直到找到带有正确密码的钥匙。此时，幼儿可发现等量的物群与点卡之间的数量联系。

（二）按数量分类

按数量分类即要依据集合的数量特征，将数量相同的集合归为一类。与匹配活动不同的是集合数量增多，分类的结果更具概括性。教师在组织这一类活动时要注意引导幼儿关注集合的数量特征，强调将"数量一样多的放在一起"的规则，使幼儿能够排除集合的其他干扰特征按数量分类，从这些"一样多"的集合中初步抽象出数的概念。与其他分类活动不同的是，设计这类活动的要领是在材料中体现集合"数"的属性。为了实现这一目的，教师要控制材料在颜色、形状、大小等属性上的一致性，这样才能将幼儿的注意力引向外部特征和内部属性以外的数量关系上，实现从数的角度来表征物体，形成数概念。

活动范例 3-8　整理相册（7 以内按数量分类）

适合年龄班　中班上

活动形式　小组

活动准备

方案一

1. 相簿 3 页（制作要求：每一页分 2 排相位，每排数量相等，每一页分别为 5 列、6 列、7 列）。

2. 数量分别为 5、6、7 的物群卡共 6 张（每张物群卡上的实物图像可分离操作，即可以一个一个撕下来）。

方案二

1. 相簿 3 页，不分相位。

2. 数量分别为 5、6、7 的物群卡 9 张。

活动过程

1. 以"帮麦麦整理相册"为情境，通过个别演示，提出物群卡按数量分类的要求。介绍"画一画，分一分"活动中，先做等量集合、再按数量分类的规则。

（1）教师出示排好的物群卡磁贴，提问：麦麦有好多照片需要整理。（依次指着三种物群卡问）这些是什么呀？这些呢？

（指导策略：若幼儿对卡上物品不熟悉，可直接告诉幼儿是什么，不必让幼儿费时猜测。）

（2）教师：她想请小朋友来帮忙整理，你们愿意吗？

（3）教师出示相簿，演示规则：麦麦说，请小朋友一组一组仔细看看每组玩具有几个，把一样多的放到同一页相册里。就像这样（演示摆放数量为 7 的三张物群卡），看看这个相簿里的都是几个？数量不一样多的，就不能放在同一页里。

2.安排幼儿分组操作，并做个别指导。对于能力较弱的幼儿可安排他们操作方案一的材料。

指导要点

（1）方案一操作材料组，教师提示幼儿，先把数量相同的照片放在一起，然后再将它们插入相位中。幼儿可在操作过程中自己发现错误，如将数量为6的照片放入5排的一页中，每一排便少了一个相位。这时，教师可提醒幼儿再数一数，这种相片是几张，应该放在哪一页。

（2）在方案二操作材料组，如果幼儿将数过的物群卡又混入材料盘，可以建议他数过一张就放到一边，避免混淆。如果幼儿需要反复对物群卡计数，教师可以耐心等待，不必干预。如果幼儿能很快完成操作，教师可以请幼儿说说是如何快速、准确地按数量分类排列的，同时鼓励他们说一说，每一个相簿里都有哪些玩具。

（三）等量判断

等量判断即要求幼儿能排除物体排列形式的干扰，从多个集合中找出数量相等的集合，体验集合的数量特征与空间排列形式无关。通过等量判断可促进幼儿对数的实际意义的理解，发展数量守恒概念。物体的排列可以是线性排列、环形排列与零散排列，如图3-15、图3-16所示。相对而言，环形排列形式对幼儿进行等量判断的干扰更大，线性排列的实物可以是等数异长、异数等长的排列形式。线性排列的操作材料便于幼儿运用一一对应的方法进行数量判断，而环形排列的操作材料则需要幼儿运用数数的方法进行准确的数量判断。等量判断活动的安排可依据幼儿可感知的数量多少进行。

活动中教师可组织幼儿讨论，用什么样的方法能够更准确地找出数量一样的集合，然后再操作体验。不同的幼儿可能使用不同的方法。有的幼儿还

图 3-15 线性排列

图 3-16 环形排列与零散排列

不能排除排列形式的干扰，单凭感知判断，教师可提醒幼儿想一想："还有什么方法可以用来找出数量一样的物体，看一看两次判断的结果一样吗？哪一次的结果是正确的？"幼儿在此过程中体验一样的数量可以排成不一样的形式；排成一样的形式，数量可能是不一样多的。在活动的交流环节，教师可引导幼儿各自说一说，用了什么样的方法，结果又有什么不同。最后教师总结，一一对应和计数的方法能够更准确地判断物体数量是否一样多，物体的数量与排列的长度没有关系。

活动范例 3-9 分食物（7 以内等量判断）

适合年龄班 中班上

活动形式 集体

活动目标

1. 进一步体验物体的数量与排列形式无关。

2. 能用计数或一一对应的方法比较 7 以内数量一样多、不一样多。

活动准备

1. 不同动物的物群卡（兔子、小狗、小猫）线性排列，数量在 7 以内。

2. 与动物匹配的食物物群卡（萝卜、骨头、鱼），以盘子为背景，排列方式不同，同种食物分两组，一组数量与动物相同，一组不同。

活动过程

1. 情境设置。

（1）教师：森林餐馆第一天开业，来了好多动物客人，你们看看都有谁？

（2）教师出示排成一排的兔子物群卡、围成一圈的小狗物群卡、排成两排的小猫物群卡。

（3）教师：小兔子喜欢坐长桌，小狗喜欢坐圆桌，小猫喜欢坐方桌。你们还记得它们喜欢吃什么吗？（萝卜、骨头、鱼）

2. 角色扮演，尝试等量判断。

（1）教师：小熊是这家餐馆的服务员，它现在遇到困难了，他不知道该给每桌的客人送几份食物。小朋友们来帮帮它好吗？

（2）教师出示不同排列方式的萝卜、骨头、鱼卡片。

（3）教师：这里有两盘萝卜，该给小兔子送哪一盘呢？你是怎么知道的？我们来数一数（或者分一分）。

（4）教师将两盘萝卜与兔子物群卡并列排放。

（5）小结：原来摆得长度一样，数量不一定一样多，要选哪一盘，可以用数一数的方法，先数一数兔子有几只，再数一数每盘有几根萝卜，一样多的就是应该送给兔子们的食物。

3. 幼儿操作，给小狗与小猫送食物。

如果有的幼儿还不会用计数比较的方法判断等量集合，教师可提醒他用一一对应的方法完成匹配，如"你可以给一只小动物分一个食物，用小手画一画（连线对应），分到最后正好分完，就是这一盘食物，如果没有分完，或者食物不够，就不是这一盘"。

四、认识序数活动设计与指导

以下一系列活动的目的在于帮助幼儿理解序数的含义，能用序数词正确表示 10 以内物体排列的次序，并能从不同的方向出发（上下、前后、左右等）确定物体的排列顺序和所在的序数位置，最后，区分基数与序数。在设计序数教学时，应考虑以下几点。

1. 要使幼儿明确开始数的方向

教师准备的材料的排列形式应注意多样，避免单一。排列可以是横向、纵向的单排，也可是矩阵式排列（图 3-17、图 3-18、图 3-19），这种多样的排列形式有助于幼儿学习从不同的方向确定物体的排列顺序和位置。物体排列的位置可因起始方向的不同而不同，如从右边数起为第一个的物体，改为从左边数起时，它又成为最后一个。因此，引导幼儿学习序数时，首先应

图 3-17

图 3-18

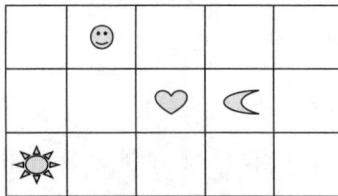

图 3-19

当让幼儿明确哪个是第一，按什么方向数。对于这一点，教师可以用语言提示，也可采用标记提示，如贴小旗等。

2. 引导幼儿在日常生活中学习序数

在日常生活的许多情境中随机地渗透序数的概念是进一步巩固幼儿的序数概念，培养解决问题能力的最佳途径。例如，排队做操时，教师可让幼儿观察自己排在第几个，这时可引导幼儿从不同的方向观察。再如，让幼儿说说自己家住在第几层楼；体育活动中，让幼儿说说今天拍球谁是第一名等。

3. 帮助幼儿区分基数与序数

帮助幼儿区分基数和序数即要引导幼儿更加明确地区分数字的两种意义：数字可以表示物体的次序（序数意义），也可以表示物体的个数（基数意义）。教师可准备数量不同的物群或物群卡片，将其排列后让幼儿先确认排在某个位置的是什么，有几个。如从左开始排在第3的是苹果，苹果有3个，从而引导幼儿关注：同一个数字既可以表示"第几"，也可以表示"有几个"；然后逐步让幼儿表达"排在第几的是几个什么"，体会数字的基数意义与序数意义的不同。

活动范例3-10　动物列车（区分基数与序数）

适合年龄班　大班上

活动形式　集体

活动目标

1. 区分数字的基数意义和序数意义。

2. 能用数字正确表示物体的个数和次序，并用"第几节车厢有几个"进行表达。

活动准备

1. 5节车厢的火车底板。

2. 数量不同的动物物群卡（小猫、小狗、小兔、小猪、小猴）人手一份、动物标记人手一份。

3. 记录纸（上面一排是空白的车厢、下面一排是空白格子）。

活动过程

1. 介绍情境。

教师出示火车底板和动物物群卡，提问：今天小动物们又要出去旅行啦，它们和上次一样，要乘火车出去旅行。看看有哪些小动物？它们分别有几只呢？我们来数一数。

2. 安排小动物上车。

（1）教师：动物们都到齐啦，下面要请小朋友安排小动物们上车。

（2）教师：小兔上了第几节车厢？有几只兔子？

（3）教师分别请 5 个幼儿将小动物"送上车"，然后提问其他幼儿：这个小动物在第几节车厢（从左往右是第几节、从右往左是第几节），你是怎么知道的呢？再说一说，在第几节车厢里有几只小动物。教师演示记录方法，先用数字表示第几节车厢，再将动物标记贴在车厢下面，用数字表示有几只。

3. 幼儿操作并记录。

教师：下面请小朋友们都来玩一玩动物列车的游戏，请你们把小动物们送上车，先说一说，第几节车厢里有几只小动物，然后在记录纸上记录。

五、数的表征系统活动设计与指导

（一）认识数字

1. 数字认读

教师在组织幼儿认读数字活动时，可以运用一些形象化的方法帮助幼儿记住字形、读准字音，如将字形比喻为幼儿熟悉的具体形象，帮助他们认识并记住数字的字形。如"1"像铅笔、"2"像鸭子、"3"像耳朵、"4"像旗子、"5"像秤钩、"6"像哨子、"7"像锄头、"8"像不倒翁、"9"像勺子、"0"像鸡蛋。

2. 体验数字与物体数量间的关系——数物匹配

数物匹配是指将每个数字与相应数量的集合匹配，或将集合与相应的数字匹配，可分为"按物取数"与"按数取物"两种不同的方式。按物取数即根据物体的数量选取相应的数字与之匹配，用数字来表征这一数量，幼儿在感知物体数量的同时，也体验到一个数字代表一个数量。与点物匹配相比较，这是一种更为抽象的数量表征方式。幼儿在将数字与相应数量的集合匹配的过程中，建立起数字符号与量之间的联系，逐步理解数字的基数意义。反之，按数取物即选取相应数量的集合与数字进行匹配，要求幼儿能够理解数字符号的基数含义，操作要求高于按物取数。在幼儿数概念的发展过程中，按数取物是对数概念的实际运用，是幼儿基础概念形成的标志。教师可提供"数物拼板"（每一数字与相应数量实物匹配）或"数物接龙卡"（一端是数字，一端是实物的卡片，将数字与相应数量的实物卡片不断连接起来）这样的操作材料，组织幼儿进行操作活动。

3. 体验数字表示的基数意义，并用数字来表征数量

当我们用数字来表示某物体集合的数量时，我们就是在计数的意义上使用着数字。但是，数字本身并不具有数量的特征，一个数字不仅仅代表某一个具体的数量，就像数字"3"并不仅仅代表 3 个苹果，它还代表所有数量

为3的事物，那么，我们如何帮助幼儿体验数字这种能广泛运用的基数意义呢？最好的方法是带幼儿去观察周围世界，结合日常生活让幼儿找一找什么地方有数字，启发幼儿去了解这些数字所代表的意义是什么，并把其中代表数量意义的数字挑选出来。如下面的案例。

> 教师向幼儿提出任务，要求他们找找周围什么地方有数字，中一班的力力毫不费力地就在伙房外墙的一块黑板上找到了。他能认出上面少数的几个汉字和数字，在看到"中一"两个字的旁边，写着"23"时，他念道："中一、23"，这是什么意思呢？他不明白，于是跑回来问教师。教师反问他："我们班是中几班？""中一班。"力力说。教师又让他去数数班上今天一共到了多少个小朋友，力力在屋里屋外数了一圈，刚好是23个，这时他恍然大悟地说："原来黑板上写的是中一班有23个人的意思啊！"

幼儿在认识了数字并理解了数字所代表的实际意义后，教师要抓住一切机会为他们提供使用数字的时机。如当幼儿完成某一活动的操作后，要让他们说一说是怎么做的，还应鼓励他们用图画、符号将活动的结果表示出来。总之，教师要提供大量的数字表征练习活动，加深幼儿对数字代表的实际意义的理解。

活动范例3-11　数物接龙（数字的意义）

适合年龄班　中班上

活动形式　个别

设计意图

通过接龙游戏，进行数字与数量的匹配，积累用数字表示数量的经验，体验数字的抽象意义。

活动准备

方案一：物群卡与数字卡分开。

方案二：卡片一端是物群，一端是数字（左端是物群，右端是数字或者左端是数字，右端是物群）。

操作规则

方案一：不论是从数字卡开始还是从物群卡开始，幼儿进行一次物数匹配，再进行一次数物匹配，交替进行，同时积累两种经验。

方案二：从左往右接、从右往左接都可以。

指导策略

1. 强调游戏规则必须是一个物群卡与一个数字卡相连，不可将物群卡与物群卡、数字卡与数字卡相连。

2. 让幼儿先数一数物群卡上有几个物品，再找到相应的数字卡接上。反之，找到相应数量的物群卡，再与数字卡相连。

3. 引导幼儿发现相同数量的多种不同的物群可以接同一个数字，体验数字的抽象意义。

（二） 感知数的表征系统

教师可借助百数表来引导幼儿感知数的表征系统，如图 3-20 所示阿拉伯数字 1—100 按照顺序排列成 10×10 的矩阵。百数表的巧妙之处在于直观地呈现出数系统十进制的排列规律，还能便于幼儿感知数字位值的意义。

教师可先引导幼儿观察百数表，说一说在这些数字排列中有什么样的规律：横着看每一排个位数（数右边的数字）是一个一个递增的，竖着看每一列十位数（数左边）也是一个一个递增的。还有的幼儿会发现，每排、每列都是十个数，每排排满十个数就开始下一行。

1	2	3	4	5	6	7	8	9	10
11	12	13	14	15	16	17	18	19	20
21	22	23	24	25	26	27	28	29	30
31	32	33	34	35	36	37	38	39	40
41	42	43	44	45	46	47	48	49	50
51	52	53	54	55	56	57	58	59	60
61	62	63	64	65	66	67	68	69	70
71	72	73	74	75	76	77	78	79	80
81	82	83	84	85	86	87	88	89	90
91	92	93	94	95	96	97	98	99	100

图 3-20

1	2	3	4	5	6	7	8	9	10
11	12	13	14	15	16	17	18	19	20
21	22		24	25	26	27	28	29	30
31	32		35	36	37	38	39	40
41	42	43		45	46	47	48	49	50
51	52	53	54	55	56	57	58	59	60
61	62	63	64	65	66	67	68	69	70
71	72	73	74	75	76	77	78	79	80
81	82	83	84	85	86	87	88	89	90
91	92	93	94	95	96	97	98	99	100

图 3-21

根据已经发现的规律，教师可利用百数表与幼儿一起做猜数字游戏，如图 3-21 所示，用方块盖住 4 个数字，让幼儿通过周围数字的线索来推断被遮挡的数字，进一步体验百数表中同行依次差 1、同列依次差 10 的排列规律。教师可引导幼儿关注百数表中的数字，要求幼儿寻找个位为 0 和 1 的数字，帮助幼儿熟悉百数表中数字的排列位置：10、20、30……排在每一排的末尾，而 11、21、31……排在下一排的第一个。这些为幼儿下面根据周围数字的线索猜数字奠定了基础。游戏开始之前，教师要强调游戏规则：先猜一猜，再揭开方块验证。请幼儿说说推断的理由，从幼儿对理由的表述中判断幼儿是否关注到百数表中同行依次差 1、同列依次差 10 的排列规律。而后请幼儿两人一组，结伴游戏，如果幼儿结伴后，猜数字的一方总也猜不对，教师可以引导他分析方块所在行、列的前后数字变化，直至他明白如何根据数字的排列规律来猜为止。

这类活动还可以变换成多种形式，如百数表补漏：从百数表中拿掉几个数字，让幼儿将拿掉的这几个数字补回去，在补的过程中，幼儿可对照上、下、前、后的数字验证补得对不对，在此过程中进一步体验百数表的排列规律，感知数的表征系统。

活动范例 3-12　数字补丁（认识百数表）

适合年龄班　大班下

活动形式　集体

活动目标

1. 认识百数表中的数字。

2. 发现百数表中同行依次差 1、同列依次差 10 的排列规律，并据此推断出被剪掉的数字，将其补上，得到完整的百数表。

3. 与同伴友好合作，分享材料。

活动准备

1. 完整的百数表一张（50 厘米×50 厘米），数字可灵活移动。

2. 遗漏数字的百数表两人一张，百数表上漏掉的数字卡两人一份。每张上剪掉的数字不同。

活动过程

1. 认识百数表。

（1）教师：今天老师带来一张数字表，你们看这张表上有多少数字呀？你们是怎么知道的？

（2）教师：这张数字表上有 100 个数字，从 1 到 100，所以又叫"百数表"。请你看一看、说一说从这张表里你发现了哪些规律？

2. 教师演示游戏规则。

（1）教师：接下来，要请小朋友们和我玩一个游戏。请你们先闭上眼睛，我要藏起几个数字来，你们要开动脑筋，找出被我藏起来的数字。

（2）幼儿闭上眼睛后，教师取下 3—4 个数字，放在旁边。

（3）教师分别请不同的幼儿找一找自己取下的是哪几个数字，并说说理由。幼儿找出一个，教师就将这个数字还原，并与幼儿一起横着读一读，再竖着读一读，验证幼儿找得对不对，同时加深幼儿对百数表中同行依次差 1、同列依次差 10 的排列规律的印象。

3. 幼儿游戏。

教师：下面请你们找一个好朋友一起玩一玩这个游戏，这个游戏叫作"数字补丁"，游戏的规则是这样的：先猜一猜漏掉的数字是几，再找一找数字卡片，把它填到漏掉的地方，最后横着读一读，再竖着读一读，互相检查补得对不对。补好之后可以和另一组的小朋友交换材料，再多玩几次。

第四章 ● ● ● ● ● ● ● ● ● ● ● ● ● ● ● ●

数量关系： 关键经验与活动指导

　　数量关系是幼儿数学教育内容中起着发展思维作用的核心因素。数量关系反映的是数学知识之间的内在联系及其规律性。幼儿对数量关系的掌握一方面加深了对有关数量概念的理解，另一方面它要求相应的思维水平，从而促进了思维抽象能力和推理能力的发展。

　　数学中存在的数量关系有"1"和"许多"、对应、大小与多少、等量、守恒、可逆、等差、互补与互换等。本章中将要介绍的关于数量关系的关键经验包括数量的"大小"与"多少"比较、数序、估数与连续量的排序。

第一节　数量关系的相关概念与关键经验

一、数量的"大小"与"多少"比较

（一）数量比较概述

数量比较包括两个方面，即具体的量的"多少"比较与抽象的数的"大小"比较，幼儿在具体的量的水平上进行"多少"比较，感受量的差异，是理解数的大小关系、发展心理数线①必不可少的基础。所以，幼儿学习数量比较必须首先借助于具体的物体进行量的比较，让幼儿在观察物体之间数量相等与不相等的过程中，逐步理解数及数与数之间的抽象关系，体验数的实际意义。数量的比较对应于数的大小比较，这实际上也是数词和物体的相应量不断地进行着具体对应的过程。我们可以认为，引导幼儿比较数的大小有利于促使幼儿进一步理解数的实际含义。

在通常情况下，有三种方法可用来比较集合的数量大小：目测、一一对应、数数。对两个集合中实物的个体进行一一对应比较是集合数量比较的一种可靠的方法，另外一种可靠的方法是数数。皮亚杰理论及近年来的研究都认为，儿童用一一对应的方法来比较集合的能力与他们的数数能力的发展是相互独立的，儿童的一一对应能力在 4 岁已逐步发展，然而，这一能力仅仅在一些特定的条件下才会表现出来，如让儿童用指示线去连接两个集合中的个体或两排物体并一一对应摆放，这些研究结论为教师组织数量比较的活动提供了有效的启示。

---

① 心理数线（mental number line）是一种对自然数列的线性心理表征。——作者注

运用数数来比较集合的数量是一项很复杂的认知活动。它涉及以下四个方面的技能以及这些技能之间的协调：第一，儿童必须具备熟练的数数技能，也就是说，他们能用准确的顺序说出数词，他们应理解基础原则，指导每一个集合中有多少物体；第二，儿童必须理解，为了找出两个集合的大小关系，先要知道每个集合的数量；第三，儿童在数第二个集合时必须能记住他们数过的第一个集合的总数；第四，儿童需要知道这两个集合的总数哪一个数更大一些。也就是说，儿童必须知道：①具有同样总数的两个集合的数量一样多，具有不同总数的两个集合的数量不一样；②数词在数词系列中的位置与数量大小有关；③在数词系列中的位置越往后，其数词代表的数量越大。如果儿童缺少上面所提到的四个方面的技能中的任何一种，他们将不知道如何运用数数来比较集合的大小。

（二）各年龄班的关键经验与分析

小班
用一一对应的方法比较 5 以内数量的多少。

中班
用计数的方法比较 10 以内数量的多少。

大班
比较不相邻的 2 个数或 3 个数的大小关系。

幼儿先依据一个基准，认识比该基准数量少的数量，体验数量之间的"多""少""一样多"的关系，为数量比较和排序奠定基础，积累关于一个具体数在数序中相对位置的经验，促进心理数线的发展。

在小班进行认识 5 以内数量的教学目的在于让幼儿在进行小数量比较的过程中感知数量之间的"多""少""一样多"的关系，幼儿通过一一比较的方法对两组物体进行数量比较，能够说出两组物体分别是几个，哪一组多、哪一组少，明白多在哪里、少在哪里，从而理解"多""少""一样多"的数量比较含义，在已有数量比较经验的基础上总结出比 5 少的数量有哪些，体验这些数量是怎么比 5 少的。幼儿不必一次找出所有比 5 少的数量，只是在这个过程中积累比较 5 以内数量的经验，进而发展 5 以内的心理数线。到了中班，幼儿对于数量的比较已经积累了一定的经验，在认识比 10 少的数量时已能初步理解数量之间的次序，此时，教师可引导幼儿有序地认识比 10 少的数量，不重、不漏地一一找出所有比 10 少的数量，体验 10 以内的数序关系，进一步促进心理数线的发展。

小班幼儿还没有形成基数概念，还不具备运用数数进行数量比较的技能，此时，幼儿虽已具备一一对应的能力，但是，在感知数量的大小关系时，容易被物体的排列形式和物体外观大小干扰，因此，幼儿要将需要比较的两组物体先有序排列，才能进行一一对应比较。两个集合的元素无法对应排列时，就需要进行计数比较，先分别对两个集合准确计数，再做数量比较。到了中班，随着幼儿计数能力、基数概念以及其他认知能力的发展，他们已具备运用计数的方法比较集合数量的能力基础。但是，许多研究表明，计数的方法往往不是幼儿进行集合比较的首选方法，而集合比较的情境是影响幼儿是否选择运用数数来比较数量的重要原因。不论是通过一一对应，还是计数的方法进行数量比较，这些都是辅助的手段而不是幼儿学习的目的，最终都是为了能够更好地理解数的实际意义以及数与数之间的关系。

幼儿感知 10 以内相邻两数的数差关系时，不仅要能够比较数的大小，而且要知道一个数比另一个数大"多少"。如能够通过心理数线感知 7 与 9 的距离比 2 与 9 的距离近。

二、数序

（一）数序概述

数序即自然数的排列顺序，每个自然数在自然数列中的排列，就数的正向排列顺序而言，数与数之间是按"多1个"的数量等差关系进行排列；就数的逆向排列顺序而言，数与数之间是按"少1个"的数量等差关系进行排列。数序与数差反映的是每个自然数在自然数列中的位置以及相邻两个数之间的大小关系。引导幼儿掌握数序，最重要的就是要让幼儿认识数与数之间的这种"多1个"或"少1个"的数量等差关系。因为，幼儿认识了数与数之间的这种数量等差关系，他们才能真正理解1的后面为什么是2、3，为什么1排在2的前面……他们才能真正理解6为什么是排在7的前面，10的前面为什么是9……只有理解了这些，幼儿才有可能真正掌握数序、发展心理数线。因此，幼儿认识数序应先学习比较10以内数的大小，理解10以内数与数之间的数差关系，也就是说幼儿此时要能把握每一个数同其前、后两个数的关系。在这样的经验基础上，幼儿才能真正理解数序。

幼儿掌握数序比掌握计数和数量比较都要晚。3—4岁的幼儿只能看着实物，在一一对应的基础上，依靠数数来比较数量的多少。他们还不能协调数的顺序和数的大小的明确关系。如成人问3大还是4大，他们往往不会回答，而如果让他们看两组一一对应排列好的娃娃，他们就会说出4个娃娃多，3个娃娃少。5岁半以后，幼儿一般都能较顺利地比较10以内数的大小。

幼儿往往能点数实物并说出总数，但不一定能正确排列10以内数的先后。因为，要正确排列10以内数的先后，不仅要认识数，而且要对"序"也有所认识。例如，教师要求幼儿排列分别画有1—10个圆点的10张卡片，结果3—4岁的幼儿一般都不会排列，到了5岁，幼儿能排列的卡片数目平均也不超过5张。这是因为按序排列圆点卡片是一个比较复杂的过程，幼儿要能正确排列卡片，不仅要知道每张卡片上的圆点数量，同时还要能比较数的大小，知道每个数在序列中的位置。调查表明，4岁以下的幼儿大都没有排序能力，4—5岁的幼儿，排序能力明显提高，但是也有不到一半的幼儿不能完成。到了6岁以后，幼儿一般都能按照数的顺序比较顺利地排出20以内数的顺序关系，说明此时大多数幼儿掌握了20以内数的顺序关系。

（二）各年龄班的关键经验与分析

小班

在感知的基础上将数量为 5 以内的集合按多少排序。

中班

1. 在数量比较的基础上将数量为 7 以内的集合按多少排序。

2. 认识 10 以内数序，感知 10 以内相邻数的数差关系。

大班

理解 10 以内数量关系的传递性、可逆性。

　　将实物集合按照多少排序是为了让幼儿积累数量顺序的直观经验，体验数量依次多 1 的递增关系，为理解抽象的数序奠定基础，以更好地理解数序的实际意义。小班幼儿并不能协调数量大小比较与序列的关系，因此，只能在感知集合数量的基础上，在全范例的支持下将数量为 5 以内的实物集合排序，体验数量"从少到多"的变化关系。而到了中班，随着序列观念的发展与数量排序经验的积累，幼儿能够逐渐在数量比较的基础上明白数量"从少到多"依次递增的关系，依据对数量关系的理解来将集合排序。

　　帮助幼儿掌握数序有必要先引导幼儿认识相邻数。因为，相邻数指的是自然数列中任意一个数的前后两个数（如 2 的相邻数是 1 和 3、3 的相邻数是 2 和 4）。自然数列中任何一个数与其相邻数之间都存在着"多 1 个"或"少 1 个"的数量等差关系。幼儿认识了相邻数，不仅知道了 10 以内每个数（除 1 以外）的前面一个数和后面一个数是什么，而且知道了 10 以内每个数（除 1 以外）都比前面一个数大 1，比后面一个数小 1。可见，引导幼儿认识相邻数，是帮助幼儿在理解的基础上按序排数的重要一步。此外，幼儿感知、认识 10 以内相邻两个数的数差关系，是对数概念的进一步掌握。幼儿在感知、认识相邻数的数差关系的过程中，对数量的相对性也会有所体验和了解，这一过程可促进幼儿对数量关系的传递性、可逆性的认识。

理解数量序列关系中的传递性和可逆性是对数之间逻辑关系的认识，是幼儿逻辑思维发展的重要表现，实际上就是思维的抽象能力和推理能力。所谓传递性是指，如果 B 比 A 大，C 比 B 大，那么 C 也比 A 大（B>A，C>B，所以 C>A）。在比较中，C 没有与 A 直接比较，而是通过 B 这个中介将数的大小关系传递过去，所以，自然数列中各个对象之间均可以用传递的方法判断它们的大小。所谓可逆性，是指从两个方向排序的能力，也就是说不仅能将数"从小到大"递增排列，还能将这样的递增反之，将其"从大到小"递减排列。这些思维能力正是形成抽象的数概念所必须具备的。

三、连续量的比较与排序

（一）连续量的比较与排序概述

量可以分为不连续量（分离量）和连续量（相关量）两种。例如，一个班级有多少个幼儿、篓子里有多少个皮球等为不连续量。不连续量是表示物体的集合元素有多少的量。在"量与计量"中所说的量一般都是指连续的量，如长短、体积、质量、时间、温度、压力、电流等。连续量是表示物体属性的量，幼儿初步认识的是生活中的一些常见量，如大小、长短、粗细、高矮、厚薄、轻重、远近，以及重量、时间等。连续量物体排序是将两个以上物体按照某种量的差异排列成序，如根据物体的大小、高矮、长短、厚薄等进行排序。排序是一种复杂的比较（连续的比较），它是幼儿比较能力的一种表现。对幼儿来说，排序要比分类难，因为分类只需要他们辨别和确定一个物体是否具有某一属性，以便将其划入某一类别中；而排序需要幼儿能够连续比较和区分物体之间的差异，同时还需要协调物体之间的关系。

幼儿进行排序活动有助于幼儿对数、量中蕴含的逻辑关系的认识。凡是包含有比较的概念，如"比……大""比……长""比……宽"等，都可以经过排序活动使幼儿加深理解。幼儿按照物体的长短、高矮等属性进行排序，是对物体量的差异的认识和比较的过程，能够进一步巩固对量的认识，加深对不同的量的特征的感知。幼儿在排序活动中逐渐形成的依次列举的能力，有助于其计数活动的进行，这是因为计数活动需要幼儿具有对物体有次序的认识能力。此外，排序还有助于幼儿逻辑思维的发展。无论是按物体量的差异排序，还是按一定的规律进行排序，都需要幼儿分析、综合物体的特征，运用他们观察、比较和判断的能力，把握观察对象所具有的规律性。幼儿在学习给物体排序的过程中，能逐渐理解序列关系的传递性和可逆性，发展抽象逻辑思维能力。

3岁以后，幼儿的排序能力逐渐发展起来。起初，幼儿主要借助感知、比较，通过尝试错误的方法不断调整，最终完成排序活动。随着幼儿目测能力的发展以及排序经验的积累，幼儿的序列观念慢慢发展起来，失误明显减少，并逐渐注意到确定基线对于正确排序的作用。在幼儿积累了大量的排序经验后，幼儿开始找到按序排列的方法与策略，如将10根小棒拿在手中将一端对齐，再每次从中拿取一根最短的，依次排列成一个序列，这时幼儿就理解了序列的传递性与相对性。

1979年幼儿数概念协作组的调查表明，幼儿认识物体大小、长短的次序要比认识实物（包括直观图形）的数序发展更早，实物数序的掌握又比抽象数序的掌握先发展。幼儿对各种量的排序能力的发展趋势反映了从直观感知到抽象概括的认识过程的发展规律。因此，幼儿的排序教育应从大小、长短等具有直观实物的连续量开始，以连续量的排序促进幼儿对序列概念和数序的理解。

（二）各年龄班的关键经验与分析

小班

按大小、长短等差异对 5 个以内物体进行排序。

中班

按大小、长短、高矮、粗细差异对 7 个以内物体进行排序。

大班

按大小、长短、高矮、粗细、厚薄、宽窄差异对 10 个以内物体进行正向排序和逆向排序。

研究表明，幼儿的排序能力与排序对象的数量有关。不论是正向排序还是逆向排序，不同年龄的幼儿掌握排序对象的数量范围有明显差异。在无范例的情况下，3—4 岁幼儿只能对数量为 3 的物体进行排序，4—5 岁幼儿能对数量为 5 以内的物体排序，5—6 岁幼儿能完成 10 以内的排序。3—4 岁幼儿不能完成逆向排序任务，4—5 岁是幼儿逆向排序能力迅速发展的时期。

幼儿对量的差异的感知首先是从大小、长短开始的，而后才是高矮、粗细等。小班幼儿主要是通过视觉观察、比较物体的长短、大小特征，在全范例的基础上，运用重叠、并置的方法对数量为 5 的物体进行正向排序，体验"序"的意义，为幼儿序列观念的发展奠定基础。中班幼儿能在半范例的基础上尝试对 7 个以内物体进行排序，丰富对"序"概念的认识，对"序"概念中隐含的量的相对性和双重关系（即序列中的每根管子比前面的长，同时也比后面的短）有初步的理解。大班幼儿能基于以往的排序操作经验，以及对量的序列关系中的传递性、可逆性的理解，独立地对多个物体进行正向、逆向排序。

四、估数

（一）估数概述

估数是估算的一种，又被研究者们称为数量估算（numeriosity estimation），是指在不数数的情况下依据某种线索对所呈现的集合给出一个近似的基数值的能力，意思是"大概有几个"而非准确计数。例如，能根据物体大小与所占空间的关系估计其数量，并基于对接近数的认识，判断估计得准确性；或根据一个已知小物群的数量，来估计另一个未知的大物群的数量。例如，已知一个小物群的数量是 5，根据大物群所占的空间来估测其数量。估数属于数感的范畴，而数感的形成与提高，可以支持运算灵活性、简洁性与多样性的发展。数感主要表现在理解数的意义，能用多种方法来表示数，能在具体情境中把握数的大小关系，能用数来表达和交流信息，能为解决问题而选择适当的算法，并对结果的合理性做出解释。此外，估数的过程也是一个根据已有线索分析、推理、判断的逻辑思维过程。只有当幼儿理解了数的实际意义之后才有可能具备估数的能力，一般在中、大班进行估数的教学活动。

有一项研究结果表明，3—6 岁幼儿已经具备一定的数量估算能力，但其合理估算的水平较低，特别是 3—4 岁幼儿对数量的估算大多还处于"大胆猜测"的阶段，中班幼儿已经能够有依据地进行估猜。3—6 岁幼儿的数量估算水平受所估算的数量大小的影响比较大。他们的数量估算能力在各项任务和估算总数上均存在显著的年龄差异；3—6 岁幼儿在数量估算中已使用多种估算策略，并且在策略使用上也存在年龄差异，大班幼儿表现出较多的估算策略的使用，而小班幼儿往往不能报告出策略的使用。

（二）各年龄班的关键经验与分析

大班

1. 理解估数的意义，对物体数量有初步的数感。

2. 根据已知线索，推断未知物群的数量。

"估数"的意思是"大概有几个"，可以跟实际的数量不一样，但不是简单猜测一个集合数量的多少，而是基于对数量感知的猜测，估数所要解决的是一些仅仅需要粗略估计一个数量的问题。"估数"有准与不准之分，估得离实际数量更接近，就是估得更准，准与不准取决于幼儿对数量的感知能力以及推理能力。在"估计"的过程中，幼儿会逐渐意识到想要对某一个事物进行推断，必须要有一个前提、一个依据，不能凭空乱猜，从而发展逻辑思维能力，即要想估得准，必须依据条件来估。例如，已知一个圆盘里摆满了10颗花生，另一个更大的圆盘里也摆满了花生，这些花生可能有多少呢？这时就需要幼儿根据已知的花生数量和两个盘子的相对大小来估计大盘子里花生的数量。

第二节　数量关系活动设计与指导

一、数量比较活动设计与指导

数量比较活动的设计思路一般是先从感知 10 以内的数量的"多少"关

系开始，初步理解 10 以内的数量差别，为学习数量的"大小"和"多少"比较积累感性经验，也是学习数量排序的基础，而后进行数量比较活动。活动安排一般是从感知 5 以内数量开始，进行一次感知数量关系的活动，紧接着再进行一次数量比较活动，一直到数量 10，循序渐进。到了中班下学期，幼儿已经积累了一定的 10 以内数量关系的经验，能够进行 10 以内的数量"多少"的比较，在理解 10 以内数字的基数意义的基础上，再进行数的"大小"比较活动。进行这一系列的活动的目的都是为了让幼儿理解 10 以内数之间的关系，以更进一步理解数的实际意义，发展心理数线。

（一）感知数量的"多少"关系

以认识比 5 少的数量活动为例，组织感知数量"多少"关系的活动时，教师首先要提供一个数量的范例作为参照，如数量 5，让幼儿在操作中找出比 5 少的数量。比如，给幼儿提供 5 种数量为 5 的物体集合，如 5 种颜色的雪花片，并分别摆放，请幼儿以一种颜色的雪花片为参照，取其他 4 种颜色的雪花片，数量要比 5 少。幼儿起初开始操作时，可能做不到不重复、不遗漏地找出所有比 5 少的数量，所以也不必要求幼儿一下子穷尽所有的数量。这时，教师可以鼓励幼儿相互交流，看看大家找的是不是一样，总结出比 5 少的数量有哪些，少在哪里，从中感受到 5 以内数量的差别，积累 5 以内数量关系的感性经验。

认识 7、8、9、10 以内的数量也是以同样的方式。随着数量的增多，教师可引导幼儿在找出比一个数少的所有数量时能够按照顺序来找，体验相邻数量之间多 1 个、少 1 个的关系，也为理解相邻数以及数序积累经验。同时，"有序"也是一种重要的思维品质。教师提供的操作材料也要便于幼儿进行这种有序操作。如在认识比 7 少的数量活动"玩具商店"中，教师提供了一些活动单，上面已经印好若干种数量为 7 且排列方式相同的玩具，要求幼儿圈出比 7 少的玩具。活动单的这种设计便于幼儿判断圈出的数量是否重复（相等）、是否有序，便于幼儿初步比较各数量的多少、感知每个数量比 7 少多少。

活动范例4-1　比多少（认识比7少的数量）

适合年龄班　中班上

活动形式　集体

活动目标

1. 学习不受物体大小的影响，正确感知7以内的数量。

2. 探索用多种方法证明物体数量的多与少。

活动准备

1. 搭成阶梯状的3层水果展示台1个，小橘子7个，梨6个，大苹果5个，数字卡5—7各1张。

2. 操作单（见活动材料）、笔若干。

活动过程

1. 给水果分类。

（1）教师将苹果和梨散放在桌上，提问：这里有哪些水果？这么多水果混放在一起，既不整齐也看不出哪种水果多、哪种水果少，怎么放可以让大家看清楚呢？

（2）教师出示水果展示台，引导幼儿给水果分类，并整齐地摆放。

2. 比较苹果和梨的多少。

（1）教师：梨和苹果哪个多、哪个少？你是怎么知道的？

（2）教师鼓励部分幼儿用不同的方法比较梨和苹果的多少，如一一对应、总数比较。

（3）教师：用什么方法能证明你说得对呢？还有别的方法证明吗？引导幼儿讨论并运用一一对应、总数比较等方法验证。

3. 找出最多的。

（1）教师出示 7 个橘子，并一个挨着一个地摆放在展示台最下面一层，提问：橘子和苹果、梨比，是多还是少呢？你又怎么证明你说得对呢？还有什么方法证明呢？（在幼儿用总数比较来证明水果的多少时，教师可引导幼儿为水果匹配数卡以方便观察。）

（2）教师：究竟有几种方法能让我们知道哪一种水果多、哪一种水果少？师生共同总结比较方法。

4. 幼儿操作活动。

（1）幼儿拿出操作单，看看每组每排有多少个圆圈，与相应的数字连线，然后把最多的一排圆圈涂色。

（2）教师观察幼儿操作过程，巡回指导。

指导要点

如果幼儿不受水果大小的干扰，一下就回答出是橘子多时，教师可以反问"你们都认为橘子多，可我怎么觉得苹果多呢？你们看苹果排的队伍最长"，从而引导幼儿在思考、回答教师问题的过程中，获得正确判断物体数量的方法。

活动材料

操　作　单

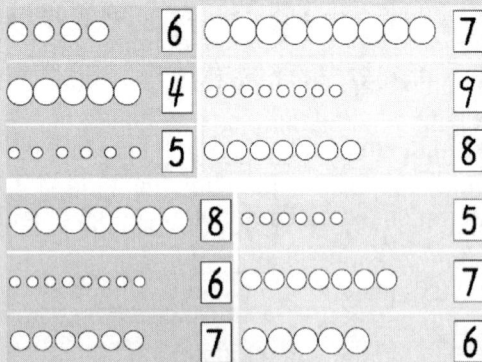

图 4-1

（二）进行数量"多少"比较

进行数量"多少"比较是为学习数的"大小"比较积累感性经验，也是一个从具体到抽象的过程。在数量"多少"比较的活动中，相邻数量（两组数量相差 1 个）的比较是数量比较中比较特殊的一种，因为比较的两组数量差"1"，一方面数量上呈现出的差异仅凭视觉感知不太明显，需要学习运用更可靠的数量比较方法——一一对应或计数比较；另一方面，相邻数量的比较是幼儿理解相邻数的意义的基础，对数序的学习以及心理数线的发展具有重要意义。

在组织比较相邻两个数量的活动时，教师在示范的过程中，可以先以并放对应的形式排出数量相等的两组物体，引导幼儿通过对应比较，确认两排物体数量是相等的，然后在下排物体的末端添上一个同样的物体，并且启发幼儿感受和表达现在两组物体谁多，多几。示范过程中，教师可以请幼儿为物体集合配上数字卡片，初步体验数字的大小，以及大"1"的关系。

小班幼儿容易受到视觉提示的干扰，教师可为幼儿提供两组数量相差 1 的物体，如认为大的物体数量比小的多，教师可引导幼儿将两组物体依次排列，运用一一对应的经验比较两组物体数量的多少，多在哪里、少在哪里，想想怎样变成一样多。以"比较 3 和 4 两组数量"为例：教师可提供大小不同的两组实物，如苹果和草莓（操作卡片或玩具），各提供 3 个苹果和 4 个草莓，可设置给小动物分水果的情境，将 4 只动物排成一排，每只小动物分 1 个苹果和 1 个草莓，引导幼儿一一对应地将水果摆放在小动物前面。幼儿在操作中会发现，草莓和小动物的数量是一样多的，都是 4 个，有一只小动物没有分到苹果，原来，苹果比小动物少 1 个，也比草莓少 1 个。教师还可借助相邻两数的数量比较和数量转换，启发幼儿理解两数的大小关系，还以"分水果"的活动为例，随后，教师可以进一步设置问题情境"怎样才能使苹果够分呢？"，启发幼儿用"添上"的方法将两排物体的数量由不等变成相等，即再找来一个苹果。教师还可设置其他的活动情境，让幼儿体验相邻两组数量的转换的其他方法，让幼儿在感受和体验数量转换的过程中，理解两组数量之间"多1"和"少1"的数差关系。

在数量"多少"比较的活动中，还有一个重要的问题就是关于数量比较的方法。组织小班的数量比较活动需要注意的是帮助幼儿排除视觉干扰，运用一一对应的方法比较两组物体数量的多少，而到了中班则需要鼓励幼儿运用计数的方法比较两组物体数量的多少。进行计数比较不仅需要幼儿的多种认知能力的支撑，还需要问题情境以及教师的启发诱导。教师在幼儿开始操作活动之前给予幼儿用计数来比较数量的示范，或者提供不容易一一对应的操作材料，如排列方式不同的物群卡，启发幼儿用另一种方法来比较数量。

（三）进行 10 以内数的"大小"比较

进行数的"大小"比较要求幼儿已能理解数的基数意义，知道数代表的是所有相应数量的实物。在此活动中，教师可向幼儿介绍>、<、=，通过用数字表示数量，在数量比较的基础上引导幼儿理解数字的大小，并运用符号来表示数字之间的大小关系，理解>、<的意义。活动中需要注意的是，让幼儿明白符号只能用在数字中间，表示数字的大小关系。教师还可组织一些游戏活动巩固幼儿对数的大小关系的理解。如活动范例4-2"抽纸牌比大小"。

活动范例4-2 抽纸牌比大小（比较10以内的数字大小）

适合年龄班 中班下

活动形式 个别

设计意图

比较 10 以内两数的大小，进一步理解数字的基数意义以及 10 以内数字间的大小关系，发展 10 以内的心理数线。

活动准备

两种颜色的串珠各26个、纸牌数字5—10，四种花色都有，随机排列。

游戏规则

游戏双方各自从随机排列的纸牌中抽取一张，比较大小，数字大的一方取出相应数量的串珠作为战利品，一样多则重新抽牌，直到一方串珠取完，游戏结束。

指导要点

1. 教师可提示幼儿先数一数抽到的牌面上花色的数量，再比较，如果幼儿对数字的大小关系已十分熟悉，就不必先计数再比较。

2. 教师可检查取出的串珠数量与牌面上花色数量是否一致。

二、数序活动设计与指导

进行数量排序活动以及前面介绍的数量比较活动的目的都是为了帮助幼儿积累 10 以内自然数之间关系的经验，为理解 10 以内数序奠定基础。帮助幼儿感知 10 以内数的顺序，实质上就是引导幼儿感知、理解 10 以内数量依次多"1"的关系，认识自然数排列的规律及其实际意义，发展心理数线。活动设计的顺序依然是先从具体数量排序活动开始，让幼儿初步体验数量依次增加"1"的关系，而后进行抽象的数序感知活动，按照数量递增的顺序匹配数字，进一步理解数量依次增多的关系以及数字顺序表示的抽象意义。

（一）体验数量依次递增的关系

小班幼儿开始并不能协调数量多少与序列的关系，不能完成 5 以内数量的排序活动。因此，教师需要提供一个数量从 1 到 5 依次递增的全范例序列给幼儿做参照，让他们依据全范例将实物从少到多（或从多到少）依次排列。幼儿开始并不能理解"从少到多"的意思，只是在操作的结果中体验从 1 到 5 的数量顺序和依次多 1 的递增关系。教师给出的全范例可以是按数量依次排列的实物，如从少到多排列的格子抽屉组，可让幼儿一一填充实物，在做数量对应的过程中感知数量顺序；也可以是语言的范例，如提供有数量顺序线索的儿歌（如《兔子歌》：1 只兔子拔萝卜、2 只兔子抬萝卜、3 只兔子洗萝卜、4 只兔子煮萝卜、5 只兔子端萝卜），幼儿依据儿歌中提供的数量顺序将兔子依次与相应的情境对应，从中体验数量依次递增的关系。教师还可组织多种形式的排序活动，如按物群数量排序、点数排序等，进一步丰富幼儿对数量依次递增关系的体验。

　　而到了中班，随着序列观念的发展与数量排序经验的积累，幼儿能够逐渐在数量比较的基础上明白数量"从少到多"依次递增的关系，依据对数量关系的理解来将集合排序。此时教师组织数量排序活动就不需要提供范例，让幼儿自主排列顺序即可。为了帮助幼儿更好地在数量排序中体验数量的递增关系，教师可提供一些在操作结果中能够留给幼儿视觉体验的操作材料，如等距排列点卡（图 4-2），这样的点卡排列起来从长度和高度上都丰富了幼儿对数量递增的体验。根据点卡的思路，还可设计其他具有类似功能的操作材料。

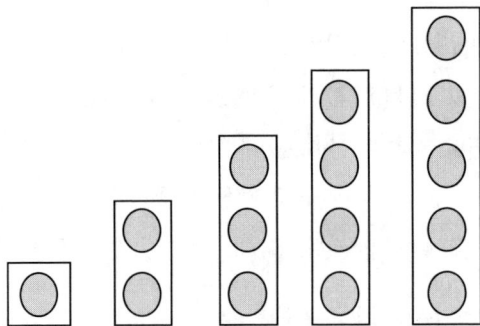

图 4-2

　　为了鼓励幼儿使用计数比较的方法进行数量排序，教师还可准备一些排列形式上不具有视觉线索的物群卡，让幼儿先计数，再依据"从少到多"的顺序排列。

活动范例 4-3　大会餐（按 5 以内物群数量排序）

适合年龄班　小班下

活动形式　集体

活动目标

1. 进一步体验 1—5 的数量依次多 1 的递增关系。

2. 能将物群卡按数量从少到多进行排序，并用自己的语言讲述。

活动准备

兔子物群卡（数量为 1—5）、"大会餐"底板。

活动过程

1. 介绍情境，引发兴趣。

（1）教师：今天树林里要举行大会餐，你知道什么叫"大会餐"吗？看看是谁在辛苦地忙碌呢？（出示兔子物群卡）对了，是兔子。看看每群兔子分别有几只？

（2）教师：兔子们准备大会餐，有很多事情要做，你知道它们是怎么做准备的吗？

（3）教师出示大会餐底板，边说边指：1 只兔子拔萝卜，2 只兔子抬萝卜，3 只兔子洗萝卜，4 只兔子煮萝卜，5 只兔子端萝卜，兔子们一起大会餐。

2. 演示操作。

（1）教师：几只兔子拔萝卜？谁来把有 2 只兔子的卡片放在篮子下面？

（2）教师请一个幼儿示范摆放，带领幼儿一起念：2 只兔子抬萝卜。

（3）教师：那 3 只兔子做了什么事情呢？4 只兔子呢？5 只兔子呢？等一下请小朋友自己去放兔子卡片。

3. 提出规则。

教师：今天的活动名字叫"大会餐"，小朋友们可以一边念儿歌一边放兔子卡片，排好后说一说，兔子是按照什么顺序排的。

4. 幼儿操作，教师观察指导。

指导要点

教师要结合画面中的场景念儿歌，以便于幼儿理解、记忆儿歌，使画面真正起到提示儿歌内容和操作顺序的作用。如果幼儿还不能根据儿歌的提示选择相应数量的物群卡并按序排列在操作底板上，教师可逐句提示儿歌，让幼儿按顺序匹配兔子物群卡与底纸上的图画。

如果幼儿基本能根据儿歌提示，选择相应数量的兔子物群卡放在操作底板上，但手口还不够协调，难以做到一边放一边说，教师可让幼儿说一句儿歌、放一张兔子物群卡，再说一句、再放一张，逐步学会边说边放。如果幼儿能遵守规则、熟练操作，教师可引导幼儿读一读物群卡的排列顺序，然后抽掉其中 1—2 张卡片，请幼儿说说缺少的地方应该放哪张兔子物群卡。

活动范例 4-4　花园里的虫宝宝（感知 10 以内数序）

适合年龄班　中班下

活动形式　集体

活动目标

1. 能按数量将实物卡分类，并为每组数量匹配相应的数字。

2. 正确感知 10 以内的数量，并能按数量的多少排序。

3. 能专注地倾听同伴的讲述，提出自己的意见。

活动准备

1. 数卡 6—10。

2. 昆虫卡片 8 张，排列形式见活动材料。

3. 自备小玩具 5 种，数量分别为 1—10，人手 1 份，放在 1 个小筐里；数卡 6—10，人手 1 份。

活动过程

1. 通过谈话，引发幼儿的兴趣。

教师出示昆虫卡片，提问：暖和的春天来了，春雷公公把泥土里的昆虫宝宝们惊醒了，哪些昆虫宝宝们醒来了呢？引导幼儿说出昆虫的名称。

2. 观察图片，感知卡片上昆虫的数量。

（1）教师：数一数，每种昆虫有几只？你有什么好方法能数得又快又准？

（2）教师请部分幼儿讲述自己的点数结果，其他幼儿判断是否正确。

（3）教师：各种昆虫宝宝的数量一样多吗？请把一样多的卡片放在一起。

3. 给卡片排序。

（1）教师：昆虫宝宝们想来排排队，你们谁来帮帮它们呀？引导幼儿迁移以往的排序经验，解决一数多卡的排序问题。

（2）教师出示数卡 6—10：数字想去找朋友了，它们能表示上面哪种昆虫的数量呢？

（3）教师请部分幼儿给每种昆虫卡片匹配数卡。

4. 幼儿操作活动：排排队，找朋友。

（1）教师：请拿出你的玩具，数数每种有多少，按从少到多的顺序排队，再帮它们找到各自的数字朋友。

（2）幼儿操作，教师巡回指导，观察幼儿使用的点数、排序、匹配数字的不同方法以及出现的典型问题。

（3）教师鼓励幼儿集体交流、讨论不同的方法以及出现的问题。

指导要点

点数卡片数量时，引导幼儿观察卡片上昆虫的排列方式，用接数的方法感知数群，说出总数。

活动材料

昆虫卡片

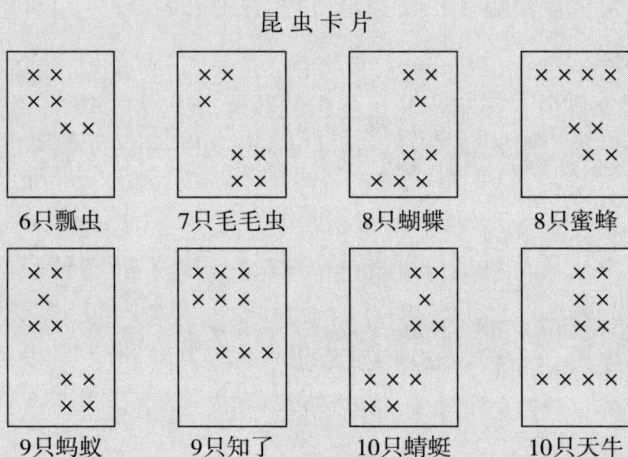

6只瓢虫　　7只毛毛虫　　8只蝴蝶　　8只蜜蜂

9只蚂蚁　　9只知了　　10只蜻蜓　　10只天牛

图4-3

（二）感知数序与数差

教师在引导幼儿感知数序时，需要把幼儿的注意引向它的规律，即抽象的数序中依次多1的排列规律。幼儿在学习数量排序的基础上已积累了数序的感性经验，为更好地理解数序的实际意义奠定了基础。在感知数序与数差的活动中，幼儿在数量从少到多排列的基础上匹配相应的数字，感知数的顺序及数差关系；在完整地感知 1—10 自然数序及其等差关系的基础上，体验数量关系的可逆性与传递性。

在组织感知数序与数差的活动中，教师应提出"有顺序"地排列 1—10 的数量这一活动规则，有顺序地排列可以是从少到多，也可以是从多到少，从而帮助幼儿理解数量关系的可逆性；允许幼儿自定顺序，重点关注幼儿能否自主排序，能否意识到 1—10 数量依次差 1 的关系；交流时可引导幼儿关注数量关系的可逆性和传递性；当幼儿呈现排列结果时，引导幼儿关注到序列中每一个数量都既比前面一个数量少 1（或多 1），又比后面一个数量多 1（或少 1），这是 10 以内各数之间普遍存在的规律——等差关系；引导幼儿思考数量关系的可逆性，即从一边看是从少到多，从另一边看就是从多到少；引导幼儿注意到 1—10 或 10—1 的序列中数量关系的传递性，即要引导幼儿观察，某一个数量比前面一个数量多（或少），且比前面每一个数量都多（或少），比后面一个数量少（或多），且比后面每一个数量都少（或多）。在之前的数量比较活动中，幼儿已经积累了一定的数量关系的经验，在理解数量关系中的传递性上已有一定的基础，教师只需要帮助幼儿梳理、提升一下关于这些数量关系的规律即可。

活动范例 4-5　按数补漏（感知 10 以内数差）

适合年龄班　大班上

活动形式　个别

设计意图

通过将一个 10×10 的直角三角形点阵图补完整，感知 10 以内的数序与数差。

活动准备

10×10 方格纸，在纸中若干列盖好相应的点数，将少数列空出来（图 4-4）。

操作规则

根据点阵中的数差规律，将漏掉的点列补齐。

指导要点

教师引导幼儿观察已有的点子是按照什么样的规律排列的，并说一说后面一列都比前面一列多 1 这样的数差关系。

活动材料

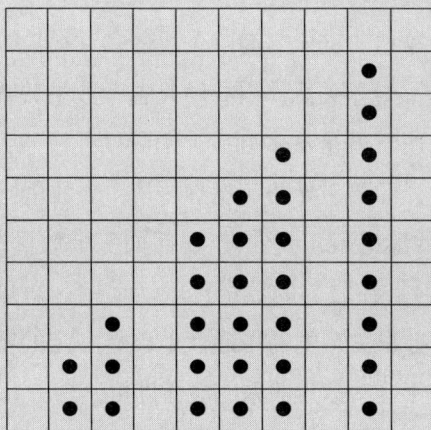

图 4-4

（三）认识相邻数

数量比较是认识相邻数的重要基础，幼儿在数量比较等一系列的活动中已经积累了一定的关于相邻数的经验，只是数量比较活动中只涉及两个相邻数量的比较，即"多 1"或"少 1"单向的数差关系，不能让幼儿全面地认识相邻三个数之间的大小关系。认识相邻数的活动安排可以与感知数序活动平行进行，认识相邻数的活动可以促进幼儿对自然数列中等差关系的理解，帮助幼儿将数与数之间的关系组织起来并系统化，巩固对数序的理解并具备初步的抽象和概括能力，以更好地理解数的抽象意义，发展数概念。活动进度安排的一般思路是先认识 5 以内的相邻数，让幼儿掌握比较相邻数的规律，在此基础上让幼儿自主学习 6—10 的相邻数，可以通过个别化游戏活动，也可以是教师组织的集体活动。

　　幼儿认识相邻数不仅要知道 10 以内某个数（除 1 之外）的前面一个数是什么和后面一个数是什么，更重要的是要理解它们之间的关系，即这个数的左邻比它小 1、右舍比它大 1。进行相邻数的教学活动，一般先进行相邻两个数的比较，再进行相邻三个数的比较。从具体直观的数量比较入手结合数字进行。以认识 3 的相邻数为例，第一步教师先引导幼儿比较两组数量为 2、3 的物体，让幼儿明确 3 比 2 大 1、2 比 3 小 1（图 4-5）；第二步，出示第三组物体，数量为 4，让幼儿比较第三组物体与第二组物体，明确 4 比 3 大 1、3 比 4 小 1；第三步进行三个数之间的连续比较，以中间一个数 3 为主，先与前面一个数比，再与后面一个数比，总结出 3 比 2 大 1、3 比 4 小 1、3 的邻居是 2 和 4（图 4-6）。

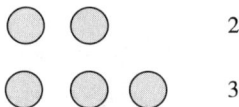

图 4-5

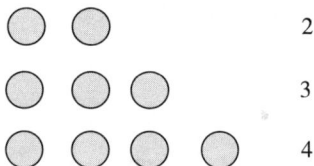

图 4-6

活动范例 4-6　数字找朋友（认识相邻数）

适合年龄班　大班上

活动形式　集体

活动目标

1. 认识 10 以内相邻数。

2. 探索发现一个数与前后两个相邻数之间的关系。

活动准备

1. 自备红圆点 2 个，蓝圆点 3 个，绿圆点 4 个；1—10 的竖长条点卡，数卡 1—10，见活动材料。

2. 数字卡 1—10，人手 1 份。

活动过程

1. 认识 3 的相邻数。

（1）教师将三种颜色的圆点散放在黑板上，提问：黑板上有什么？它们有什么不同？

（2）教师：谁来把一样颜色的圆点放在一起，并且按数目的多少排队？

（3）教师：每种圆点的数目可以用数字几来表示？请个别幼儿在每种圆点下面用数字表示它们的数目，如活动材料中"圆点排列示意图"所示。

（4）教师：圆点是怎样排队的？（2 个红圆点、3 个蓝圆点、4 个绿圆点）3 个蓝圆点的前面是几个什么？3 个蓝圆点的后面是几个什么？

（5）教师：为什么 2 个红圆点排在 3 个蓝圆点的前面？4 个绿圆点排在 3 个蓝圆点的后面？

（6）教师：3 的前面是几？3 的后面是几？3 比 2 怎样？3 比 4 又怎样？

2. 体验相邻三个数之间的关系。

（1）教师出示 1—10 的竖长条点卡引导幼儿观察，并匹配数字。

（2）教师指着 4 的竖长条点卡，提问：图上有几个点？请找出比它少 1 的小朋友和比它多 1 的大朋友。

（3）教师：1个数字有几个朋友？是两个什么样的朋友？

（4）教师：数字8有朋友吗？它的朋友是谁？你是从哪里知道它们是8的朋友的？

（5）教师引导幼儿总结：一个数总比它的前一个数大1，比它的后一个数小1。

3. 游戏：找相邻数朋友。

（1）教师：老师报一个数，请你在自己的卡片中找，把这个数的两个好朋友举起来。

（2）教师报1—10中的任意一个数，幼儿举相邻数数卡。

（3）该游戏重复多次后，教师可请幼儿两人一组，一人报数，一人举数卡，然后交换玩。

指导要点

1. 幼儿在将一样的圆点放在一起时，教师注意引导幼儿将每种圆点竖着排列，这样便于幼儿在后面的活动中观察、比较每种圆点之间的数量关系。

2. 在幼儿观察前后数量之间的差异时，教师可引导幼儿观察长条点卡上圆点数量的变化，帮助幼儿较为直观、形象地体验相邻三个数之间的关系：每一个数都比它前面的一个数大1，比它后面的一个数小1。

活动材料

圆点排列示意图　　　　　　　　　　　　　　　　长条点卡

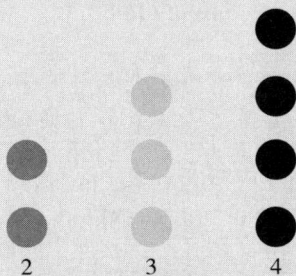

图4-7

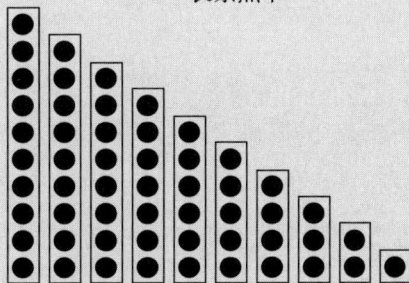

图4-8

三、连续量的比较和排序活动设计与指导

（一）感知量的特征

1. 选择材料，给幼儿提供感知和比较量的特征的机会

幼儿对物体量的认识，最初不是通过测量的方法，而是通过各种感官的感知。幼儿在视觉、触觉、运动觉等多种分析器官的作用下，感知到物体在大小、长度、重量等方面的特征，比较出物体间量的差异。因此，教师应提供各种材料，让幼儿在充分地看、摸、摆弄的过程中感知和比较物体量的特征；也可在日常生活中引导幼儿关注物体量的差异，如引导幼儿关注皮球有大小的不同、幼儿园围墙的栏杆有长短的不同……

2. 注重设计，帮助幼儿感知和比较量的特征

物体的高矮、大小、轻重、厚薄等连续量，既具有不变性又具有相对性，幼儿感知这些特点，一般比较困难，因此，教师在设计具体活动时，应注意：①先让幼儿进行实物比较，如两个人比较高矮、两本书比较厚薄等；②活动设计应有层次性，如比较高矮，可先请两人比较，此时高和矮是不变的（高就是高，矮就是矮），然后再增加 1 个人，3 个人比较高矮，这时结果发生了变化，如原来高的人和更高的人站在一起，他就成了矮的，原来矮的就更矮了，这使幼儿感受到高矮比较具有相对性。

3. 善用策略，促进幼儿对量的概念的把握

一天，老师和佳佳等几位小朋友一起比高矮，老师问："我是高还是矮？"佳佳说："不知道是高还是矮，因为没有人和老师比。"老师请佳佳和自己并排站立，说："佳佳和老师站在一起比，我们谁高谁矮？你从哪看出来的？""老师高出一部分，老师的个子就是高。"小朋友们纷纷说。老师说："你们小朋友也想比高矮吗？"

上面这个案例中教师通过提问，引导幼儿观察、比较高矮。现实中，幼儿在比较物体的长短（或宽窄、厚薄等）时，教师可以提问："你们想想，用什么办法可以知道它们的长短（或宽窄、厚薄等）是不一样的呢?"启发幼儿说说自己想到的办法，并请幼儿讲讲他是怎样做的，如他将两块积木摆在（并置的方法）一起比一比，发现哪块长、哪块短，以巩固幼儿对长短的认识。同时，根据幼儿的认知特点，教师提供的操作材料应有利于幼儿比较，其差异特点应单一，这样便于幼儿将注意力集中到被比较的量的特征上。如，比较物体粗细时，应该选择长短一样、粗细差别明显的物体；比较物体的厚薄时，应选择长和宽一样、厚薄差别明显的物体；比较物体高矮时，被比较的物体应置于同一水平面上。随着幼儿年龄的增长，被比较物体间的差别可以缩小，以增加幼儿判别的难度。

（二）连续量的排序

凡是包含有比较的概念，如"比……大""比……长""比……宽"等，都可以经过排序活动使幼儿加深理解。在排序的活动中，按一定的差别顺序排列物体，就可以把逻辑学中的"传递关系"演绎得十分具体。

同时，幼儿可通过排序比较物体之间量的差别，学习给一系列物体排序的技能，为建构序运算的心理结构打下基础。活动设计的思路一般是从全范例排序到半范例排序，再到无范例自主排序；排序数量依次增多；排序量的内容从大小、长短等幼儿容易感知的量开始，逐步扩充到高矮、宽窄、厚薄等。

1. 全范例排序

教师提供全范例范板（图4-9），让幼儿用重叠对应的方式将排序材料与范例重合。虽然这不是真正意义上的排序，但却可以帮助幼儿在操作过程中领悟排序的规则。首先，教师要引导幼儿观察排序材料在哪个维度存

图4-9

在量的差异，是大小、长短还是高矮。一般来说，大小排序相对容易。其次，教师要帮助幼儿明确每一个排序材料必须和范例完全重合。此时，幼儿也许还没有序的意识，幼儿可能从框里随意找出一张娃娃图片，然后把它放到与其高度相同的娃娃上，完成的只是匹配任务。但是在幼儿掌握了重叠对应摆放的要求后，教师可以有意识地引导他们有序排列，逐渐帮助幼儿意识到序列关系，发展排序能力。

此外，图 4-10 也是一种全范例模板，但它要求幼儿根据已经按大小顺序摆放好的娃娃，用并置的方式将大小不等的汉堡一一对应地排在娃娃的下面，最小的娃娃下放最小的汉堡，最大的娃娃下放最大的汉堡。这种对应排序要难于重叠对应的排序，幼儿此时已经建立了一定的序列意识，他们通过迁移上一排材料的排列

图 4-10

规律排列出下一排的材料，因此，活动初期提供的材料个数应少于重叠对应的排序活动。教师既可以直接提供已经排列好的范例，也可以让幼儿自己根据范例框从小到大重叠对应排列范例材料，但都必须先让幼儿观察范例是怎么排列的，再观察需要排列的材料的差异，讨论该如何将它们与范例进行对应。

2. 半范例排序

提供相同材料的半范例模板，让幼儿根据开头的方式排好相应的材料后再接着往下排下去，有助于幼儿摆脱对范例的依赖，达到独立排序的水平。如图 4-11 所示，只提供了前面三个糖果大小排序的范例，幼儿要在重叠排好前面三个糖果后，发现前面的糖果是按照从小到大的顺序排的，并依据这一顺序排好剩下的两个糖果。半范例中提供的范例个数和需要幼儿排的个数都会影响活动的难度，教师可根据幼儿的发展水平，在巩固活动或区域活动中逐步提高难度，提升幼儿的排序能力。

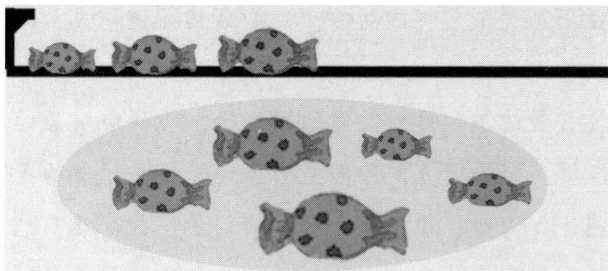

图 4-11

3. 无范例自主排序

教师不再提供范板，幼儿根据要求进行独立排序，此时幼儿才是进行真正意义上的排序。教师给定幼儿需要排序的物体，先引导幼儿观察物体量的差异，明确排序的规则，即是按量的逐一递增来排列，还是按量的逐一递减排列，学习确立排序的基线；在幼儿掌握了排序要求之后，教师可以扩展幼儿的排序内容，如高矮、宽窄、厚薄等，丰富幼儿的排序经验，同时，引导幼儿体验物体量的差异关系中的传递性和可逆性。

　　教师出示三个球，让幼儿观察比较后讨论三个球什么地方不一样。

　　教师启发幼儿思考把三个球按大小排列，应该怎样排，都有哪些排列方法。教师按幼儿讲述操作。答案有以下四种：①从大到小横排；②从小到大横排；③从大到小竖排；④从小到大竖排。

　　教师用问题"为什么要这样排？"引导幼儿用语言描述物体间的序列关系。

　　幼儿分组自由操作：①按规律排列小石头 5—6 块；②按规律排列树叶，数量由幼儿自定；③画一串有规律的糖葫芦；④按规律排小棍。

　　教师在幼儿独立排序的操作中，针对他们的发展水平予以相应的指导。如对尚处在两个两个逐一比较水平的幼儿，教师可用语言鼓励幼儿，如"你真行！自己想办法给石头排队"，还可以启发，如"你把小石头排成怎样的队啦?"，即请幼儿说说是从大到小排还是从小到大排。

在幼儿按量的差异排列物体的顺序时，教师应引导幼儿了解以下规则：①要确定排列方向，即是横排还是竖排，有的量可以横排也可以竖排，如大小、粗细、宽窄，有的量，如高矮只能竖排，而长短只能横向排序；②要确定排列规则，即是按量逐一递增的顺序来排列，还是按量逐一递减的顺序来排列；③要明确排列的起始线，如高矮排序需在同一水平面上排列，长短横向排列时左边应对齐。

活动范例 4-7 做排箫（7 以内半范例排序）

适合年龄班 中班上

活动形式 集体

活动目标

1. 初步理解物体从短到长的顺序关系。

2. 能根据基线和半范例的提示，按长短顺序给 7 个物体排序。

活动准备

7 根长短不同的吸管（在底板上从短到长排列好 3 根作为范例），人手一份。

活动过程

1. 引出问题。

（1）教师出示范例底板，提问：老师这里有个做了一半的排箫，请你们来看看。我们今天要把这个做了一半的排箫做完。怎么做呢?

（2）教师引导幼儿观察范例的排列规律。

（3）教师：我们先来看看这些排箫的管子是怎么排的?（要从短到长排、每根管子排的时候都要靠近底下这条直线）

2. 交代操作规则。

教师：现在前面三根管子已经排好了，后面的要请小朋友们有顺序地接着往下排。

3. 幼儿操作。

教师巡视，观察幼儿是否理解"做排箫"的规则，了解幼儿的操作策略。

（1）如果幼儿不理解活动规则、不顾吸管的长短关系随意排列，教师可以先引导幼儿观察半范例的排列规律，然后再接下去排。如果幼儿对按长短排序仍有困难，可专门提供全范例，让他用重叠对应的方式排，感知排序中的长短关系。

（2）如果幼儿在排序中没有关注基线，教师可提示幼儿先把排箫管子的一端都靠紧基线对齐，然后再观察这些管子是不是一根比一根长。

活动范例4-8　娃娃排队（5以内无范例排序）

适合年龄班　中班上

活动形式　集体

活动目标

1. 观察、比较5个物体间的高矮，学习按高矮顺序排列物体。

2. 能用语言表述高矮排列的顺序。

3. 体验和同伴共同游戏的快乐。

活动准备

5 位高矮有一定差异的大班幼儿，在地上画若干条横线，并在线的一端画一面小旗子。

活动过程

1. 感知 5 以内的数量。

（1）教师先请 3 位大班幼儿参与活动：今天，我们要请 5 位大班的哥哥姐姐和我们一起玩游戏，看看我已经请了几位哥哥姐姐？

（2）教师：还要请几位哥哥姐姐来参加活动就够 5 个人了，你们是怎么知道的？

（3）教师请一位幼儿去请哥哥姐姐，大家检查人数是否正确。

2. 给哥哥姐姐排队。

（1）教师：现在我们请哥哥姐姐按照什么顺序在线上排队呢？从什么地方开始排，哪位哥哥/姐姐排第一？

（2）教师请一位幼儿来教哥哥姐姐排队，引导幼儿先确定起点，然后根据哥哥姐姐的高矮按顺序在线上排队。

（3）教师：请你说说为什么这位哥哥/姐姐排在第一个？你是按照什么顺序给哥哥/姐姐排队的？

（4）教师：你们觉得他排得对吗？谁有不同意见，该怎么调整？师生共同检查大班幼儿是否按序排列。

（5）教师：排在第一个的是最矮（高）的，第二个比他高（矮）一点儿，第三个呢，第四个呢，最后一个呢？引导幼儿用语言说出每位大班幼儿在队伍中的位置和高矮顺序。

3. 更换排列形式，再次给哥哥姐姐排队。

（1）教师：刚才小朋友是按照从矮（高）到高（矮）的顺序给哥哥姐姐排队的，请你们动脑筋想一想，还能让哥哥姐姐按照什么顺序来排队呢，谁来试一试？

（2）教师请一位幼儿给哥哥姐姐按照另一种顺序排队。

（3）集体检查该幼儿的排列是否有序，如无序，讨论如何调整。

4. 幼儿分组排队。

（1）教师：现在请小朋友来排队，5个小朋友一组，先商量按照什么顺序排，然后站在线上排好队，想想排在最前面的小朋友应该站在线的哪一端？（提醒幼儿注意观察线前面的旗子标志，正确找到起点。）

（2）幼儿5人一组在线上排队，教师观察幼儿排队情况，并给予及时指导。

（3）教师：我们先请每组小朋友说说他们是按照什么顺序排的，然后再看看他们排得对不对，如果有不对的，想想该怎么调整，才能让他们排得有顺序。

四、估数活动设计与指导

正如上文中提到的，估数不是简单猜测一个集合数量的多少，而是基于对数量感知的猜测。幼儿学习估数的意义在于发展数感，知道估数的用处，能运用估数解决生活中的实际问题。幼儿园中可进行的估数活动主要有两种：一是感知、估计实物集合的数量，即依据对数量的感知，如通过目测或感知集合占据的空间估计数量等；二是依据已知条件推断集合的数量，已知条件可以是一个小物群的数量，幼儿依据小物群占据的空间推断另一个大物群的数量。

（一）感知、估计集合的数量

组织这类活动时，教师可提供一些大小不同、便于幼儿抓取的实物，让幼儿玩一玩"猜猜你能抓几个的游戏"，可以是花生、蚕豆、开心果、核桃等食物，也可以是自制的不同大小的纸球。在游戏开始之前，教师要讲明白游戏的规则，先猜一猜，一把能抓几个，再来数一数，看看猜得准不准。游戏可以两人一组，进行"看谁猜得准"的比赛，谁猜得更接近于真实数量，谁就猜得更准，这一过程可以巩固幼儿对接近数的认识。此外，提供大小不同的实物的目的在于让幼儿体验材料的大小与其在一定空间内数量的关系，如在游戏中，幼儿会发现，一把抓到的开心果数量总是比一把抓到的蚕豆数量多，而蚕豆的数量又比核桃多，原来同样是一把，材料的体积越大，抓到得越少，并能初步运用这个规律，推断抓到的其他实物的数量。

（二）依据已知条件推断集合的数量

以根据已知小物群数量推断未知大物群的数量为例，材料是一组小物群与大物群，小物群的数量是已知条件，可先让幼儿数一数，作为参照量，大、小物群之间的关系可以是各自占据的平面面积，也可以是空间体积，教师引导幼儿依据参照量与空间线索来推断未知物群的数量。幼儿可以仅根据空间直觉判断，也可迁移已有的按群计数的策略，将大物群分为几个小物群后按群计数。在这样的情况下，参照单位量应当是便于幼儿进行按群计数的数量，如5个、10个等。两个物群的空间分布要便于幼儿发现两者之间的联系（图4-12、图4-13、图4-14），幼儿易于发现大物群可以分割为几个小物群，或者分割出一个小物群与一个更小的物群，所以，图4-13中大物群的数量是2个小物群，图4-14中大物群的数量是3个小物群。

图4-12

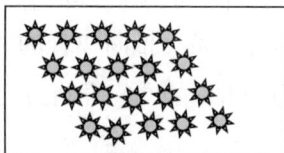
图4-13

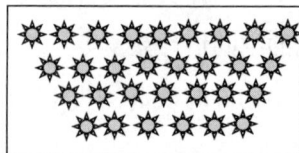
图4-14

活动范例 4-9　猜猜积木有多少（估数）

适合年龄班　大班下

活动形式　集体

活动目标

1. 理解估数的意义，对物体数量有初步的数感。

2. 能根据已知小物群的数量，推断未知大物群的数量。

3. 能解释自己的推测理由。

活动准备

1. 长方体积木若干，5 个一摞、10 个一摞、15 个一摞、20 个一摞摆放。

2. 记录单若干，见活动材料。

活动过程

1. 引出问题。

教师：小猪家要盖房子，它买来了许多砖。（出示摆好的积木）它知道这一摞是 5 块砖，我们来数一数是不是。其他的它就不知道了，一块一块数太慢了，小朋友们有什么办法能够帮小猪快快地说出这些堆起来的砖是多少吗？

2. 幼儿尝试估数。

教师请幼儿说说自己估数的方法，如根据积木的相对高度、大小凭直觉判断，将大物群分为几个小物群再按群计数等。

3. 演示规则。

教师：这个活动的名字叫"猜猜有多少"。让你猜，你就不能直接点数，所以要请你先根据已经知道的这一小堆砖的数量，猜猜其他的砖有多少，然后把你估计的数量记在旁边的方格里。

4. 幼儿操作。

教师巡视各组，看看幼儿能否理解活动规则，能否根据已知量来估计未知量，估计的误差大不大，然后根据幼儿的表现进行分层指导。如果幼儿没有理解规则，依然逐个计数或随意涂画，教师可以逐步引导，请他先看看左边的砖垒了多高，再根据此估计右边的砖会是几块。待幼儿理解了规则，再放手让他们自己去估计。

如果幼儿能理解规则，但估数误差太大，如说有 100 块、500 块等。教师可以质疑，如 "左边的 10 块是这么高，右边才高这么一点儿会有 100 块吗?" 请幼儿耐心地比较两边的砖，重新估一次。如果幼儿估得较准，教师可以请他介绍自己的估数方法，或提供另一张活动单，请他再做一次，并说出自己的理由。

活动材料

记 录 单

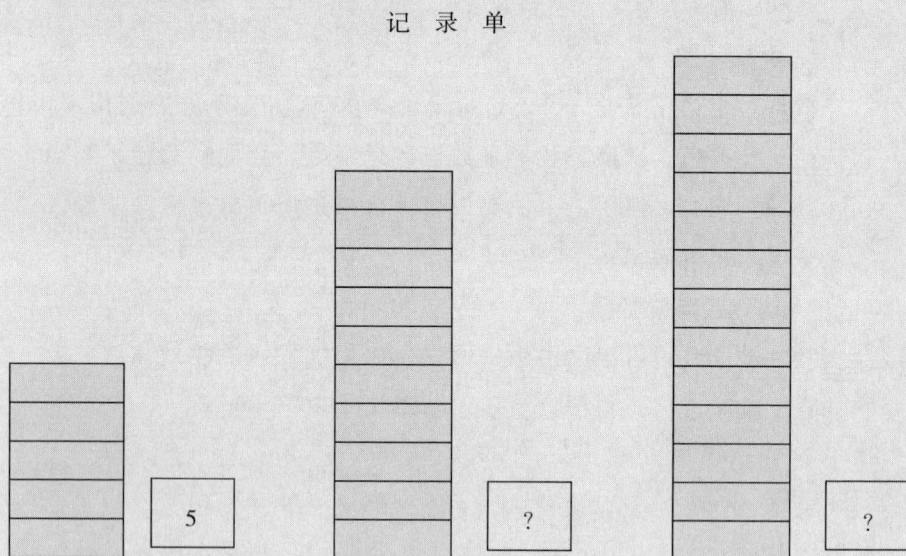

图 4-15

第五章 ●●●●●●●●●●●●●●●●●●●●●●●●●●●●●●

数的运算： 关键经验与活动指导

第一节 数的运算相关概念与 关键经验

一、数量的分合

(一) 数量的分合概述

数量的分合包括具体的量的分合与抽象的数的分合两部分。数量的分合包含着分解和组合两个方向，是指一个总数可以分成几个部分数（量），几个部分数（量）可以合成一个数量（总量）。幼儿对数的分合的理解是建立在量的分合的基础之上，在积累了一定的量的分合经验后，他们逐步理解抽象的数的分解与组合，并理解分合过程中的数群之间等量、互补、互换关系。如，幼儿在操作中发现 5 朵花可以分成 1 朵和 4 朵，也可分成 2 朵和 3 朵、3 朵和 2 朵、4 朵和 1 朵，它们合起来都还是 5 朵花。不只是 5 朵花可以这么分，5个杯子、5块饼干，还有抽象的5个点子等，所有数量为5的物体都能够得到这些一样的结果。幼儿在量的水平上积累了丰富的经验之后，逐步理解数5的分合，在操作中体验整体与部分的关系。

数量分合的学习，不仅有助于幼儿对其中蕴含的数量关系的感知和理解，更是幼儿理解加减运算的基础。数量的分合，实质上是数群和子群之间存在着等量、互补、互换关系的反映。而数群之间的等量、互补和互换关系本身就包含了简单的加减运算。如两个互补的子群相加等于群，群减去一个子群，等于另一个子群。当幼儿将5分成2和3，以及将2和3合起来组成5时，也就可以推导出"5＝2＋3""5－2＝3""5－3＝2"等。因此，可以说，数的分合实质上是一种数运算。幼儿掌握数的分合，可以为学习加减积累感性经验。他们在抽象概念水平上掌握数的分合之间的数群关系，也就直接成为掌握加减运算中数群关系的基础。总之，幼儿掌握数量的分合，在心理上是对总数和部分数之间三种关系的综合反应，即儿童必须同时掌握并运用群与子群、子群与子群之间的关系。

（二）幼儿掌握数量分合的发展

幼儿从5岁开始有可能理解数量的分合，此阶段的幼儿借助实物对分解、组成有所理解，但这种理解尚不完全、不稳定，直觉作用明显。处于这一发展水平的幼儿，大多数能完成部分数的分解和组成，如，知道8可以分成4和4、6和2，但不知道8还可以分成5和3、3和5、7和1、1和7、2和6。幼儿5岁半后能初步理解，并完全会分解和组成的人数增至25%—30%。

6岁幼儿接近基本完全会分解、组成的人数达到40%。6岁半组和7岁半组的幼儿大部分已能掌握8的分解、组成，完全掌握的人数达到65%—85%。此时，幼儿能够完全地说出或用实物摆出8的各组分解或组成的形式，不需要任何提示，有的幼儿表现出相当熟练和有顺序。

（三）各年龄班的关键经验与分析

> **中班**
>
> 进行 5 以内数量的分解与组合，体验一个量可以分成两个部分量、两个部分量合起来就是原来的总量。
>
> **大班**
>
> 1. 进行 10 以内数（除 1 外）的分解与组合，理解分合中的等量、互补与互换关系。
>
> 2. 体验数量除二分法以外的多种分合方式。
>
> 3. 能对一定数量的物体进行等分，如，二等分和四等分。

已有研究表明，幼儿 5 岁半以后能够初步理解数量的分解与组合，数量"5"是幼儿开始学习数量分合的一个适中的数目，所以，在中班下学期进行 5 以内数量分合的教学具备可行性。但是，其目的并不是要幼儿在中班提前学习并掌握这一内容，而是要让幼儿先在量的水平上积累分解与组合的经验，为之后学习数的分合做好准备。此外，幼儿在借助实物操作进行量的分合过程中能直观感受部分与整体的关系，为进一步理解分合中的等量、互补与互换关系奠定基础。

中班下学期组织数量分合教学活动的重点在于让幼儿体验一个量可以分成两个部分量、两个部分量合起来就是原来的总量，且一个量有不同分合方式。幼儿在探索这些不同的分合方式的过程中观察发现，虽然分合结果各不相同，但是都有一个共同的规律，即每种分法的两个部分量合起来都跟总量一样，从而能够进一步体验部分与总体的分合关系，也为以后理解数的多重分法做铺垫。此外，教师还要注重给幼儿多元的量的分合经验。

大班是幼儿正式进行系统的 10 以内（除 1 外）数量分合学习的时期。此前幼儿已经具备了一定的数量分合经验，此时幼儿学习的重点是领会分合中抽象的数量关系，进行抽象的数的分合学习，包括数的分合规律以及分合中的等量、互补与互换关系。

所谓数的分合规律是指数分合方法的递增规律，即 2 有 1 种分法，比 2 本身少 1，3 有 2 种分法，也比 3 本身少 1……依此类推；每个数的第一组分法是由 1 和比它本身少 1 的数组成，第二种分法是由 2 和比它本身少 2 的数组成……依此类推。（如图 5-1 所示）

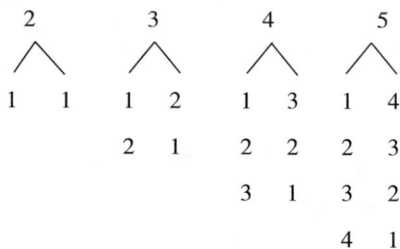

```
    2          3          4          5
   /\         /\         /\         /\
  1  1       1  2       1  3       1  4
             2  1       2  2       2  3
                        3  1       3  2
                                   4  1
```

图 5-1

当幼儿已能熟练进行 10 以内数的分合后，教师需要引导幼儿进入新的学习任务中，即脱离按规律分合的思路，引导幼儿关注数量分合中的等量、互补与互换的关系。所谓等量关系是指总数可以分成相等或不相等的两个部分数，两个部分数合起来等于总数。如，4 可以分成 2 和 2、1 和 3；2 和 2 合起来是 4，1 和 3 合起来也是 4，可用公式 $A = B + B'$ 表示。所谓互补关系是指在总数不变的情况下，一个部分数逐一减少（或增加），另一个部分数就逐一增加（或减少），这是部分数之间的互补关系。如，5 可以分成 4 和 1，如果 4 减去 1，那另一个数 1 就应加上 1，可用公式 $A = (B - n) + (B' + n)$ 表示。所谓互换关系是指两个部分数交换位置，总数不变。如，5 可以分成 2 和 3，如果将 2 和 3 换个位置变成 3 和 2，合起来也是 5，可用公式 $A = B + B' = B' + B$ 表示。

以往的数量分合教学活动中，幼儿只学习将数量分成两个部分，但是，幼儿在生活中或是在游戏活动中不可避免地会遇到数量被分为两个以上部分的情况。如，幼儿会在操作中发现，6 个雪花片玩具分成 3 个和 3 个之后，3

个还可以分成 1 个和 2 个，1 个、2 个、3 个合起来还是 6 个，另外，3 个也可以再分成 1 个和 2 个，这样 6 又有了更多的分法。体验数量的多种分合方式的目的不在于要让幼儿知道一个数量包括但不限于二分法的所有的分法，而在于发展幼儿思维的灵活性，在具体的问题情境中能够转换思维方式，对数的认识不局限于"是由两个部分组成的"。如，在"合起来是 7"的游戏中，12 名每个幼儿各掷两个骰子，要求幼儿分组找出骰子向上一面的点子数量合起来是 7 的情况。比赛过程中，幼儿迅速将点子数量合起来是 7 的骰子两两配对，但是掷骰子时，向上一面的点子数目是随机的，幼儿将 1 和 6、2 和 5、3 和 4 凑完后发现还剩下一部分面上的点子数量是 1—3 的小数量，怎么才能凑出 7 呢？教师可引导幼儿想想办法，多用几个数可不可以凑出 7 呢？这突破了两两凑数的局限，幼儿会从中发现，原来合成 7 还有很多种方式。

数量等分是指一定数量的物体可以被分成几个相等的部分，是数量分合中的一种特殊情况。幼儿在日常生活中常常会遇到分东西的情境，如，把一定数量的饼干平分给两个人、三个人等。在这些最初的等分活动中，幼儿逐渐积累起了等分的经验，在最初学习数量分合时，幼儿也总是倾向于将一定量的物体分成相等的两部分。在学习数量分合的过程中，幼儿也会慢慢发现，有些数量（2、4、6、8、10）总是能分成相等的两部分。在体验数量的多种分法中，他们还发现有些数量（3、6、9）是可以分成相等的三个部分的……所以，幼儿在日常生活、游戏以及在数量的分合学习中能够获得这些数量等分的经验，教师需要在幼儿积累了这些感性经验的基础上帮助幼儿梳理、提升，以促进幼儿对于等分意义的理解。

二、加减运算

（一）加减运算概述

1. 加法

从集合的观点看，加法是这样一种运算：设 A、B 是两个不相交的有限集合，它们的基数分别是 a、b，如果集合 A 与 B 的并集是 C，那么并集 C 的基数 c 就叫作 a 与 b 的和，求两个数的和的运算叫作加法。记作：

a+b=c，读作"a 加 b 等于 c"。

a 与 b 都叫作加数，符号"+"叫作加号。

由加法的定义可以推出，两个数的和不小于每一个加数。即，

a+b≥a，a+b≥b。

在教幼儿加法的含义时，一般只要使幼儿知道，把一个数与另一个数合并起来，求一共是多少用加法计算。

2. 减法

已知两个数 c、a，要求一个数 b，使 b 与 a 的和等于 c，这种运算叫作减法。

从集合的观点看，减法是这样一种运算：已知有限集合 C、A，集合 A 是集合 C 的一个子集，它们的基数分别是 c、a，求 C 与 A 的差集 B 的基数 b 的运算叫作减法。记作：

c-a=b，读作"c 减 a 等于 b"。

c 叫作被减数，a 叫作减数，b 叫作 c 与 a 的差；符号"-"叫作减号。

由上面定义可以知道：

如果 a+b=c，那么 c-a=b。

因此，减法是加法的逆运算。

在教幼儿减法的含义时，一般只要使幼儿知道，从一个数里去掉一个数，求还剩多少用减法计算。

（二）幼儿加减运算能力的发展

1. 幼儿加减运算概念发展的三种水平

幼儿加减运算概念的发展，总的来说可从具体到抽象和从逐一加减到按群加减这两方面进行考察。这实际上反映了幼儿思维抽象性逐渐发展的过程和水平。这一发展过程可划分为三个水平层次：动作水平的加减、表象水平的加减和概念水平的加减。

动作水平的加减：指幼儿要以实物等直观材料为工具，借助于合并、分开等动作进行加减运算。如，幼儿用移动实物、逐一点数的方法寻求得数，或者是伸出自己的手指进行逐一点数寻求得数。

表象水平的加减：指幼儿可不借助直观的实物和动作，而是依靠头脑中呈现的物体表象进行加减运算。在其初级阶段，幼儿还需借助图片等静态形象，帮助理解题意和其中的数量关系，学习解答问题。逐渐地幼儿能脱离图片中具体形象的提示，而依托口述应用题中熟悉的生活情节，唤起头脑已有表象的积极活动，从而理解应用题中的数量关系并进行运算。如，口述应用题为："妈妈昨天给你买了 1 支铅笔，今天又给你买了 1 支，妈妈一共给你买了几支铅笔？"幼儿听完后会马上回答："一共买了 2 支铅笔。"从这里可以看出，口述应用题能够唤起幼儿已有经验的复活，这些生活中所获得的经验能帮助幼儿理解应用题中的数量关系，从而顺利并正确地解决提出的问题。

概念水平的加减：概念水平的加减也可称作数群概念水平的加减运算。概念水平的加减是指直接运用抽象的数概念进行加减运算，幼儿无须依靠实物的直观作用或以表象为依托，这是较高水平的加减运算。如，教师口述或出示加法试题"3＋1＝?"这里没有动作、图片形象和头脑中的表象可以依托，幼儿只依据抽象的数字进行运算。

幼儿加减运算概念的发展不仅表现为以上三种发展水平，同时还表现为另一发展过程，即幼儿掌握加减运算要经过从逐一加减到接数、再到按群运算的发展过程。这一过程反映了幼儿在加减运算中思维抽象性的不同发展水平。在这一发展过程中，开始幼儿需要用逐一计数的方法进行加减运算。如，学习加法时，幼儿需将两组物品合并在一起，再逐一计数算出得数；学习减法时先将要减去的物体拿走，再逐一计数剩下的物体以算出得数。在这以后幼儿在学加法时，可以先记住一组物体的数目，再接着计数另一组物体的数目以算出得数。而在学习减法时，他们可能采用倒接数的方法，倒数到要减去的数目为止。幼儿在这里进行的仍是逐一计数，即顺接数和倒接数，而不是按数群加减。按数群加减实质上是依靠抽象的数概念进行加减运算。幼儿此时已能将所说的数或数字作为一个整体把握，这说明他们已能按数群进行加减运算。这一发展过程，实质上反映了幼儿思维发展上的质变，而这也是幼儿以后加减运算进一步发展的必要基础。

2. 幼儿加减运算能力的发展

（1）幼儿运用实物操作的方法学习加减运算

3岁半以前的幼儿面对实物，尚不知道用它来帮助进行加减运算。他们要依靠成人将实物分开、合拢给他们看，才能说出一共有几个或还剩下几个。他们不理解加减的含义，不认识加减运算的符号，数的运算对这个年龄的幼儿来说是很困难的。

4岁幼儿一般会自己运用实物进行加减运算了，但在进行运算时，需要将表示加数和被加数的两堆实物合并，再从第一个开始一个一个地逐一点数后说出总数（即得数）。在进行减法运算时，他们也一定要把减掉的实物部分拿掉，再逐个数剩下的物体个数，得到剩余数。这时幼儿完全依靠动作思维，是在最低的思维水平上学习数的运算。此时幼儿对于抽象的加减运算，如"2+1＝?"既不能理解，也不感兴趣。但值得注意的是，4岁以后的幼儿已经表现出有初步的运用表象进行加减运算的能力了。测查表明：测查题目在小数量范围内，且加、减数均不超过1时，如"树上有3只小鸟，又飞来了1只，现在树上一共有几只小鸟?"4岁幼儿正确解答求和、求剩余口述应用题的人数分别可达90%和56%，但他们不能回答"用什么方法算的"的问题。幼儿是凭借生活经验和应用题中熟悉的情境而引起积极的表象活动，使问题得到正确解答，这虽不是真正意义上的加减运算，但可以看出口述应用题在幼儿学习加减运算中的作用。

（2）幼儿运用数数的方法学习加减运算

5岁以后，幼儿学习了顺接数和倒着数，他们能够将顺接数和倒着数的经验运用到加减运算中去。此时，多数幼儿可以不用摆弄实物，而是用眼睛注视物体，心中默默地进行逐一加减运算。5岁半以后，随着幼儿数群概念的发展，特别是在学习了数的分合以后，他们在教师引导下，开始运用数的分合知识进行加减运算，这样就从逐一加减向按群加减的水平发展。但这中间还存在着一定的个体差异，如，有的大班幼儿在遇到困难时，还会伸出手指进行逐一计数。对这一情况，教师不要硬性禁止，而应引导幼儿用顺接数、倒着数的方法进行加减运算。

（3）幼儿运用数组成的知识学习加减运算

研究表明，幼儿在 4 岁以前还不能够理解数的部分与整体的关系，所以，在这个年龄之前，幼儿无法运用数的组成知识学习加减运算。而到 5 岁以后，幼儿已经能够运用数的分合知识进行加减运算。此时，教师可依据幼儿的发展状况，逐步地引导他们学习用组成知识进行加减运算。

（三）各年龄班的关键经验与分析

中班

借助实物或情境理解 10 以内集合的数量变化。

大班

1. 借助动作、表象进行 10 以内的加减运算，理解加减的实际意义。

2. 认识"+""-""="和加减算式，初步理解算式的抽象意义。

所谓数量变化，即给一个集合里添加物体能使集合变大，而拿走一些物体则使集合变小，这是幼儿对于加减含义最初的理解。幼儿学习加减运算是一个从具体到抽象的过程，在正式学习加减运算之前，他们借助具体的实物或情境理解 10 以内集合的数量变化，积累数量变化的经验可以为幼儿理解加减运算的抽象意义奠定基础。教师可以用生活和游戏情境中的实例引导幼儿关注数量的变化，体验加减的含义。如，在角色游戏环节，小吃店先来了 1 个小客人，后来又来了 1 个小客人，现在有 2 个小客人。教师可以引导幼儿说一说，描述这一数量变化的过程。再如，幼儿知道自己的小组有 6 个小朋友，有时候会有 1 个小朋友缺席，这时也是幼儿关注到小组人数变化的时机，6 个小朋友，少了 1 个，还剩下 5 个。

研究表明，应用题对于幼儿加减运算概念的发展具有促进的作用。幼儿学习自编应用题，可进一步理解生活中事物的简单数量关系，巩固对加减运算的理解。幼儿学习自编应用题的重点是掌握应用题的结构，而难点是如何让幼儿根据情境，提出条件和问题，并请别人解答。教师可以借助一些图片给予幼儿情境的支持，引导幼儿关注图片中的联系，提出应用题的条件与问题，并完整地将应用题描述出来；也可引导幼儿根据自己的生活经验自由编题。此外，解决日常生活和游戏中的加减问题是巩固对加减运算的理解的主要方式，同时也体现了幼儿数学学习的价值。教师应关注幼儿在这些真实情境中的学习，同时也应为幼儿创设适宜、必要的环境和条件，引导幼儿探索、发现和学习，以扩展其加减运算的经验，加深对加减运算意义的认识。

加减运算符号和加减算式对幼儿来说都是很抽象的东西，既无实物的直观，又无表象作为思考的依托，幼儿在理解和解答上都会有一定的困难，幼儿对于算式抽象意义的理解仍然需要一定的过程。有时人们会看到幼儿对加减算式题也能较快地掌握，这可能是一种假象。当幼儿的加减运算概念还未达到抽象概念的水平时，他们往往不能理解加减算式题所表达的含义，因此，教师在组织幼儿学习抽象的运算符号以及加减算式时，要结合具体的问题情境或实物操作，调动幼儿已有的生活经验，让幼儿明白，"多了""合起来""又来了"等这些事情可以用"+"表示，"少了""取走"等这些事情可以用"−"表示，多种不同的事情可以用同一个算式题表示，帮助幼儿理解算式中每一个数字及运算符号的意义。在进行 10 以内的数的加减运算时，不同发展水平的幼儿可能运用不同的策略。在进行加法运算时，有的幼儿不能脱离实物，每进行一次运算都要取出一定量的实物全部数一遍；有的幼儿能够运用接着数的策略解决加法问题；还有的幼儿已能运用数的分合经验来解决加法问题。教师需要引导幼儿在数量的分合与加减运算之间建立联系，如，同时用数的分合式与算式表示同一个应用题（如图 5-2），让幼儿发现数的分合式与加减运算式之间的同构性。

$$
\begin{array}{c}
5 \\
2 \quad 3 \\
\end{array}
$$
$$2 + 3 = 5$$

图 5-2

　　加减法是互为逆运算的。幼儿在之前学习数量的分合时已积累了一定的关于逆反关系的经验，他们会逐步发现，加法是把两个小数群合为一个大数群，减法是一个大数群去掉一个小数群还剩下另一个小数群。幼儿通过认识到这三个数群之间的关系并将其迁移到加减运算中，帮助其体验加减法的互逆关系。

第二节　数的运算活动设计与指导

一、数量分合活动设计与指导

　　幼儿对数的分合的理解，实质上是数群概念的获得。幼儿要能理解一个数可以分成两个部分数，同时两个部分数又能合成总数。总数与部分数之间、部分数与部分数之间，又存在着等量关系、互补关系、互换关系。数的分合的教学，决不能采用死记硬背和机械训练的方法。教师要帮助幼儿实现从量的分合的具体经验，逐步抽象到数的分合概念；在引导幼儿探索发现分合规律的基础上，逐步理解数的分合中所蕴含的各种数量关系。

　　第一，从直接感知到抽象列式。

　　幼儿对数组成所蕴含的数量关系的体验和理解需要建立在丰富的感性经验的基础上，幼儿首先需要在操作中直接感知数量的分合，积累分合的经验。幼儿进行分合操作活动首先需要的是材料，教师需要为幼儿提供种类丰富的操作材料，如小石子、纽扣、干果、种子、糖果等，也可以自制一些诸如正反两面颜色不同的双色花片、可撕分为两份的格子纸条等供幼儿操作，鼓励幼儿运用多种方式记录分合的结果，学习分合符号的使用，这里倡导使用丰富的操作材料，鼓励幼儿用多元化的方式进行记录，是为了帮助幼儿在量的水平上积累丰富的经验，为真正理解用抽象的数字表示分合关系奠定基础。幼儿进行分合操作活动之后，教师再利用幼儿的记录资料和感受体验，帮助幼儿将分合的感性经验进行整理、归纳，提升为抽象的概念。

　　第二，从发现规律到运用规律。

　　数量的分合中蕴含着多种数量关系的规律，当幼儿积累了一定的数量分合经验后，教师可引导幼儿发现这些隐藏着的规律，运用规律来学习之后的数的分合。这种教育设计不仅有利于加速幼儿的学习进程，更有利于培养幼儿的逻辑思维。如，引导幼儿探索发现"互换律"：在幼儿熟练掌握 5 以内的分合的基础上，教师可以有意识地将表示 5 的四种组成形式两两配对摆放成两组（如图 5-3），为幼儿创设有利于发现"互换律"的情境。教师启发幼儿观察思考一排两个分合式有什么一样和不一样的地方。在幼儿注意到并说出"一排两个分合式都是一样的数字，但是，两个数字前后位置对换了"之后，教师可引导幼儿发现并归纳出"一个数分成的两个数，前后位置交换后，合起来还是原来的数"。为了进一步地帮助幼儿理解和加深印象，在归纳总结出规律之后，教师可以提供 3、4 两数的分合式卡，让幼儿根据发现的规律进行两张配对，再利用配对的分合式卡来验证规律。

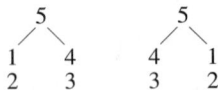

图 5-3

　　在幼儿初步掌握数量分合的规律的基础上，在学习较大数的分合时，教师可引导幼儿在部分操作的基础上运用规律推出全部组成形式。开始时，教师可以提供操作材料，先引导幼儿发现某数的一部分组成形式，再通过启发和激励，帮助幼儿运用规律，由已知的组成形式推出未知的组成形式，达到对该数的全部组成形式的全面认识。以 8 为例，当幼儿使用操作材料发现"8 可以分成 5 和 3"时，教师可以启发幼儿联想"互换律"，并激励幼儿"看谁能一下子说出 8 可以分成几和几"，引导幼儿由"8 可以分成 5 和 3"推出"3 可以分成 1 和 5"。教师也可以启发幼儿联想"互补律"，并引导幼儿运用对相邻两数多 1 少 1 的认识经验，由"8 可以分成 5 和 3"推出"8 可以分成 4 和 4"。

　　这一部分内容的教学设计，可以采用分两段的方法进行。第一阶段一般安排在大班初期，学习 5 的分合，通过探索 5 个物体的不同分合，理解数的分合的实际意义，逐步形成抽象的数的分合概念。第二阶段可以安排在大班中后期，学习 6—10 的分合，重点是领会数的分合规律，感知数的分合中所蕴含的各种数量关系。

（一）感知部分与整体的关系

　　组织这类活动的目的在于让幼儿初步感知部分与整体之间的关系，认识分合号，理解它"表示两个部分合在一起构成整体""整体可以分成两个部分"的意义，为学习数量的分合做准备。教师可选择幼儿熟悉的东西，如常见的水果、蔬菜、交通工具等的玩具或卡片。同时，教师引入分合符号"∨""∧"，向幼儿介绍"∨"是合号，表示要把两部分合并，"∧"是分号，表示把完整的物品分成两个部分。幼儿进行分合操作，同时也在体验分与合互逆的过程。

活动范例5-1 多变的脸

适合年龄班 中班下

活动形式 个别

设计意图

通过观察图例特征，按图式范例找到两张半脸图，再拼成一张整脸图，感知两个部分和由它们构成的整体之间的关系，理解分合号的意义和用法。

活动准备

各式的表情图片若干种，各两张，一张为完整的图，另一张剪成两张用来拼图。

操作规则

用分合号的两端将同一张脸的整体与分成的部分连接起来。

指导要点

1. 教师帮助幼儿理解分合号的意义：尖尖的一端连的是完整的脸，分开的两端连的是半边的脸，两个半边脸合起来就是一张完整的脸。

2. 教师引导幼儿关注表情图片的特征，找出的部分是否具有图例的特征。

（二）积累数量分与合的经验

数量的分合实质上是数群和子群之间存在着的等量关系、互补关系、互换关系的反映。幼儿对数组成所蕴含的数量关系的体验和理解需要建立在丰富的感性经验的基础上。组织这类活动的目的就是要让幼儿积累数量分合的具体经验，体验一个量可以分成两个部分量、两个部分量合起来就是原来的总量；一个量有多种分法，虽然这些分合的结果各不相同，但是合起来都跟总量一样。幼儿获得的这些具体的经验都为他们真正理解抽象的数的分合奠定了基础。

教师可设计多种形式、多种层次的分合操作活动或游戏帮助幼儿获得数的分合经验。如撒花片游戏，花片的正反面为不同的颜色，数量为5[①]。游戏时，幼儿把花片捧在手里，然后撒在桌上，看看每种颜色的花片各有几片，并记录每次撒花片的结果，最后数一数会有几种结果（撒下后全部为一种颜色的不记录）。教师鼓励幼儿用多种方式记录结果，如点子、竖线等，这是为了帮助幼儿在量的水平上积累丰富的经验，为真正理解用抽象的数字表示分合关系奠定基础。

操作活动"分两份"中，活动材料可用小实物，如花片、纽扣、大粒的种子等，每种材料的数量为5，幼儿将一组材料分成两份，并做记录，再数一数有几种结果。

在幼儿体验了用多种材料进行数量5的分合操作后，教师可组织幼儿分享记录的分合结果，帮助幼儿抽象、概括所获得的经验。幼儿所用的操作材料是多种多样的，但是用数字、符号记录时，它们的结果都是相同的，即数量为5的物体，当把它们分成两份时，其结果只有1和4、2和3、3和2、4和1四种。幼儿基于量的分合经验，初步理解数的分合的抽象意义。

---

① 数量5是幼儿开始学习数的分合的一个适中的数目，幼儿对它做分、合操作时，既不像2、3那样过于简单，也不像8、9、10那么复杂。而且它还可以避免幼儿受平均分物体的常规思维的影响。更为重要的是，通过学习5的分合，幼儿已完全能够体验到数的分合中任意一个"总数"和两个"部分数"所组成的分合形式（结构），以及它们所代表的各自意义与相互关系，对数的分合中类包含关系的符号表征也能获得初步的经验。可以说5的分合中，包涵了所有关于数分合内容的学习要素。因此，教师从一开始就可以拿5作为幼儿学习数的分合的切入点。——作者注

活动范例 5-2　挂香蕉

适合年龄班　中班下

活动形式　个别操作

设计意图

通过挂香蕉的操作活动探索数量为 5 的香蕉的不同分法，体验整体与部分的数量关系。

活动准备

数量为 1—5 个成串的香蕉玩具若干，每个香蕉质量相等；制作成天平状的玩具一个，左边有一个钩子，右边有两个钩子。

操作规则

教师事先将数量为 5 的香蕉串挂在左边，天平向左边倾斜，要求幼儿在右端挂上两串香蕉，使天平恢复平衡，强调右边两串香蕉数量合起来是 5 的时候，天平才能恢复平衡。

指导要点

1. 教师鼓励幼儿探索选择怎样数量组合的香蕉串能使天平恢复平衡。

2. 教师引导幼儿先数一数选取的两串香蕉合起来的数量是不是与左边的香蕉数量相等。

3. 教师鼓励幼儿探索多种组合方式，使天平恢复平衡。

（三）领会数的分解规律、掌握数的分合关系

在幼儿学习 5 以内数的分合经验的基础上，从学习 6 的分合开始，教师就应引导幼儿进入一个新的规律性学习之中，这就是要帮助幼儿归纳先前分合学习的经验，解决下列几个问题。

1. 每个数的分合顺序是怎样的？

2. 每个数的分合方法各有几种，和它自身比有什么规律？

3. 2、3、4、5 四个数分合方法的递增规律是什么？

为了解决这几个问题，教师需要在逐步引导幼儿探索同一量的不同分法的基础上，鼓励幼儿穷尽所有分法，并引导他们有序记录分合的结果，这种有序记录的方式可以让幼儿对数的分合顺序、部分数之间互补与互换的关系有所体验。

如教师与幼儿共同将 2、3、4、5 四个数的分合结果依次有序排列呈现（如图 5-1），幼儿观察后很快发现 2 有 1 种分法，比 2 本身少 1，3 有两种分法，也比 3 本身少 1……依此类推，教师可以概括说每一个数的分法都比本身少 1，且每个数的第一组分法是由 1 和比它本身小 1 的数组成，第二种分法是由 2 和比它本身小 2 的数组成……依此类推。至此，幼儿可能还不能完全理解这样的规律，在学习 6、7、8 各数的分合时，教师在引导幼儿运用这些分解规律的同时，还应当适时巩固，将新学习的分合式加入其中，丰富幼儿对于规律的感知体验。此外，教师要再一次打破幼儿的认知平衡，把他们带进新的学习任务之中，即逐步引导幼儿观察体验数分合的包含、互补、互换的关系。如在学习 7 的分合时运用翻花片游戏①，让幼儿体验"每次蓝花片少 1 个、红花片多 1 个，总数还是 7 个"的规律，初步理解两个部分数的互补关系。在学习 8 的分合时，教师帮助幼儿巩固已有的关于两数互补的经验的同时再引导幼儿发现"分合结果中存在两两成对的分法（数字相同、位置互换）"这一现象，并借助这一发现，引导幼儿尝试一次写出两组分法，并有序找出 8 的所有分法。这样前后联系，幼儿边学习边运用边总结，不断巩固、提升对于数的分解规律以及分合关系的理解，再学习 9、10 的分合时，幼儿即能灵活地将规律运用其中。

---

① 翻花片游戏的玩法：7 个花片正反分别是红色与蓝色，如游戏开始时花片是 1 个红色面朝上，6 个蓝色面朝上，幼儿一次翻一个蓝色朝上的花片，然后记录一次，从中发现每次蓝花片少 1 个、红花片多 1 个，但总数还是 7 个。——作者注

活动范例 5-3 分树叶（6 的分合）

适合年龄班 大班上

活动形式 集体

活动目标

1. 学习 6 的分合，探索发现 6 有 5 种不同分法。

2. 初步学习有顺序地将一个数分成两份，体验数的分合的有序性。

活动准备

1. 数卡 1—6；放大的"分树叶"和"填画气球"的操作单，见活动材料。

2. 彩色笔、数卡 1—6，人手 1 份。

活动过程

1. 游戏："举数卡"。

（1）教师：我们来玩举数卡的游戏，你们的数卡和老师的数卡合起来是 6。

（2）教师有意识地按从 1 到 5 或从 5 到 1 的顺序出示数卡。

（3）请全班、小组或个别幼儿举相应数目的数卡，与教师的数卡数目合起来是 5。

2. 幼儿操作活动。

（1）请幼儿拿出"分树叶"的操作单，用两种颜色的水彩笔把空白的叶子涂色，每排两种颜色叶子的数量要不一样，然后在方格里记录每种树叶的数量。

（2）请幼儿拿出"填画气球"的操作单，每层楼房里的气球都是 6 个，请幼儿在空格里画一画、补一补。

（3）教师观察幼儿的操作情况，给予必要的个别指导。

3. 展示操作单。

（1）教师展示两位幼儿的记录，一份按顺序，一份不按顺序分合并记录。

（2）教师：请你们看一看每组的分合结果有重复或遗漏的吗？分的和记的一样吗？6分成两份有几种分法？哪种分法好，为什么？引导幼儿发现按序分合并记录的方法能既不重复也遗漏地包含所有分法。

（3）教师请幼儿检查自己的分合结果，鼓励幼儿对自己的活动结果进行补充，可提问：找一找，你的记录单上记了几种不同的分法？每组分合的结果是否有重复或遗漏？将重复的分合结果去掉，将遗漏的分合结果补上。

活动材料

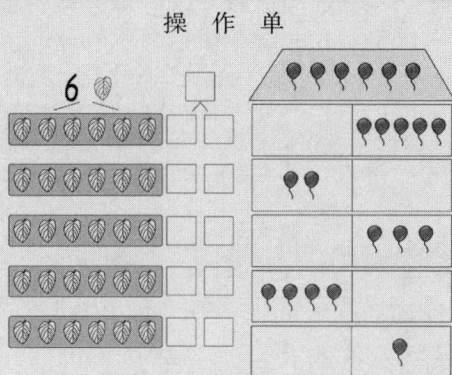

图 5-4

（四）拓展分合思路，体验多种分合方式

让幼儿探索、体验数量除了二分法以外的分法的目的在于发展幼儿思维的灵活性。幼儿在常规的学习任务中已对把一个数分为两个数、两个数合起

来是一个数相当熟悉，在解决具体的问题时思维容易受到局限，所以，教师在组织活动让幼儿体验数量的多种分法时要注意设置问题情境，如"当一个数分成两个数或两个数合成一个数的知识解决不了问题时该怎么办"，启发幼儿开动脑筋，拓展思路。如，在"超市购物"活动中，教师可以在商品价格或提供给幼儿的钱币上做些"手脚"。以用 10 元钱买的东西为例，教师可要求幼儿将 10 元钱全部花光，买到的东西数量不限。教师应准备较多的低价商品，这样许多幼儿如果只买两样商品时就无法将钱花光。

活动范例 5-4　骰子塔（7 的分合）

适合年龄班　大班上

活动形式　集体

活动目标

巩固 7 的分合，在游戏中体验 7 的多种分合方式。

活动准备

泡沫骰子若干个，其中点数为 2—4 的骰子多一些；塔形积木图片；1—7 的点子卡片、数字卡片。

活动过程

1. 教师介绍游戏规则。

（1）教师：今天，我们要玩一个"骰子塔"游戏，就是用骰子来建一座塔。塔是什么样的？

（2）教师引导幼儿描述塔的造型特征——三角形的，有很多层、下面宽、越往上越窄。随着幼儿描述，教师出示塔形积木图片。

（3）教师：怎样才能让塔更坚固、更稳呢？

（4）教师引导幼儿迁移已有的建构经验说出下面用的骰子多一点儿，塔就会更坚固、更稳定。

（5）教师：我们今天用骰子来建塔还有一个要求，我们看到骰子上有点子，1、2、3、4、5、6个点子都有。这个要求就是，在建塔的时候，每一层骰子上面朝自己的一面上点子数合起来是7。

2. 幼儿分组自由探索游戏。

指导要点

如果幼儿只是将骰子两个两个码高，教师可以提醒幼儿，一层多码几个骰子可不可以；要先想一想自己要怎样搭建骰子塔，第一层码几个，第二层码几个，想好了再开始搭建。

3. 分享总结。

教师请各组幼儿说说自己小组搭建的骰子塔的构成，要求幼儿从第一层开始描述，教师用数字记录。

二、加减运算活动设计与指导

幼儿学习 10 以内加减运算是幼儿园大班数学教育的一项重要内容。为了使加减运算的教学重点集中、突出，使幼儿对加减概念有较清楚的理解，10 以内加减运算的教学内容可以分作两个阶段进行。在第一阶段，教师主要是教幼儿学习 5 以内加法和减法，在具体安排时，可以将加法和减法分开教学，这可使教学重点集中在加法（或减法）上面，同时也使教学的难点得以分散，使幼儿能够较好地理解加减概念。这一阶段因为数量较小，幼儿在计算上不会出现太大困难，重点是帮助幼儿理解加减的实际意义。在第二阶段，教师主要教幼儿学习 10 以内加法和减法，此时加减可以结合进行教学。如，可将 $5+1=6$、$1+5=6$、$6-1=5$、$6-5=1$ 这样相互有联系的四道题组成一个单元引导幼儿学习，这不仅让幼儿感知到在加法题中两个加数交换位置，它们的和不变，同时，幼儿还可以体验到加减之间的互逆关系（如 $5+1=6$，而

6-5=1）。此阶段，教师还可引导幼儿运用数的组成经验学习加减，这将有助于幼儿对数群之间关系的掌握。如教师引导幼儿将 6 分成两个部分数，如 6 分成 5 和 1 或 6 分成 4 和 2 等，借助这组分合式引导幼儿将其编成加法和减法算式。如 5+1＝6、1+5＝6、6-5＝1、6-1＝5。

（一）感知、体验加减含义

1. 通过生活实例，感知、体验数量变化

教师可结合日常生活情境，向幼儿提出解答加减运算的问题。如，活动"擦了几个杯子"中，教师安排了一次合作劳动——两人一组擦杯子。它要求每组幼儿擦完杯子后要在一张记录单上记录三个数字：自己擦的杯子数、同伴擦的杯子数、小组（两人）合起来擦的杯子数。这实际上也是教师为幼儿学习加法所创设的问题情境，与前一情境所不同的是：幼儿需要将自己擦的杯子数、同伴擦的杯子数及两人合起来所擦的杯子数均用数字记录下来。此时，幼儿用数字进行记录既表达了他对情境中数量关系的理解和认识，同时也表达了问题解决的结果，从中可以看出幼儿对加法概念的认识。

另外，幼儿还可在游戏过程中体验数量变化，积累关于加减含义的经验。如在幼儿进行娃娃家的角色游戏时会遇到这样的情节：自己家有 3 个人，今天邻居家的爸爸来做客，多了 1 个人，这样家里就有 4 个人；或者今天妈妈带着宝宝去邻居家做客，少了 2 个人，家里只剩下 1 个人。又如，幼儿在"小医院"扮演医生的时候也会遇到这些类似的数量变化的情境，"小医院"原来有医生和护士 2 个人，又来了 2 个患者看病，现在医院有 4 个人。

2. 通过实物操作、口述应用题，理解加减法含义

实物操作与口述应用题可为幼儿理解加减法的含义提供具象的、表象的支撑。

如幼儿通过实物操作、口述应用题初步理解合并加法的含义，首先，幼儿学会把两组物体合并在一起，求一共有多少个，用动作演示合并、相加的过程。其次，教师借助多种实物教具，通过演示和讲解，使幼儿初步理解加法的含义。如教师一边在绒板上出示 1 张小鸡图片，一边引导幼儿说"草地

上有 1 只小鸡"，稍等一会儿，教师又出示 1 张小鸡图片，并引导幼儿说"又来了一只小鸡"，然后边用手圈画草地上的 2 张小鸡图片，边问幼儿"草地上一共有几只小鸡？"幼儿回答后，教师边演示边说"要算出草地上有几只小鸡，我们就要把原来的 1 只小鸡和又来的 1 只小鸡合并在一起，即 1 只小鸡加上 1 只小鸡，一共有 2 只小鸡"。通过教师的演示和说明，让幼儿既看到 1 只小鸡和 1 只小鸡合并的过程，又看到合并的结果，从而帮助幼儿初步理解了加法的含义。

再如，幼儿初步理解减法的含义时，教师一边在具有操场背景的图上出示 2 张小朋友的图片，让幼儿说说"操场上有 2 个小朋友"，接着拿走 1 张小朋友的图片，引导幼儿说"走掉了 1 个小朋友"，然后教师指着留下的小朋友问"2 个小朋友走掉了 1 个，还剩下几个小朋友？"通过教师的演示、讲解，让幼儿既看到了 2 个小朋友走掉了 1 个的过程，又看到了减少后的结果，从而帮助幼儿初步理解总数中去掉一部分，剩下另一部分，这一过程就是减法。

（二）学习列加减算式，理解算式意义

1. 学习用数字、符号记录加减运算过程和结果，理解算式的含义

幼儿初步掌握了实物加减运算后，教师即可以引导幼儿学习用数字、符号将运算过程记录下来，也就是教幼儿用算式记录运算过程和结果。算式是对加减运算过程的抽象表征，幼儿开始学习加减算式时还不能脱离具体的实物操作和情境，教师应通过实物教具的演示，帮助幼儿认识加号、减号、等号及每个数在算式中的意思，引导幼儿结合操作过程或者具体情境感知算式的结构，发现算式的抽象意义。如，"院子里有 3 只小鸡，又跑来 1 只小鸡，院子里一共有几只小鸡？"教师边口述应用题边演示教具，着重说明，要算院子里一共有几只小鸡，就要把原来的 3 只和又跑来的 1 只合并在一起。院子里原来的 3 只小鸡，用数字"3"来表示（在黑板上写 3 或贴上 3 的数字卡片），又跑来 1 只小鸡，用数字"1"表示（在黑板上写 1 或贴上 1 的数字卡片），要算一共有几只小鸡，就要把原来的 3 只小鸡和又跑来的 1 只小鸡合并起来（演示合并动作），就是加起来，可以让幼儿一起做一做合并的动作，

加可以用符号"+"来表示，并随即在 3 和 1 中间写"+"（或放加号卡片），告诉幼儿它叫作加号。"3+1"就表示把 3 只小鸡和 1 只小鸡合并起来了。教师问"3 加 1 等于几?"幼儿回答后，出示符号"＝"告诉幼儿它叫"等号"，在"等号"后面写"4"，"4"表示院子里一共有 4 只小鸡。然后告诉幼儿"3+1＝4"叫作加法算式，读作"3 加 1 等于 4"。

2. 引导幼儿理解一个加减算式可以表示两件或多件事情

任何一个算式都是对不同事物中所具有的相同数量关系的概括。任何两件或多件事情的情境、背景和表现的事物可能有很大不同，但如果这些事情中反映的数量关系是相同的，那就可以用同一个算式去表示。教师引导幼儿理解一个加减算式可以表示两件或多件不同的事情，其目的就是让幼儿感受并体验到加减算式所具有的抽象性。当幼儿依据自己的生活经验，并借助实物或动作来表现同一个加减算式所表示的两件或多件完全不同的事情时，他对算式的抽象意义就会有更好地理解和感受。

引导幼儿理解一个加减算式可以表示两件或多件不同的事情，不仅使幼儿对加减算式所具有的抽象性有较好的理解和感受，而且也锻炼和促进了幼儿抽象思维能力的发展。

在进行 10 以内加减运算的教学过程中，教师可为不同的幼儿提供不同的任务情境，但解决的是相同的运算问题。让幼儿体验同一算式可以表示多种不同的事情。当幼儿学习用一道加法或减法算式记录某一活动的过程和结果时，教师应引导、鼓励幼儿用这道算式说明、表示他熟悉的不同事情。如教师在黑板上出示 3+2＝5 这道算式，一位幼儿用晨间体育活动的情境来说明算式表示的含义，"操场上有 3 个小朋友在跳绳，又来了 2 个小朋友，操场上一共有 5 个小朋友在跳绳"。此时，教师应鼓励、引导幼儿根据自己的生活经验讲述不同的事情，说明这道算式的含义。如，有一位幼儿说："我先擦了 3 把椅子，后来我又擦了 2 把椅子，我一共擦了 5 把椅子。"而另一位幼儿说："我有 3 支彩笔，妈妈又给了我 2 支，我一共有 5 支彩笔。"在教师的引导下幼儿学习用同一道算式 3+2＝5 表示这两件事情中相同的数量关系，这会让幼儿更清楚地理解算式中每一个数字及运算符号的意义，理解算式所具有的抽象意义。

(三) 学习自编应用题

当幼儿已会解答简单的加、减法应用题，并初步了解应用题的结构以后，在此基础上，教师可以教幼儿学习自编简单的加减应用题。幼儿学习自编应用题，可进一步帮助幼儿理解生活中事物的简单数量关系，巩固对加法、减法的理解，同时培养并锻炼幼儿灵活运用知识的能力。此外，随着幼儿 10 以内加减运算能力的发展成熟，教师在引导幼儿自编应用题时，可引导幼儿关注加减运算中的包含关系、互逆关系。即加法运算中的得数包含两个加数；减法运算中的被减数包含减数和差两个部分，减数和差合起来又得到被减数，所以加法与减法互为逆运算。

幼儿学习自编应用题的重点是掌握应用题的结构，而难点则是如何让幼儿根据题目中的条件提出一个问题，请别人解答。如何解决上述教学的重点和难点？在设计与组织此类活动时，教师可采用以下步骤和策略。

1. 观察三幅情景图，学习自编应用题

教师可利用表现事物数量关系变化的情景图，引导幼儿仔细观察并讲述图意，帮助幼儿掌握应用题的结构。

教师将加减应用题按其数量关系的变化设计为三幅图。第一幅图表示事物原有的数量；第二幅图表示该事物数量的变化过程（数量增加或减少）；第三幅图表示该事物数量关系变化后的数量，这幅图直接地表示了问题的答案。教师出示这三张表示事物数量关系变化的情景图后，幼儿就可以独立地观察并讲述图意，而不需要在教师的直接指导下进行操作或回答问题。这样可充分调动幼儿学习的主动性和积极性，并促进幼儿之间的交流和学习。

教师在引导幼儿观察三幅图时，应注意以下几个问题。

首先，教师应向幼儿指出三幅图讲的是一件事，让幼儿明白三幅图的内容是有联系的，应连起来看和思考。幼儿在观察三幅图时，往往不易看懂第二幅图的图意，因为第二幅图表达的是事物的变化过程，而画面是静止的，幼儿不易从静止的画面上看出事物的变化。因此，教师应重点指导幼儿观察第二幅图，可通过引导幼儿观察图中物体的朝向、姿势等判断它的变化情况。

如小动物的头朝向第一幅图，说明它跑过来了，数量增加了；如果小动物的头朝向第三幅图，说明它跑走了，数量减少了。

其次，教师应引导幼儿讲述三幅图的图意，使幼儿通过自己的讲述，理解应用题中所表达的数量关系。应用题的讲述应该清楚、简洁，每幅图只需用一句话来表达。怎样让幼儿学会用一句话把图意讲清楚呢？教师应通过自己对每幅图的明确提问，帮助幼儿学习讲述图意。如，讲述第一幅图时，教师的问题是"什么地方有几个什么？"在幼儿回答这一问题时，他只需将疑问词换上明确的词语就行了，如"草地上有 1 只鸡"。在幼儿讲述过程中，教师还应注意幼儿用词的准确性，幼儿在讲述第三幅图时，往往不能正确使用"一共"或"还剩"这两个词。教师应让幼儿了解第三幅图上物体的数量和第一幅、第二幅图有关。如，"草地上有 1 只鸡"，这时"又跑来了 1 只"，于是草地上有了 2 只鸡。这 2 只鸡是原来的 1 只加上又跑来的 1 只，因此，应该用"一共"这个词来表达第三幅图，即应该说"草地上一共有 2 只鸡"，而不能说成"草地上有 2 只鸡"，因为这样的讲述没有讲清楚草地上怎么会有 2 只鸡的。

最后，教师应引导幼儿用数字、符号列出算式，表达三幅图中的数量关系，也就是说，引导幼儿用数字、符号将三幅图的图意记录下来。列出算式后，教师应请幼儿说说，这道算式表示的是什么意思，即让幼儿看着算式讲述应用题，使幼儿对抽象的算式所表达的含义有清楚的认识，知道每个数字和符号所表示的意思。

2. 引导幼儿根据生活经验自由编题

幼儿编题的素材也可来自他们的生活经验。教师可启发幼儿选用身边发生的事情作为自编应用题的内容。如，星期天幼儿与妈妈一起去超市购物，就可以请他说说他买了什么，每样物品的价格是多少，计算一下自己用了多少钱，还剩下多少钱。然后，请幼儿将自己购物的事情编成一道应用题，并请其他幼儿解答。通过这类编题活动，幼儿感到数学和他们的生活是密切相关的，数学是很有用的。

教师还可以让幼儿两人一组，其中一人出题，另一人答题，最后两人一起写出所编题目的算式。

（四）运用多种形式练习加减运算

幼儿掌握 10 以内的加减运算，不仅要理解而且还必须不断巩固和练习。因此，教师需要组织多样化的练习活动，帮助幼儿提升加减运算能力。

1．运用多种感官练习

（1）视觉练习

幼儿通过看图片进行计算。如教师出示两张画有不同数目小鱼的图片，让幼儿看图回答"图上一共有几条小鱼?"并说明是用什么方法算出来的；也可以让幼儿先看图片，看完之后再计算。

（2）听觉练习

幼儿按声响的次数进行计算。如教师第一次敲了两下铃铛，第二次敲了三下铃铛，让幼儿用数字记录两次敲铃的次数并计算敲的总次数。如两下就写数字 2，三下就写数字 3，用 2+3＝5 算出总次数。这既便于幼儿计算，又把书写数字与计算活动结合了起来。教师也可以用其他声响，如青蛙的叫声、猫咪的叫声代替。

（3）触摸觉练习

幼儿通过触摸感知物体的数量并做加减计算。如让幼儿分别用两只手从装有弹珠的布袋中摸出弹珠，然后讲出一只手摸了几颗，另一只手摸了几颗，回答一共摸了几颗。

2．在游戏中练习

（1）掷骰子列算式

幼儿同时掷两个骰子，用数字记下这两个数字，如果学习加法，则将两数相加，算出得数，并将这两个数列成一个加法算式；如果学习减法，则从大的数目里去掉小的数目，算出得数并列出减法算式。

幼儿运用这样的规则还可以进行下棋活动，即根据两个骰子相加或相减后的得数走棋。

（2）翻得数

去掉扑克中的 J、Q、K、大王、小王，取扑克中的 3 套 1—10 共 30 张牌，洗乱放桌上。玩法：参加游戏的两人各自摸 10 张牌，剩余 10 张反扣在桌子中间，先由一方翻开反扣在桌子中间的一张牌表示得数，然后要从自己手里的牌中抽出相加或相减的得数与翻开的那张牌相等的两张牌，将三张牌合在一起放到桌上，接下来轮到另一方翻中间的牌。如果手中没有能算出所翻得数的牌就要把翻出的那张牌收回到手中。当中间的牌翻完后，手中牌少的一方为胜。

此外，在日常生活中运用加减运算解决一些简单的问题，才是巩固、提高幼儿加减运算能力的最佳方式。

活动范例 5-5　加一加（解答口述应用题）

适合年龄班　大班下

活动形式　集体

活动目标

1. 学习描述、解答加法应用题，初步体验应用题的基本结构。

2. 用简明的语言表述应用题中事物之间的数量关系。

活动准备

西红柿卡片 3 张，鲜花卡片 4 张，小鸭卡片 3 张，乌龟卡片 5 张；花坛背景图、池塘背景图各 1 张；实物或实物卡片若干（如图书、玩具或食品、动物卡片等）。

活动过程

1. 学习描述应用题。

（1）教师在黑板上边出示教具边说：妈妈买了 2 个西红柿，又买了 1 个西红柿，妈妈一共买了几个西红柿？

（2）教师在黑板上出示花坛背景图及 3 张鲜花卡片，提问：花坛里有几盆鲜花？

（3）教师将 1 张鲜花卡片贴在花坛背景图上，提问：又搬来了几盘鲜花？

（4）教师：花坛里一共有几盆鲜花？

2. 看图描述、解答应用题。

（1）教师出示池塘背景图，然后在背景图上先放上 1 张鸭子图片，再放上 2 张鸭子图片。

（2）教师：谁能把刚才老师摆小鸭子的过程讲给大家听？请个别幼儿讲述。

（3）教师：你应该问一个什么问题呢？

（4）教师：谁能用 3 句话把这件事情讲清楚？（池塘里有 2 只小鸭子，又游来 1 只小鸭子，池塘里一共有几只小鸭子?)

（5）教师：现在池塘里一共有几只小鸭子呢？

（6）教师在池塘背景图上先出示 3 张乌龟卡片，再出示 2 张乌龟卡片。

（7）教师：谁能用 3 句话把这件事情讲清楚？（池塘里有 3 只乌龟，又游来 2 只乌龟，池塘里一共有几只乌龟?)

（8）教师：现在池塘里一共有几只乌龟？

3. 练习自编加法应用题。

（1）教师出示实物或教具，引导幼儿描述加法应用题，提问：你能用 3 句话编一些加法题目吗？（如花园里有 2 只蜜蜂，又飞来 3 只蜜蜂，花园里一共有几只蜜蜂?)

（2）幼儿边演示实物边讲述应用题，该游戏可进行多次。

指导要点

在环节 1 中，教师通过两次动作的演示和提问，让幼儿通过回答，体验加法应用题的基本结构。在环节 2 中，教师通过两个动作的连贯演示（在草地背景图上放上 1 张小鸭子卡片，再放上 2 张小鸭子卡片）和提问，让幼儿分别进行回答，再将 3 句话连贯讲述。

活动范例 5-6　看图编题（一）（互换关系）

适合年龄班　大班下

活动形式　集体

活动目标

1. 学习看实物图列加法算式，体验两个部分数之间的互换关系。

2. 学习 7 以内的加减运算。

活动准备

1. 数卡 1—7，加号、减号、等号若干；蝴蝶卡片 7 张，其中红色蝴蝶卡片 4 张，黄色蝴蝶卡片 3 张，蝴蝶除颜色外，大小、外形等都一样。

2. 数卡 1—7、加号、减号、等号、算式接龙卡（见活动材料），人手 1 份；小棒每人 10 根。

活动过程

1. 游戏：开火车，复习 6 以内的加减。

（1）教师交代游戏名称和规则：每道算式的得数就是火车开车的时间。

（2）教师：嘿嘿，我的火车就要开。（幼儿说：几点开？）

（3）教师：你们算？然后出示一道算式。（幼儿回答：×点开。）

（4）此游戏可重复进行。

2. 理解图意。

（1）教师出示 7 张蝴蝶图，提问：图上有什么？它们相同吗？有什么不同？

（2）教师：每种颜色的蝴蝶各有几只？图上一共有几只蝴蝶？

3. 学习用算式记录图意，体验两个部分数之间的互换关系。

（1）教师：可以用一道什么算式来记录图上 4 只红蝴蝶和 3 只黄蝴蝶合起来是 7 只蝴蝶的事情呢？引导幼儿用算式 4+3=7 表示图意。

（2）教师：还有没有其他的算式也能告诉我们图上有 7 只蝴蝶呢？鼓励幼儿交流、讨论并得出用算式 3+4=7 表示图意。

（3）教师：4+3=7 和 3+4=7 这两道算式有什么不同？帮助幼儿体验两个部分数之间的互换关系。

4. 幼儿操作活动。

（1）幼儿两人一组玩摆小棒列算式的游戏：一人先摆一部分小棒，如 3 根，再摆另一部分小棒，如 5 根；另一人根据摆放的过程和数量用数卡和符号摆出相应的算式，如 3+5=8 或 5+3=8。

（2）请幼儿玩算式接龙的游戏：算式卡片短线前面的数字是另一道算式的得数，短线后面也是一道算式。卡片上的得数要与前一张卡片上的算式相接，卡片上的算式与后一张上的得数相接，所接的得数必须与运算结果相等，并将算式卡片接成一条长龙。

（3）幼儿相互之间交流各自的活动结果。

活动材料

算式接龙卡示意图

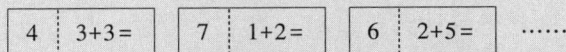

| 4 | 3+3= | 7 | 1+2= | 6 | 2+5= | …… |

图 5-5

活动范例 5-7 看图编题（二）（互逆关系）

适合年龄班 大班下

活动形式 集体

活动目标

1. 学习根据物体的某种特征分类计数，填写带标记的分合式和算式，学习总数为 8 的加减。

2. 理解带特征标记的分合式和算式中各种符号、数字的实际意义。

3. 感受加、减运算的互逆关系。

活动准备

1. 数卡 7；气球图、气球特征标记图，见活动材料；水彩笔，记号笔若干。

2. 操作单（见活动材料）、铅笔，每人 1 份。

活动建议

1. 游戏：碰球，复习 7 的组成。

（1）教师出示数卡 7 和幼儿玩碰球游戏，要求教师出的球和幼儿出的球合起来是 7。

（2）幼儿以小组的形式再玩该游戏几次。

2. 看图列分合式和算式，学习总数为 8 的加减。

（1）教师出示气球图，提问：图上有什么？有多少？它们有什么不同？引导幼儿发现气球颜色、大小、花纹的不同。

（2）教师：可以按照哪些特征将 8 个气球分成两份？每种特征的气球各有几个？引导幼儿讨论，并相互交流自己的分类意见及理由，如按照气球的大小分，大的 1 个、小的 7 个。

（3）教师出示按此种特征分类的气球特征标记图，提问：你能根据气球的大小不同将分合式填写完整吗？

（4）教师：看着这个分合式，你能用这三个数字列出两道加法算式吗？是哪两道加法算式？引导幼儿说出算式 1+7＝8，7+1＝8。

（5）教师：这两道算式表示分合式中的什么意思？引导幼儿说出：1 个大气球和 7 个小气球一共是 8 个气球，7 个小气球和 1 个大气球一共是 8 个气球。

（6）教师：你能根据这个分合式写出两道减法算式吗？是哪两道减法算式？引导幼儿说出算式：8－1＝7，8－7＝1。

（7）教师：这两道算式表示分合式中的什么意思？引导幼儿说出：8 个气球里有 1 个大气球，剩下的是 7 个小气球；8 个气球里有 7 个小气球，剩下的是 1 个大气球。

（8）教师引导幼儿集体认读带特征标记的分合式和算式。

3．幼儿操作活动。

（1）幼儿拿出操作单，根据每幅图的意思写出分合式，再各编两道加减法算式。

（2）教师巡回观察指导，给予幼儿相应的个别指导。

（3）请幼儿介绍自己的活动结果，帮助幼儿理解算式与分合式之间的关系。

（4）幼儿之间相互交流各自的活动结果。

指导要点

通过讨论，帮助幼儿理解按照一组分合式中两个部分数与总数的关系，可以列出四道加减算式。

活动材料

气 球 图

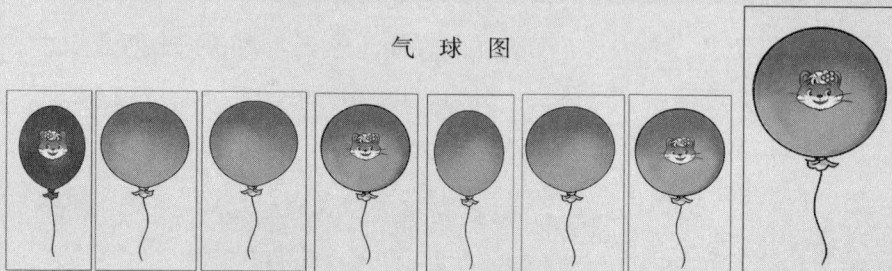

图 5-6

操 作 单

说明：特征标记还可以有两组深色、浅色，有小猫、无小猫。

图 5-7

第六章

几何图形： 关键经验与活动指导

第一节　几何图形的相关概念与关键经验

一、几何图形概念

（一）几何图形概述

几何图形一般也被称为几何形体。如果我们仅抽取物体的形状、大小，而略去物体的其他特征，这样的物体就称为几何形体，是对客观物体形状的抽象和概括，具有普遍性和典型性。它来源于物体却高于物体。物体的形状在几何形体中得到概括的反映。因此，人们用几何形体作为确定物体形状的标准形式。

我们要介绍给幼儿认识的几何形体包括平面图形和立体图形两大类。其中平面图形是由同一平面内的点、线、面所构成的图形，如圆形、正方形、三角形、长方形、椭圆形、梯形等。立体图形则是由空间非同一平面内点、线、面及其组合而成的图形，如球体、圆柱体、长方体、正方体等。几何形体中的点没有大小，线没有长短、粗细，面没有厚度，体是指形状大小。点、线、面、体四者的关系是线与线相交于点，面与面相交于线，体由面包围而成。

幼儿学习几何形体具有重要意义。幼儿学习一些几何形体的简单知识，能帮助他们对客观世界中形形色色的物体做出辨认和区分，发展他们的空间知觉能力与初步的空间想象能力，从而为他们在小学阶段进一步学习几何形体做些准备。此外，幼儿最初获得的空间和形体知觉，可以满足他们学习生存和适应社会生活的需要。幼儿最初的空间和形体知觉需要通过各种感官分析器的协同分析来获得。他们运用各种感官去判断事物的位置和形状，在视觉、听觉、肤觉、嗅觉等各种分析器多次类似情境的循环反应中，日益丰富各种不同的知觉体验，并逐步学会处理日常生活问题的简单方法。幼儿形体概念的日益发展，更是他们以物代物表征水平发展的基础。以物代物的表征水平是幼儿对事物形体进行抽象的具体表现。幼儿在图形构造活动中表现出的智慧，还能使我们体会到：图形比起数来要具体、直观得多。"它提供儿童连接数学与真实世界的一个最佳机会。"

（二）幼儿几何图形概念的发展

对于幼儿来说，几何形体比数更直观也更易于被他们所接受。幼儿每天就生活在各种有形物体之中。他们在正式学习几何形体之前，早就与各种事物的"形"或"体"打交道了，幼儿就是在对各种物体形状的辨别中认识了周围的世界。但是，幼儿最早接触的那些形或体还没有脱离实物形态，还不是我们所说的具有对实物抽象和概括意义的几何形体。因此，幼儿对几何形体的认识要比他们认识实物的形状晚好几年。

在早期的研究中，研究者较多关注幼儿对几何图形的命名，并将命名作为幼儿几何图形概念发展的重要指标。如丁祖荫教授从幼儿对几何图形命名的角度阐述了幼儿图形概念发展的过程，他认为幼儿从感知几何形体的外部形状到能用相应的词汇予以表达，需经历由配对→指认→命名的过程。该研究以八种图形（圆形、三角形、长方形、正方形、半圆形、梯形、菱形、平行四边形）为内容，测查了各年龄班幼儿配对、指认和命名的水平，见表6-1。

表6-1　各年龄班幼儿正确辨认形状的平均百分率

（%）

	配对	指认	命名
小班	91.2%	54.1%	44.8%
中班	99.0%	74.8%	71.2%
大班	99.1%	82.2%	76.8%

表中的数据可说明，幼儿图形配对的正确率最高，指认次之，命名最低。三个年龄班成功的总平均率依次为96.4%、70.4%和64.3%。原因是图形配对完全可以依据直观进行，即使不知道图形的名称，幼儿仍可通过对图形的直接感知和模仿，找出相同的几何图形，这是对几何图形的感知问题，是一种感性积累和认识几何图形的前奏。指认形状知觉与相应词汇建立联系，要依据说出的词而不是直观图形，引起相应的图形表象才能做出正确的选择。对图形的命名，是用抽象的词来称呼相应的图形，它是在图形感知与相应词汇之间联系的基础上，用积极的词汇来表示图形，所以，命名是初步认识某种图形过程的结束。几何图形认识的这一发展过程不仅可以作为认识图形的三种形式，而且也可作为幼儿园认识几何图形逐步提高的一种具体要求。

幼儿对几何图形命名的发展趋势是：几何形体与实物等同（如将长方形叫作门）→几何形体与实物作比较（如解释圆形像太阳）→几何形体作为区分物体形状的标准（如说明盘子、圆镜子是圆形）。

关于图形命名正确率，也有一些相关的国外研究，如表6-2所示。

表 6-2　国外有关儿童图形命名正确率的研究结果

研究	年龄	圆形	正方形	三角形	长方形
富森，默拉里（Fuson & Murray，1978）	3 岁	60%以上			—
克莱因，斯塔基，韦克利（Klein, Starkey & Wakeley, 1999）	5 岁	85%	78%	80%	—
克莱门茨，斯瓦米纳坦，汉尼巴尔，萨拉马（Clements, Swaminathan, Hannibal & Sarama, 1999）	4 岁	92%	82%	平均 60%	均为刚过 50%
	5 岁	96%	86%		
	6 岁	99%	91%		
	小学	—	—	64%—81%	—

　　需要注意的是，一些研究表明：幼儿命名三角形的正确率虽然比小学生低得不多，但其心中的三角形原型似乎是等腰三角形；幼儿命名长方形的正确率则较低，刚过 50%，其心中的长方形原型似乎是两条长边平行、四角"接近于"直角的四边形，所以，他们倾向于把长的平行四边形、直角梯形也当作长方形。（Clements, Swaminathan, Hannibal & Sarama, 1999）

　　有研究者研究了 3—6 岁幼儿对各类图形片的分类，发现有几个在数学上不相干的特征会影响幼儿的分类：倾斜度、高宽比、（有些情况下）空间方位。空间方位的影响最小：即便三角形的底边不水平，多数幼儿依然能认出是三角形，当然也有一些幼儿会否认。倾斜度（或非对称性）影响最大：很多幼儿因为"上面的顶点不在正中"而否认一些三角形；许多幼儿把非直角的平行四边形、直角梯形也当作长方形。高宽比影响也较大，幼儿偏爱那些高宽比接近 1 的三角形，拒绝接受那些"太瘦"或"不够宽"的三角形和长方形。

　　以上研究发现启示我们，以图形命名来判定幼儿几何图形概念的发展水平不完全合理。幼儿能够命名几何图形，并不代表他们真正获得了几何图形概念。事实上，幼儿几何图形概念的掌握，需要经历双重的抽象。以三角形为例，第一步，幼儿要能发现，各种看上去很不一样的图形，具有共同的特征：具有三条边、三个角，因此，它们是属于同一类的。第二步，幼儿要能从这些看得见的各种三角形中，抽象出一个三角形的概念来：它既不是直角三角形，也不是等边三角形，而是一个抽象的三角形。正如幼儿要从 5 个苹果、5 条鱼中抽象出 5 的概念一样，三角形概念获得的过程，其实是从看得见的具体形象中抽象出一个看不见的概念的过程。那么，在幼儿阶段，他们是否能达到这样的水平呢？答案是否定的。

关于幼儿几何图形概念的发展，需要把握两个关键点。

第一，幼儿几何图形概念发展的路径，是概念形成，而非概念同化。在心理学上，概念同化指的是用下定义的方式，直接向学生揭示概念的关键特征，学生根据已有的概念来同化新概念的过程，例如，向学生揭示梯形是"只有一对边平行的四边形"，学生根据已有的四边形概念，来掌握梯形这种特殊的四边形。但幼儿因为其逻辑思维发展的局限，很难以这种方式来理解新概念。概念形成指的是学生通过对同类事物的各种实例进行分析，对比它们与其他事物的区别，从而概括和发现出这类事物的共同关键特征，如幼儿观察和比较各种各样的梯形，在感知它们的不同特征的同时，发现它们的共同特征：都有一对平行的边，从而形成梯形的概念。从这个意义上说，让幼儿充分接触和感知图形的各种变式，是其几何图形概念发展的重要途径。

第二，幼儿几何图形概念发展的水平，是经验水平的"概括化表象"，还没有达到对图形本质特征的认识，或者说还没有形成真正意义上的概念。很典型的表现是，幼儿都能说出三角形是"有三条边、三个角的图形"，可是当他们面对一个钝角三角形的时候，会毫不犹豫地否定这是三角形，因为它"太长了"。因此，幼儿阶段几何图形内容教育的任务，并不是教给幼儿各种几何图形的概念名称或定义，而是给予幼儿丰富的图形样例和变式，引导其在经验水平上感知、比较和概括图形的特征。

综合国内外的相关研究，我们认为，幼儿几何图形概念的发展，经历了以下几个阶段。

1. 前识别水平。3 岁以前的幼儿大致处于这样的水平。尽管研究发现幼儿天生就有识别、匹配图形的内隐的能力。但在这一水平上，幼儿还无法明确地、稳定地区分图形的形状。正如皮亚杰的研究所揭示的那样，这一阶段的幼儿更关注图形的拓扑特征而非欧式特征。也就是说，幼儿能够区分封闭图形和开放图形，却不能很好地区分圆形、正方形和三角形，甚至他们画出来的圆形、正方形、三角形都是看上去差不多的封闭图形。

2. 视觉/整体水平，或称笼统感知的水平，对应于小班阶段的幼儿。这时幼儿已形成了图形类别的图式（或心理模式），但它们是整体的、不可分析的，而且是视觉的。幼儿能把图形作为一个整体进行识别，但难以形成分离的心理表象，因为感觉信息不支持。如幼儿知道某个图形是长方形，是因为"它看着像一扇门"，而不能从图形的特征角度去认识。这时候的幼儿虽然也能够进行图形组合，但并没有对整体和部分的认识。

3. 描述/分析水平，对应于中班阶段的幼儿。这一水平的表现就是幼儿能够观察并描述图形的典型特征，并能根据这些特征来判断图形。但这个阶段的幼儿还不能将构成图形的部分与整体很好地协调起来，往往只是关注其部分特征。

4. 几何图形概念初步形成的水平，对应于大班阶段的幼儿。这一水平的表现是幼儿逐渐认识到图形的各部分之间的关系。如认识到平行四边形有两组平行的边和两对相等的角（角度测量本身就是边与边之间的关系，角和角的相等也是一种关系）。幼儿开始将图形整体与构成图形的部分联系起来考虑，能较为完整和系统地认识图形的特征。

有心理学家用眼动仪追踪不同年龄幼儿观察三角形的表现，发现有明显的年龄差异。起初，幼儿只是关注三角形中间空空的地方，表明其对三角形的感知是笼统的、整体的。随后幼儿则会关注三角形的三个顶点，表明其开始关注三角形的典型特征。而较大的幼儿则是从三角形的一个顶点出发，沿着三角形的三条边环绕一圈，表明其已能开始系统、完整地观察图形。

（三）各年龄班的关键经验与分析

小班

探索物体较明显的形状特征，并用自己的语言描述。

中班

1. 感知和发现常见几何图形的基本特征，并进行分类。

2. 认识并命名立体图形上的平面图形，如三角形、长方形、正方形、梯形、圆形、椭圆形等。

3. 认识平面图形（如三角形）的各种变式。

大班

1. 认识并命名球体、长方体、正方体、圆柱体，认识长方体、正方体的面。

2. 理解图形的对称性并学习等分图形。

与数概念发展的过程一样，幼儿几何图形概念的发展也需要经历一个从具体到抽象，从感性经验积累到概念形成的过程。小班幼儿能通过视觉与触觉的联合活动，感知具体物体较明显的形状特征，并在实物形状与图形之间建立起联系。这一阶段，幼儿对物体形状特征的感知，为对图形的认识打下经验的基础，所以，这一阶段幼儿对图形特征的认识是一种建立在具体感性经验上的笼统认知，他们能在知觉水平上辨认图形，从整体上体验图形的边、角属性，形成对图形的知觉表象。幼儿最初对图形特征的语言描述也需要借助于具体的实物，如圆形叫作"太阳""皮球"，圆柱体叫作"茶杯"或者"管子"。在成人的影响和教育下，幼儿对图形的知觉能逐步得到改善，他们能不再把图形与实物等同起来，而只是比较它们，如圆形像"盘子"、三角形像"红领巾"。这种比较性的描述是在幼儿正确认识和掌握了几何图形名称的基础上发展起来的，而且是从图形出发对照实物形状作出比较的结果。

最后，幼儿把几何图形作为区分实物形状的标准，即能将几何图形作为样板，按照它来区分或选择物体。如说出大盘子、小碟子是圆形的，或者按照图形选出对应的物体。这时，幼儿是从客观物体出发，以几何图形为标准，确定物体的形状，既不混同也不是比拟，他们在几何图形与实物之间建立起既有区别、又有密切联系的灵活关系，从而能够将有关图形的认识运用到实际生活中去。

到了中班以后，幼儿在正确命名图形的基础上能用语言或符号概括出同类图形的边角特征，初步认识图形的基本特征，并根据图形的边角特征对图形进行分类。平面图形的基本特征是指图形中边和角的数量，如三角形的特征是"所有的三角形都有 3 条边、3 个角"，中班幼儿还需要初步认识平面与立体图形之间的关系。平面与立体图形之间的关系是指对立体图形包含哪些平面图形的认知，如，数出一个纸盒或者积木有哪几个面，认识并命名立体图形上的平面图形，如三角形、长方形、正方形、梯形、圆形、椭圆形等。此外，认识各种平面图形的各种变式，能不受到图形的大小、颜色、摆放位置、类型的影响，正确辨认、命名图形也是中班幼儿图形概念发展的一个重要任务。如能从许多不同的图形中将不同颜色、不同角度的同种三角形都选出来，并说明它们都有 3 条边、3 个角。

认识并命名立体图形，知道它们的基本特征是大班的任务，包括球体、圆柱体、正方体、长方体。如，正方体有 6 个面，6 个面一样大，且都是正方形，把它放在桌面上，不管怎么放都不能滚动；圆柱体的上、下两个面是一样大的圆形，中间部分上、下一样粗，把它平放在一个平面上，会前后滚动。对于平面图形，大班幼儿除了进一步提高了在中班所具有的图形守恒能力外，还进一步发展了系统认识图形特征的能力，可以在一定的抽象水平上概括和理解图形之间的关系，如正方形、长方形、梯形、菱形、平行四边形等可以概括称为四边形，因为这些图形都有 4 个角和 4 个边。这种从图形的基本特征出发，以一个更广泛的名称来概括一些图形名称的做法，使幼儿对图形的知识逐步系统化，并发展了他们初步的抽象思维能力。

在日常生活中，幼儿经常会遇到一些等分的问题，如把蛋糕切成相等的两块、将一张正方形的纸折成一样大的四个小正方形等。所谓等分就是把一个整体分成几个相等并相同的部分。等分的份数越多，每一份就越小，整体大于任何一个部分。让幼儿等分几何图形时应注意选择具有轴对称性质的图形，如等腰（等边）三角形、正方形、长方形、等腰梯形、圆形、椭圆形等。等分的形式是多样的，让幼儿掌握多种等分形式，有利于培养、提高幼儿的判断和推理能力。

二、几何图形的分解与组合

（一）几何图形的分解与组合概述

几何图形组合能力是几何能力的一个重要方面，它是指把多个图形组合起来，形成一个更大的图形或者形成一个几何图案的能力（Clements, Wilson & Sarama, 2004a, 王忠民, 2004），主要表现为：使用图形进行自由组合创造、用图形填充图案拼图以及图形组合的心理表征等方面。在儿童早期的数学学习中，几何图形组合能力的发展显得尤其重要。全美数学教师理事会在《美国学校数学教育的原则和标准》中将"探索和预测二维或者三维图形组合和拆分后的结果"作为学前到小学2年级中几何领域的三项发展目标之一。美国21世纪科学和数学教育的重要标准《科学素养的基准》也在学前到小学2年级的基准中提到儿童需要把不同的形状放在一起或把它们拆开组成各种图形。在我国，几何图形组合能力同样是儿童早期需要发展的重要能力之一。《全日制义务教育数学课程标准（实验稿）》中将"用长方形、正方形、三角形、平行四边形或圆进行拼图"作为小学低年级"空间与图形"领域的学习目标。此外，我国有关学前数学教育的重要书目中也都将几何图形组合能力列为幼儿阶段需要发展的几何能力之一。组合和分解几何图形的能力对于幼儿来说具有非常重要的意义。它对幼儿理解数学的其他内容奠定了基础，特别是数数和运算，如部分与整体之间的关系、分数概念等。

克莱门茨等人第一次对儿童的几何图形组合能力进行了系统的研究。他们提出，要有效地完成几何图形的组合任务，儿童必须具有以下能力：①能够形成形状的图示，并能将想象的图示与目标图示进行匹配；②能够逐渐具有辨别、操作单个以及多个几何形状的能力；③能将一个形状与另一个结合起来（从尝试错误到考虑原因）；④能够进行形状的替代等。

（二）幼儿图形分解与组合能力的发展

国内的研究者普遍认为幼儿的平面组合能力是随着年龄的增长而不断发展的。要发展幼儿的平面图形组合能力，促使幼儿有效地解决多种图形的组合任务，必须帮助幼儿建立起对图形的表象，通过叠加将相同目标图形匹配，才能完成头脑中图形的转换，这是几何图形组合必备的途径（Clements，Wilson，Sarama，2004）；幼儿关于几何图形的认知是从少量知识到融合知识的积累（没有分析的笼统的整体组合），再到单个图形和组合图形的认知、描述和操作，最终到几何图形本质属性的理解（Clements，Battista，Sarama，2001）。幼儿从对几何图形的一般表象到对特征及层级关系的认识，这一发展过程包括幼儿创造、获得整体图形组合能力及运用整体操作的能力，这一过程是幼儿从对图形的物体形象认知到更高的内部的思维建构（Clements，Wilson，Sarama，2004）。

幼儿平面图形组合能力的发展是不断地对整体图形的试误，到基于对几何图形本质属性（边长、角度）的组合。克莱门茨等人将儿童平面几何图形的组合能力的发展细分为以下几个阶段。

1. 前组合阶段。儿童独立操作图形，但是不能将其拼接成一个大的图形。如儿童可以用一个独立的图形做一个太阳，一个独立的图形代表一棵树，或者一个其他独立的图形代表一个人（不能够进行图形组合，甚至不能完成简单的拼图任务）。

2. 零散组合阶段。儿童在这一阶段与前组合阶段相似，但是可以将图形连接形成图片，通常只是用定点进行接触。在自由地进行图片构造的任务中，如，每一个图形代表唯一的一个角色，或者图片中的机能（如一个图形代表一条腿）。儿童在不断尝试和纠错中完成简单的轮廓拼图游戏，但是不容易运用转动或翻动去做这些，儿童也还不会运用动作从不同的视角去看图形（使用尝试错误完成简单的图案框架，将图形简单连接起来形成图案，从整体上看待图形）。

3. 图像阶段。儿童可以连续地连接图形构成图片，让多个图片构成一个角色，可以进行分辨和纠错，但是不能预先构造一个新的几何图形。

4. 形状组合阶段。儿童有意识地将图形组合起来形成新的图形或图案。他们既通过边也通过角来判断要选择的图形，并能逐渐依据已经拼好的部分的角来考虑多个备选的形状；能够形成图形的图示，有目的地旋转和翻转图形。

5. 替换组合阶段。儿童有意识地构造单元图形，并在这些图形中认识和运用替代关系（如两个梯形的积木可以组成一个六边形）。

6. 延续形状组合阶段。儿童有意识地构造和操作组成单元（单元中的单元），可以组成一个连续的图形，形成一个"好的覆盖"，即运用组合的组合。

7. 高级单元的形状组合阶段。儿童建立并应用各种不同的单位（重演和其他操作）。

他们的研究还指出 3—6 岁儿童的几何图形组合能力主要处于前 3 个阶段（前组合阶段、零散组合阶段、图像阶段），部分幼儿发展到了第 3 阶段到第 4 阶段的过渡期（从图像阶段到形状组合阶段）（Clements，Sarama，Wilson，2001a，Clements，Wilson & Sarama，2004a，Clements & Sarama，2004b）。

中国研究者常宏（2009）利用上述研究框架，对上海市 180 名学前幼儿（其中大班幼儿 62 名，中、小班幼儿各 59 名）的几何图形组合能力的研究结果表明：3—6 岁幼儿的几何图形组合能力主要处于零散组合阶段到图像阶段过渡期、图像阶段、图像阶段到形状组合阶段过渡期这几个水平。小班幼儿以零散组合阶段到图像阶段过渡期为主，中、大班幼儿以图像阶段到形状组合阶段过渡期为主，更多的大班幼儿达到了形状组合阶段。研究同时发现，幼儿已有的操作经验对他们的几何图形组合能力存在影响，有操作经验的幼儿表现出更多高水平阶段的特征。

综合国内外的相关研究，我们认为，幼儿图形分解与组合能力的发展，可以简要地区分为以下三个阶段。

第一阶段，零散组合阶段，对应于小班阶段。这时期幼儿的图形组合常常是通过尝试错误的方法，他们在不断尝试和纠错中完成简单的轮廓拼图游戏，但是不会有意识地运用转动或翻动的方法。因此，他们的图形组合完全是一种动作中的思考，还不具备在头脑中思考图形之间关系的能力。

第二阶段，形状组合阶段，对应于中班阶段。幼儿这时已经有了对图形的整体与部分的初步认识，知道可以通过拼搭几个图形来构成一个完整的图形。他们能进行有意识地拼搭，表现为能依据已经拼好的部分（边或角的特征）来寻找备选的图形片，还能主动地对图形片进行旋转或翻转，以满足自己的需要。

第三阶段，向替换组合阶段发展，对应于大班阶段。这时的幼儿已经具有"心理旋转"的能力，能在心中形成图形组合的表象。他们在拼图时不仅仅是依靠已经拼好的部分来寻找可以继续拼的图形片，还能思考如何用两个图形组合成一个新的图形，来填补空白的区域。

（三）　各年龄班的关键经验与分析

小班

借助分割线的提示进行简单的图形组合。

中班

不用借助分割线的提示，进行简单的图形组合与分解。

大班

用图形及图形组合进行较为复杂的组合与分解，理解其中的组合替代关系。

图形的分解与组合是建立在对图形之间关系的理解的基础之上的。理解图形之间的简单关系表现为能对他们所认识的图形进行分、合、拆、拼的转换，如正方形可以分为两个长方形、两个三角形或 4 个正方形等。小班幼儿以零散组合阶段为主，常常事先并不知道会拼出什么图形，他们使用尝试错误法，通过旋转、翻转多次尝试各种摆法，最终能紧挨着摆放图形、完成这样的拼图：图中多个图形共同表达一个意思（如用三个相邻的方块组成一条腿）。幼儿依据的是"完形"或边长等单个元素（Sarama et al.，1996）：如果拼图轮廓的几条边与某个图形的局部边界相同，幼儿就能找到这个图形并正确摆放；没有这种线索时，幼儿会根据边长进行匹配；也可能会尝试匹配角度，但他们并不把角看作定量的实体，所以，他们会努力把图形跟拼图轮廓中那些并不相等的角进行匹配。这时候给幼儿提供有内部分割线的图形，给幼儿以提示，让幼儿能够通过重叠并置的方法进行简单的图形组合，先积累图形组合的感知经验，为向图像组合阶段发展打下基础。如正方形上的一条分割线把它分为两个长方形，幼儿选择两个长方形用覆盖的方法拼合出正方形来，这一操作过程中，幼儿获得了两个长方形可以组成一个正方形的感知经验。中班幼儿开始过渡到形状组合阶段，还不能在表象水平上理解图形之间的组合关系，但可以在操作的基础上进行一些简单的图形组合，如借助几何形状组合范例图，用拼板操作拼出这个组合图形；能运用图形边、角的连接，完成创意的图案拼搭活动。这时候，幼儿还不能在头脑中先构造一个新的几何图形，对下一步拼搭需要一个什么图形也没有一个预期。而到了大班，随着幼儿对图形与图形之间关系的进一步理解，他们既能通过边又能通过角来判断要选择的图形，并能逐渐依据已经拼好的部分的角来考虑多个备选的形状；能够形成图形的图示，有目的地旋转和翻转图形，并表现出对图形之间替代组合关系的理解。如幼儿下一步拼搭需要的是一个平行四边形，而手中的图形没有平行四边形，但是有 4 个直角三角形，幼儿知道 4 个直角三角形可以拼合为一个平行四边形。大班幼儿已能在表象水平上进行图形组合，画出图形的组合方式，或拼搭的物体造型即是对图形组合的表征与再现，幼儿通过图画表现自己脑中对于图形组合的计划。

第二节 几何图形活动设计与指导

一、几何图形特征活动设计与指导

研究表明，几何知识的发展不单靠成熟，也靠经验和教育。幼儿关于图形类别的经验有限，其图形概念亦然；基于有限的图形例子和反例、有限的语言经验形成的心理原型，也只能是有限的，如很多幼儿只把等腰三角形看作三角形。而另一些年龄更小的儿童其概念却更为丰富，原因可能是他们有良好的经验，包括丰富、多样的例子和反例。对图形及其特征的讨论——以三角形为例，不能都是等边或等腰三角形，也不能都是底边水平的三角形；应该对三角形及其特征进行讨论，而不仅仅是记住三角形的定义。所以，教师在组织认识几何图形的活动时，应注意给予幼儿尽可能多样化的图形经验。

（一）感知图形特征活动

通过感知来认识图形对幼儿园各年龄段的幼儿均十分重要，尤其在小班应主要运用这种方式让幼儿认识新的图形。幼儿认识图形是图形知觉问题。幼儿认识图形的教学，首先要让幼儿感知图形特征，在充分感知而获得有关图形的感性经验的基础上，再配合说出的词，达到正确命名图形的要求。因此，教师应引导幼儿用观察、触摸的方法感知图形。开始时，教师应尽量选用生活中接近平面图形的物体，让幼儿从实物出发感知图形，然后再用标准的图形。如，小班幼儿认识圆形，教师可以先让幼儿观察圆形的物体，如圆盘子、圆镜子，提出"镜子是什么形状的"这样的问题，并让幼儿用手指沿着镜子的边缘和镜面触摸，让幼儿感知到镜子的面是平的，边缘是光滑的，没有棱角的，它是圆形的。这一过程，重在发展幼儿的图形知觉，重在让幼儿在头脑中建立各种图形的直观形象，使之成为正确认识图形的感性基础，也为他日发展空间想象力做好准备。总之，在感知的基础上对图形命名，就蕴含了感性的内容，而不仅仅是没有意义的词汇练习了。

教师引导幼儿运用触觉感知立体图形特征同样重要。教师要让幼儿用手充分地触摸、摆弄几何图形，感知立体图形的特征。如在幼儿认识球体时，教师可准备各种大小不同的皮球、乒乓球、玻璃球等，让他们用手充分地触摸，感知其浑圆、光滑等特征，然后还可以让幼儿摆弄这些球体，请他们将球放置在桌上甚至是在地上滚动几下，发现球体能向各个方向滚动，而且从各个方向看都是圆的。教师还可以通过粘贴活动，引导幼儿认识立体图形的特征。如教师可以让幼儿通过手工制作活动，在对纸张的裁剪、粘贴中感受到立体的东西是由面构成的，感受到立体图形面的大小极其数量等特征；还可以提供积木等立体图形，先让幼儿看一看、摸一摸立体图形的面，然后进行用积木印图形的活动，让幼儿充分感知面在体上，认识立体图形与平面图形之间的关系，同时也可以加深幼儿对常见平面图形边角特征的认识。

到了中班以后，教师可逐步引导幼儿感知平面图形的边、角特征，发展系统的图形概念。平面图形的边是直边，教师可提供一些曲边的图形反例，让幼儿通过观察和比较，从边的特征这一角度中找出图形，区分直边与曲边，为幼儿更好地认识各种多边形奠定基础。此外，教师需要引导幼儿关注到图形边与角的数量特征，三角形有三条边、三个角，正方形、长方形、梯形、平行四边形等都有四个角、四条边。

活动范例 6-1　图形摸摸（感知图形特征）

适合年龄班　小班上

活动形式　个别

活动准备

不透明的束口袋或纸箱（纸箱左右开两个洞可以将手伸进去）、三角形和正方形的卡片、拼板或积木等。

操作规则

方法一：幼儿将手伸进去摸一摸，猜一猜摸到的是什么图形，并说一说摸到图形的感觉和它们的特征。

方法二：教师先出示一种图形，引导幼儿先说一说这是什么图形，具有什么样的特征，然后从摸箱中摸出一个同类的图形。

方法三：教师说出一种图形的名称，引导幼儿说一说这种图形是什么样的，然后从摸箱中摸出一个同类的图形。

指导要点

教师引导幼儿描述图形特征时可以提示幼儿从对图形的边、角的感知来描述。如，圆形摸起来是滑滑的；三角形摸起来是尖尖的，边是平平的。

活动范例6-2 香香的饼干（感知图形特征、命名图形）

适合年龄班 小班上

活动形式 集体

活动目标

1. 初步感知并认识圆形、正三角形、正方形，能说出每种形状的名称。

2. 感受数学活动的有趣，喜欢参加数学活动。

活动准备

1. 口袋1个，内装圆形、正三角形、正方形的饼干若干，数量超过幼儿人数，各形状数量均等；托盘3个，每个托盘里分别放一种形状——圆形、正三角形、正方形的饼干，用于品尝。

2. 小托盘每人1个。

活动过程

1. 摸饼干。

（1）教师出示口袋，用神秘的口吻说：这是一个奇妙的口袋，里面有些好吃的东西，谁愿意来摸摸，猜猜是什么？

（2）教师鼓励部分幼儿大胆地来摸，引导幼儿边摸边说自己摸的感觉，如硬硬的、尖尖的等。

（3）教师请幼儿取出一个自己摸的东西，然后提问：你摸出的是什么东西？你知道它是什么样子的吗？

（4）每位幼儿都摸一次，并把摸到的东西放在面前的小盘子中。

2. 认饼干。

（1）教师请摸正方形饼干的幼儿介绍饼干的形状，提问：你摸的饼干是什么样子的？引导幼儿感受正方形有尖角。

（2）教师小结：这个饼干是方方的，它是一块正方形的饼干。

（3）教师：还有谁摸的也是正方形的饼干？举起来给大家看一看吧！鼓励摸到正方形饼干的幼儿把饼干举起来给大家看一看。

（4）教师分别请摸到三角形和圆形饼干的幼儿介绍饼干形状，感受三角形饼干也有尖角，圆形饼干没有尖角。

（5）师幼共同认识形状并说：这是三角形（圆形）的饼干。

3. 吃饼干。

（1）教师出示分别装有圆形、三角形、正方形饼干的盘子，提问：饼干好吃吗？我们尝一尝吧！要先说一说你想吃什么形状的饼干，然后再取出这种形状的饼干吃。

（2）教师鼓励每个幼儿说说想吃的饼干形状，并取相应的饼干；观察幼儿说的和取的饼干形状是否一样，并给予及时指导。

（3）教师：你还想吃其他形状的饼干吗？请幼儿再次取饼干品尝。

4. 寻找身边的图形。

（1）教师：大家可真能干，还有许多圆形、三角形、正方形躲在我们身边的其他地方，我们也去把它们找出来吧！

（2）教师带领幼儿在活动室内寻找，鼓励幼儿找到后说一说，如圆圆的钟、三角形的房顶等。

指导要点

本活动的重点是认识圆形、正三角形和正方形，饼干只是作为增强活动趣味、吸引幼儿的一种手段。在认识图形基本特征时，教师要引导幼儿用手摸一摸，感受圆形的边缘是圆圆的，三角形和正方形都有尖尖的角。

（二）图形归类与分类活动

图形归类与分类活动都是让幼儿通过对图形与图形的观察比较，区分不同图形的特征，从而认识一种图形的固有属性，巩固对图形特征的认识。

1. 图形归类活动

在小班一般只进行图形的归类活动。图形归类活动指的是，教师先为幼儿提供能体现图形特征的标记物，多数情况下是指图形的轮廓，让幼儿根据标记物的提示将图形分类。如"送图形宝宝回家"中，教师可提供几个大的圆形、三角形、正方形轮廓，作为图形宝宝的家，让幼儿在图形轮廓的提示下将图形归类，送到"家"中。一开始，幼儿常常将各种形状等同于生活中的具体实物，如将圆形等同于盘子、太阳等。而形状标记则是将物体的形状特征抽离出来，是形状特征的一种表征。按图形形状标记归类有助于幼儿认识物体的形状特征，发展初步的图形概念。

2. 图形分类活动

图形分类既是感知集合的重要教育内容，也能巩固幼儿对图形的认识。图形分类的内容与要求，应视不同年龄班和幼儿已有的知识水平有所区别，并逐步增加难度，提高要求。教师可通过逐步添加干扰因素来区分图形分类活动的层次。如最初只提供相同颜色的不同让幼儿给图形分类，继而提供有大小不同的图形，然后继续增加颜色的干扰因素，提供图形的多种变式，如不同类型的三角形（直角三角形、钝角三角形等）、旋转不同角度的图形等，给幼儿提供丰富多样的图形经验，让幼儿从多种角度感知图形特征，进而能够分析与综合图形的特征，从多种角度给图形分类。

活动范例6-3 送饼干（图形归类）

适合年龄班 小班上

活动形式 集体

活动目标

1. 能按饼干盒上的形状标记匹配相应形状的饼干，学习按形状标记进行分类。

2. 愿意和同伴一起活动，能边操作边讲述"××饼干，我送你回家"。

活动准备

1. 自制圆形、正方形、正三角形饼干若干，每种饼干数量多于幼儿人数；无盖纸盒3个，上面贴有圆形、正方形、正三角形标记。

2. 纸箱或小筐3个，分别贴有圆形、正方形、正三角形标记，教师事先布置"超市"场景。

活动过程

1. 观察饼干盒，引起幼儿活动的兴趣。

教师：猜猜这些盒子是装什么的？鼓励幼儿大胆猜测。

2. 装饼干。

（1）教师：饼干厂的叔叔做了许多饼干，我们一起把饼干装进这些盒子里，你们愿意吗？

（2）教师：这些饼干有什么不一样的地方？都有什么形状？引导幼儿观察并说出饼干的形状。

（3）教师：这个盒子应该装什么形状的饼干呢？你是怎么知道的？鼓励幼儿发现盒子上的形状标记，并知道按标记送相应的饼干。

（4）教师：现在，我们一起来帮叔叔装饼干吧，记住，一定要先看看盒子上是什么标记，然后才能把跟它一样形状的饼干装进去哦！

（5）幼儿自由地装饼干，教师鼓励幼儿边装边说，如"圆形饼干，送你回圆形的家"。

（6）教师：你装的是什么形状的饼干？请部分幼儿介绍自己装的饼干，并观察是否按形状标记装入。

3. 送饼干。

（1）教师出示有形状标记的三个箱子，提问：小饼干都装进了盒子里，现在我们把这些饼干装进箱子运到超市吧。这个箱子是什么形状的饼干的家呢？

（2）幼儿正确说出后，教师引导幼儿将饼干装到相应的箱子里，再送到"小超市"。

指导要点

环节 3"送饼干"中出现的标记与前一环节饼干盒上的标记不同，饼干盒上是实物标记，而此时则是图形标记。学具的抽象层次提高了——由较为具象的实物图片变为抽象的图形，可帮助幼儿学习从不同的物体中概括出它们的共同特征，发展最初的分类能力。

活动范例 6-4　分图形（按图形的边角特征分类）

适合年龄班　中班上

活动形式　集体

活动目标

1. 感知平面图形的边、角特征。

2. 能根据图形的边数或角数给图形分类。

3. 愿意积极思考和参与图形边角数量讨论。

活动准备

分类盒 3 个，正三角形、直角三角形、正方形、长方形各 1 个，五边形两个，点卡 3、4、5 各 1 张。

活动过程

1. 集体观察图形的边数和角数，引出图形按边数和角数分类的要求。

（1）教师出示正三角形、直角三角形、正方形、长方形，提问：每个图形分别有几个角呢？哪些图形的角是一样多？你会把角一样多的图形放在一起吗？

（2）教师鼓励幼儿积极思考，大胆表达自己的想法。

2. 演示操作规则。

（1）教师：谁愿意来试试看呢？

（2）教师请一名幼儿演示，集体观察。

（3）教师：他是按照角的数量来分的吗？我们一起来检查一下。

（4）集体检查后，教师小结：两个三角形都有 3 个角，一个正方形和一个长方形都有 4 个角。

（5）教师出示点卡 3、4，提问：我们可以选几个点子，来表示每盒里图形角的数量呢？3 个角的用几个点来表示？4 个角的用几个点子来表示？

（6）教师根据幼儿的回答操作。

（7）教师介绍平行活动：老师今天还准备了一个活动，也是分图形，材料和刚才这个活动一样，但不是按图形角的数量来分，而是根据图形边的数量来分。分好以后，用点卡表示每格中图形的边数。你们会玩了吗？说说这个游戏怎么玩。

3. 幼儿操作，教师指导。

（1）教师：今天请第一、三、五组的小朋友按角数分图形，请第二、四、六组的小朋友按边数分图形，做完自己组的活动后，两边的小朋友可以相互交换座位。好，现在开始操作吧！

（2）教师观察幼儿是否都已开始操作，了解幼儿能否理解按角数分和按边数分的规则，必要时进行个别指导。

4. 集体观察比较，进行总结和评价。

（1）教师：今天先做按角数分图形的是谁？你们是怎么分的？谁愿意到老师这里来再做一次？

（2）教师：今天先做按边数分图形的是谁？你们是怎么做的？谁愿意也来老师这里做一做？

（3）教师：大家看看他们做出的结果。这边是按角数分图形的，3个点表示的是几个角的图形？4个点表示的是几个角的图形？5个点表示的是几个角的图形？再看看按边数分图形的结果，和按角数分图形的结果一样吗？（一样）他们各自用不同的分类标准分图形，结果却是一样的，这是怎么回事？

（4）教师表扬能积极参与图形边角数量讨论的幼儿。

指导要点

1. 幼儿操作过程中，如果尚不理解活动规则，随意地分图形，教师可以按照操作步骤一步步指导幼儿完成数边（或角）、分类、表征的操作。

2. 在交流环节，教师提出"看看按边数分图形的结果和按角数分图形的结果一样吗？他们各自用不同的分类标准分图形，结果却是一样的"这个问题是为了引起幼儿的兴趣和好奇心，不必强求得出一致的结论。若幼儿对这个问题感兴趣并热烈讨论，教师可建议幼儿分别数一数同一图形的边数和角数，发现图形边角关系的秘密。

（三） 制作图形活动

1. 制作平面图形

在幼儿对图形有所认识的基础上，教师可向他们推出各种不同的制作图形的活动，制作图形是对图形的表征再现。如，火柴棒拼图形（事先去掉火柴头）、印章印图形、沿轮廓剪图形、用泥塑图形、用模子压图形、给积木做纸盒等活动有助于加深幼儿对图形特征的理解。这里每个制作活动的形式虽不相同（所用材料不同、操作技能不同等），但都可以引出关于某个图形概念的基本内容。如，不管用什么方法制作三角形，可能大小不同、图形的摆放角度不同，但做出来的图形都有三条边、三个角，都叫三角形。

有研究表明，12 岁以下的儿童归纳能力优于演绎能力，主要是因为儿童正处于建构各种知识概念的过程，还没有足够的概念体系来完成演绎的任务。他们概念的获得主要依赖于归纳思维的方式。因此，幼儿要理解某个概念，必须要有体现这一概念属性的多种经验，在体验这些经验的共同性质的过程中，逐步完成概念属性的概括和抽象，形成初级概念。

2. 制作立体图形

制作立体图形能够让幼儿更加具体形象地感知和探索立体图形的特点，再用语言概括地表达出来，可以使幼儿获得形象而深刻的知识。如，认识圆柱体的活动中，教师可为每个幼儿准备两张一样大的圆形纸，一张长方形的颜色纸（长方形一条边的长度与圆形纸的周长相同），先让幼儿观察自己手上有些什么形状的纸，比比两个圆的大小，然后让幼儿将纸粘贴成圆柱体，粘好后让幼儿分析、讨论圆柱体有什么特点。这样幼儿能较容易地说出圆柱体的两头是一样大的圆，上下是一样粗的。

再如，认识正方体的活动中，教师可以先为幼儿准备一张涂了 6 种颜色的十字形硬纸片（如图 6-1 所示），教师同时出示用同样的纸片做出的正方体，告诉幼儿它叫"正方体"，并将它拆开，让幼儿形象地看到它有 6 个一样大的正方形的面。再将它粘回一个正方体，这样幼儿对正方体就有了一个比较形象的认识。

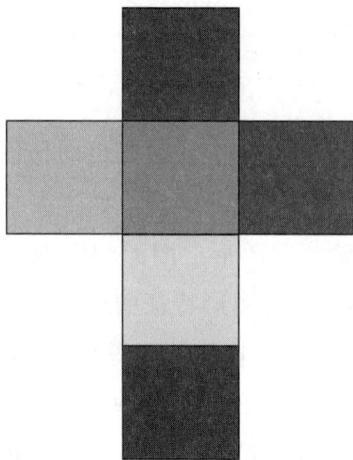

图 6-1

活动范例 6-5 做盒子（制作立体图形）

适合年龄班 大班上

活动形式 集体

活动目标

1. 加深对正方体、长方体特征的认识，发现相对的面形状、大小相同。

2. 体验立体图形与平面展开图之间的空间对应关系。

3. 参与猜想与讨论，并积极动手制作。

活动准备

长方体盒子的展开图、正方体盒子展开图各1张（见活动材料中图 6-2、图 6-3），长方体盒子1个（用展开图制作而成，有颜色的面朝里）。

活动过程

1. 猜想展开图可以做出的盒子的形状。

（1）教师：派派想做一个盒子，麦麦也想做一个盒子。（出示两张平面展开图）这是两种盒子的展开图，如果把它们做成盒子，会是什么形状呀？（一个是正方体的，另一个是长方体的）你是怎么知道的？

（2）教师出示反面朝外折好的盒子，提问：这个盒子是用哪张图折成的？想想看，展开图上的褐色图形会出现在盒子的哪一面？

（3）教师：我们已经知道正方体和长方体都有6个面，可是这张展开图上怎么会有这么多形状呢？（指着粘贴处）图上这几个梯形会在盒子的什么地方呢？

2. 讨论制作步骤。

（1）教师：怎么才能把展开图做成盒子呢？（按虚线折叠围拢成立体图形）那应该按虚线往里折还是往外折呢？为什么？

（2）教师：做好以后要看一看盒子是什么形状，相对的两个面是什么颜色的？

（3）教师：我们今天的活动就叫"做盒子"，请小朋友们每个人做一个盒子。

3. 幼儿分组操作。

（1）幼儿自选活动，教师提示每人先选一张平面展开图来制作盒子。

（2）教师观察幼儿是否理解操作要求，提示幼儿要细心制作，折叠时要把有颜色的一面对外，沿着虚线折。

指导要点

1. 如果幼儿没有理解折叠的方法，教师可以指导幼儿学习折叠出折印的方法。

2. 如果幼儿成功地折出盒子，教师可以追问幼儿盒子的形状，巩固幼儿对立体图形的命名，或者追问："展开图白色的梯形去哪里了？哪两个面是一样大的？"

活动材料

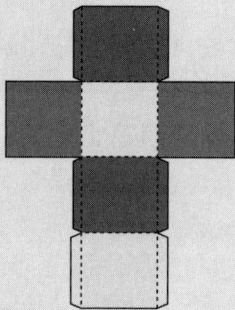

图 6-2

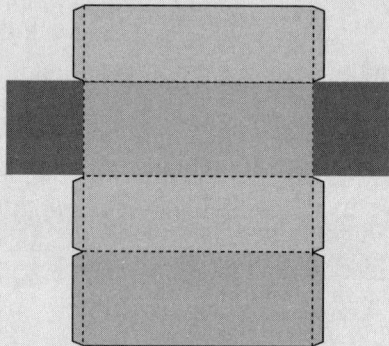

图 6-3

二、图形分解与组合活动设计与指导

（一）图形的分割与拼合

进行图形的分割与拼合活动能帮助幼儿理解整体与部分之间的关系，促进幼儿对各种图形之间存在的关系的认识，同时也起到培养幼儿从不同方面思考问题、促进幼儿思维灵活性发展的效果。进行图形的分割和拼合活动，内容上应从简单到复杂，先等分、后不等分；先二等分，再四等分（见图6-4）。步骤上先分后合，方法可先由教师讲解演示，说明如何分合图形，后让幼儿操作练习；也可先启发幼儿自己探索如何分合图形，教师再做必要的解释和示范。但不论用何种方法，均应通过分合的操作活动，重点让幼儿理解一种图形和其他图形之间的组合替换关系，并让幼儿知道整体可以分成部分，部分合起来还是原来的整体，整体大于部分，部分小于整体这样的逻辑关系。

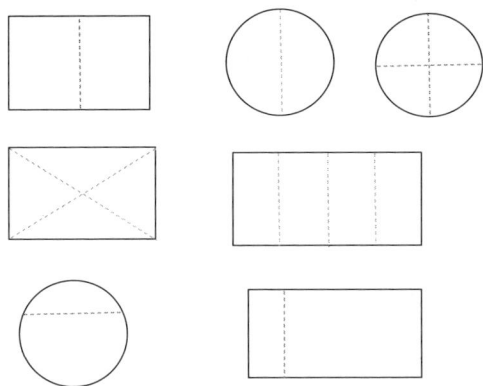

图 6-4

教师可为幼儿提供正方形的手工纸，请他们用折叠的方法将手工纸分成两个部分，鼓励他们用不同的方法折叠，比较折出的两个图形有什么不同，明确图形的不同分割方法，再用拼合的方法来验证，不论用哪种方法来分割，拼合起来还是原来的图形。教师还可为幼儿提供不同数量的三角形，让幼儿自由探索将三角形边对边可以拼合出哪些不一样的图形来；也可提供不一样的图形单元，让幼儿探索拼出同一种图形的不同方法，让幼儿充分体验图形之间存在的组合替换关系。

活动范例6-6 分蛋糕（图形分割——二等分）

适合年龄班 大班下

活动形式 集体

活动目标

1. 学习将一个物体分成一样大的两份，知道部分小于整体，整体大于部分。

2. 尝试用多种方法等分物体。

3. 引导幼儿大胆讲述操作过程和结果。

活动准备

1. 自备长方形蛋糕图片 1 张。

2. 自备长方形纸若干，剪刀。

活动过程

1. 学习等分的方法。

（1）教师：明明过生日了，妈妈准备了一个长方形蛋糕。谁有办法帮助明明把这个长方形的蛋糕分成一样大的两份？

（2）教师请幼儿尝试把长方形的纸片变成等大的两份。

（3）教师：你用什么方法证明你分出的两个部分一样大呢？引导幼儿想出用重叠的方法证明。

2. 探索运用多种方法进行等分。

（1）教师：你们还有什么其他的方法能将长方形的蛋糕分成一样大的两份吗？

（2）幼儿进行操作，教师观察他们不同的等分方法。

3. 展示与交流。

（1）教师展示幼儿等分长方形的各种方法，提问：这些方法对吗？是不是分成了一样大的两份呢？

（2）教师引导幼儿发现等分长方形可以有多种方法。

（3）教师：原来的长方形蛋糕和现在分出来的一个长方形蛋糕比，谁大？你是怎么知道的？

（4）教师鼓励幼儿大胆表达，并引导幼儿用重叠、推理的方法证明部分小于整体，部分之和等于整体。

指导要点

1. 教师可以将重点落在如何验证分出来的两块蛋糕一样大，以及体验整体与部分的关系上。在后面的操作过程中，教师可再提供多种图形，让幼儿尝试用各种方法来等分。

2. 理解整体大于部分、部分小于整体是这节活动的另一个重要内容，因此，教师除了引导幼儿关注等分的不同策略与方法外，还要引导幼儿关注整体与部分的关系。

活动范例 6-7 拼地毯（图形拼合）

活动形式 集体

适合年龄班 中班上

活动目标

1. 学习用多个不同图形（三角形、正方形、长方形）拼正方形，感受平面图形间的不同组合关系。

2. 能大胆表达自己的操作过程。

3. 感受活动过程的快乐和成功的喜悦。

活动准备

1. 三角形、正方形、长方形（尺寸见活动材料）若干；黑板上画 16 厘米×16 厘米的正方形轮廓，用布盖上。

2. 三角形、正方形、长方形图形片若干（尺寸见活动材料），印有 4 个 8 厘米×8 厘米正方形的操作单，人手 1 份。

活动过程

1. 尝试用三角形、正方形、长方形拼一块正方形地毯。

（1）教师揭开正方形轮廓图上的布，说：今天，熊妈妈要铺一块正方形的地毯，可是找不到一块大小合适的图形，只好用这些小图形来拼，请你试一试用几块什么形状的小图形可以拼出这块正方形的大地毯呢？

（2）幼儿拿出操作单，用小图形试着拼出第一块正方形的地毯。教师观察幼儿使用的不同拼法。

（3）教师：谁来说说你用了几个什么形状的小图形拼出了这块正方形的地毯，是怎么拼的？

（4）教师请使用不同拼法的两位幼儿讲述自己拼图的方法，教师用大图形展示他的拼图方法，以引导其他幼儿观察。

（5）教师：他们拼的方法一样吗，什么地方不一样？引导幼儿发现拼一个正方形地毯可以有多种方法（如选择的图形不一样，图形片摆放的位置不同等）。

2. 感受拼正方形地毯方法的多样性。

（1）教师：请你动脑筋把操作单上另外三块地毯也拼出来，而且每种方法要不一样，拼好后，说说你是怎么拼的。

（2）幼儿操作，教师观察幼儿使用的不同方法。

（3）教师请部分幼儿在集体面前介绍自己的方法，教师用大图形展示，其他幼儿观察。

（4）教师：看看别人是怎么拼的，他拼的方法你有没有用，如果没有，等活动结束后再请你按照他的方法去试一试。

指导策略

1. 环节2中也可以先请一个幼儿拼正方形的地毯，然后大家讨论他用了几个什么图形，这样可帮助全体幼儿理解活动规则和玩法，即用多个不同的图形来拼正方形，接下来再让大家一起动手尝试拼正方形的不同组合方法。

2. 本活动重点是让幼儿感受平面图形间的不同组合关系，所以要让幼儿通过自己的探索、思考、尝试，感受、体验平面图形之间的不同组合关系，教师应多鼓励幼儿探索不同的拼法。

3. 通过旋转图形完成拼图活动，是本活动的难点，特别是三角形的旋转，对于中班幼儿来说有一定难度。

活动材料

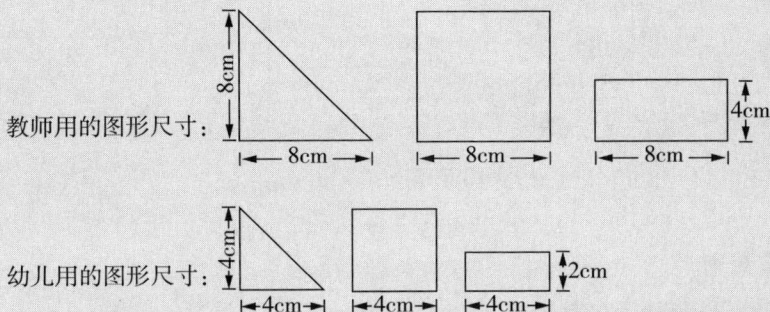

教师用的图形尺寸：

幼儿用的图形尺寸：

说明：由于篇幅的原因，以上图形尺寸均为示意图，请读者根据图形尺寸自行制作。

图 6-5

活动范例 6-8　修小路（图形拼合——拼梯形）

适合年龄班　中班下

活动形式　个别

设计意图

以铺小路的问题情境，通过用三角形拼图形，加深幼儿对梯形特征的认识，发展平移、旋转图形的能力，体验图形之间的组合替换关系，为面积测量奠定经验基础。

活动准备

等边三角形图形片若干、操作底板（如图 6-6）。

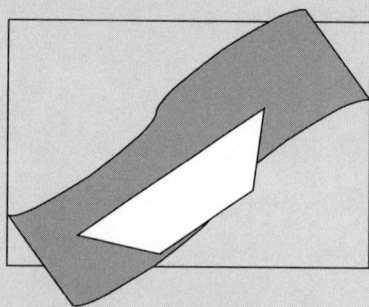

图 6-6

操作规则

用三角形图形片将底板上的空白梯形填上，然后数一数每一个图形用了几个三角形。

指导要点

1. 活动开始前，教师启发幼儿思考，三角形能否把空缺的梯形铺满，引导幼儿探索用"组合小图形"的方法来填补空缺。

2. 教师需要观察幼儿是否能做到边与边的接触，做到不重叠不错位，适时给予提示。

活动范例6-9 拼平行四边形（图形拼合——拼平行四边形）

适合年龄班 大班上

活动形式 个别

设计意图

在认识平行四边形基本特征的基础上，通过拼平行四边形进一步体验图形之间的组合替换关系，并尝试记录自己的拼法。

活动准备

操作底纸（如图6-7）、记录纸（如图6-8）、小平行四边形2个、长方形2个、三角形2个、直角三角形4个（图形按照底纸上所提供的平行四边形分割出的大小准备）。

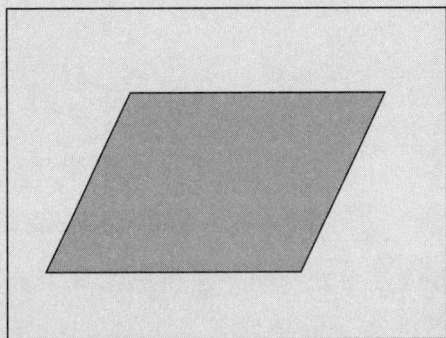
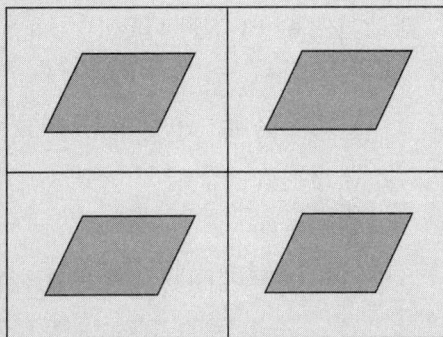

图6-7   图6-8

操作规则

幼儿用教师提供的小图形片覆盖底纸上的平行四边形，尝试拼出平行四边形的多种拼法，然后在记录纸上记录自己的拼法。

指导要点

1. 教师首先引导幼儿关注小图形与大图形之间的边角联系，尝试角对角并置，看看图形是否可以重合，如果边角不能重合，观察幼儿是否会主动旋转、翻转图形，若不能，教师可以加以提示。

2. 教师鼓励幼儿换一种图形试一试，探索拼平行四边形的多种方法。

（二）轮廓拼图

教师提供图形拼出的图案轮廓线，用上述图形组采用对应、覆盖的方法填充图案轮廓，可针对幼儿不同发展水平的需要，设计不同的难度。教师观察幼儿解决问题的能力水平，据此为其提供能完成、有挑战的轮廓拼图任务，从而促进他们的思维水平向下一个阶段发展。轮廓拼图活动可帮助幼儿积累图形组合的经验，加深对图形特征的认识，同时还能发展幼儿平移、旋转图形的能力。

活动范例 6-10 拼拼乐

适合年龄班 小班下

活动形式 个别

设计意图

通过图案的图样，采取图形覆盖或者复制的方法拼出图样中的图案，初步体验图形与图形通过边、角接触组合成图案的有趣。

活动准备

拼图图样若干（如活动材料所示）、图形片若干。

操作规则

幼儿观察图样，根据图样中使用的图形，拼出一样的图案。

指导要点

1. 教师引导幼儿先观察图样，看看图样中的图案是用什么图形拼出来的，图样的什么部位用的是什么图形。

2. 如果幼儿复制图案有困难，教师可引导幼儿先将图形片覆盖在图样底纸上，先体验图形组合成图案的过程，然后再尝试复制图案。

活动材料

拼图图样

图 6-9

图 6-10

图 6-11

（三）　创意拼图与建构

创意拼图或建构指的是用模式积木、七巧板或更复杂的图形组创造性地组合图形，创作图画或设计。教师根据幼儿的特定发展水平，给予提示或提出挑战，以促进其思维水平的提高。幼儿进行创意拼图依赖于对实物形状的感知，因此，教师可提供一些生活中比较常见的，且形状特征比较明显的物品，引导幼儿观察这些实物的形状特征，是由哪些形状组成的，可以用哪些图形来拼一拼；也可鼓励幼儿大胆想象，用图形拼搭出自己想要的图案，然后对自己的创造性的图案或造型展开讨论。

活动范例 6-11　三角形拼拼乐

适合年龄班　中班上

活动形式　个别

设计意图

通过复制和创作简单的拼图，进一步发展图形平移、旋转的能力，并初步认识到：拼图就是将多个图形接触、组合在一起，构成一个更大的图形或图案。

活动准备

小三角形图形片若干。

操作规则

用三角形图形片边与边接触或点与边接触拼出图案。

指导要点

1. 如果幼儿能完成自己的拼图创意，教师可以和幼儿一起欣赏幼儿的拼图作品，询问幼儿用了几个三角形，是怎么拼出来的。

2. 如果幼儿难以完成创意拼图，教师可以和幼儿一起取出几个三角形，将边与边放在一起，请幼儿说一说像什么，先激发幼儿拼图的兴趣。

（四）造型建构

教师可在建构区提供各种形状的积木，依据班级进行的主题引导幼儿进行创意造型建构。不同的主题都可以针对不同发展水平的需要，设计成不同的难度。比如在"桥"的主题中，一开始可以是搭建至少两块积木高的围墙，并且有一个拱门，这就引入了造桥问题（涉及平衡、测量和估计）；第二个问题，可以是造更复杂的桥，比如有多个拱形、末端有斜坡或台阶的桥，引入了计划、顺序；第三个问题，可以是造至少两层高的塔，给幼儿提供硬纸板做的天花板，这样幼儿必须按其各边的尺寸考虑围墙的搭建。

第七章

空间关系： 关键经验与活动指导

第一节　空间关系相关概念与关键经验

对空间关系的理解与运用是几何初步的基础，全美数学教师理事会就儿童对空间关系的理解和运用提出了一系列要求：儿童应当学会描述、命名和解释空间的相对位置并运用相对位置概念；在探索空间的过程中描述、命名、解释方向和距离并应用方向和距离概念；根据简单的空间关系，如"靠近""在……里"，确定和命名位置。空间关系感知和对形体的理解是"解释、理解和尊重我们的几何世界"的基础。

一、空间方位

（一）空间方位概述

任何客观物体在空间中均占有一定的位置，并且同周围的物体存在着空间上的相互位置关系，这就是物体的空间方位，也可称为物体的空间位置，空间方位以上下、前后、左右等空间方位词汇表示。空间方位是空间形式问题，是数学的研究对象之一。空间方位关系具有相对性、可变性和连续性。上下、前后、左右都是相对的概念。上是对下而言，左是对右而言。两个物体之间的位置关系也是相对的。由于空间关系的相对性、可变性，判断物体的方位需要有一个参照点，如果这个参照点的方向发生了变化，那么物体的方位也随之变换。空间方位的区域也是连续的。以前后和左右空间方位为例，前与左，前与右；后与左，后与右的区域是连续的，不能截然分离。

空间方位的辨别，是指人对客观物体在空间中所处位置关系的判断。在心理学上属于狭义的空间定向，即位置的定向（广义的空间定向还包括大小和形状等概念）。空间方位的判别是空间知觉问题，它是由视觉、听觉、触觉甚至嗅觉等几种感觉来完成的。对幼儿来说，视觉分析器和触觉分析器对空间方位的辨别起着尤为重要的作用。

（二）幼儿空间方位概念的发展

1. 与感觉运动相联系的空间知觉阶段

幼儿最初发现并意识到周围物体，即建构"永久性客体"[①] 的阶段，就在学习处理与事物之间的空间关系了。因此，最早的空间意识来源于感觉运动的协调。但最早的空间意识只是形成了一定的方位知觉，此时幼儿的方位知觉还会受到他们已有的动作和空间经验的限制。

2. 以自我为中心的空间意识阶段

幼儿以自身为中心确定空间位置，通常以头为上、以脚为下、以面为前、以背为后，以拿勺子的手定为右手，另一只手定为左手。在此基础上，再推及相对于自己身体部位的客体所处的方位。幼儿脱离了自身这个中心点，就会难以辨别方位。而且此时幼儿还并未建立方位的相对概念，如果让他们转

[①]　即认为物体不在视野中时也还存在着。不具备永久性客体观念的儿童找不到视觉以外的东西，他们会认为看不见时东西就不存在了。——作者注

个身，原来在前面的变成了在后面，幼儿就会感到困惑不解，因此，在这个阶段，幼儿还无法说出别人的前面有什么、后面有什么，更无法判断别人的左右手各是哪只手。

3. 走向以客体为中心的空间意识阶段

处于这个阶段的幼儿已能看着眼前的物体轻松地说出物体的上面有什么，下面有什么，也能以一个物体为中心来判断另一个物体所处的相对位置了。但是他们还是缺乏心理旋转能力，无法判断从别人眼里看到的物体位置。因此，他们此时依然无法确定别人的左右手，如果要求他们指出同伴的左右手时，他们就需要先跑到与同伴同一面向的位置，才能正确指出。还有，这一阶段的幼儿对相似数字的辨别也会感到困难，如分不清 6 和 9，还会将 2 写成 2，把 3 写成 ε 或 ᴍ，把 5 和 7 写成 5 和 7 等。所有这些都说明，这个阶段的幼儿还没有真正具备以客体为中心判断方位的能力。

综上所述，我们归结幼儿空间方位概念的发展特点，大致有以下几点。

1. 从幼儿认识空间方位的发展顺序讲，是先上下，再前后，最后是左右

上、下因有天、地的不变位置做参照，不会受身体的转动而变化，因此被幼儿最先掌握。幼儿认识前后、左右通常表现出两个发展阶段。在第一阶段，幼儿是以实际动作来试验方位，将环境中的物体和他自己的各边相连。如，将身体直接移到物体旁和它接触，如果是后退、背向物体，就会说物体在他后面；如果用伸出的左手摸到物体，就说物体在他左边。在第二阶段，则是以视觉估计物体之间的空间安排以及物体与主体之间的空间安排。刚开始，幼儿可能会转身或用手指向物体，渐渐地动作内化了，他们就不需要身体动作的帮助，而只需用眼睛注视物体的位置进行判断。

2. 幼儿认识空间方位，体现出由近及远逐步扩展的趋势

即先只限于判断自身范围的位置，然后能确定与自身靠近的空间物体的方位定向，最后才能确定与自身较远的空间物体的方位定向。

3. 幼儿对空间方位的认识，是从以自我为中心到以客体为中心逐渐过渡的

即幼儿在掌握空间方位的过程中，先是以自己的身体为出发点。在此基础上，幼儿逐渐能做到以客体为中心区分物体空间方位的关系。

4. 幼儿对空间方位的认识从绝对化逐渐过渡到相对化

即幼儿在开始认识空间概念时，是将诸如"前""后""左""右"这样的方位概念当作永恒不变的方位来理解的，这与他们的思维发展处于半逻辑性阶段有直接的关系。随着幼儿思维灵活性、相对性的增强，他们才能逐渐领会方位概念的相对意义。

（三）各年龄班的关键经验与分析

小班

用上下、前后、里外等方位词描述物体的位置。

中班

用上下、前后、里外、中间、旁边等方位词描述物体的位置和运动方向。

大班

1. 学习辨别自己和他人的左右。

2. 学习用符号表示物体在二维空间中的位置和运动方向。

幼儿的空间方位关键经验主要包括感知、判断方位，运用方位词描述位置和方向、表征方位三个方面。早在两岁时，幼儿就能运用多个空间标志及其距离的信息来确定或记忆空间方位，运动时就能内隐地运用距离和方向信息。到4岁时，他们能明确地运用这一信息推断自己的空间方位。如，排队行进时判断自己在队伍中的前后位置，知道自己排在哪一个小朋友的后面；知道操场在教室外面，运动要到外面去；桌椅板凳等在教室里面，运动完要

回到教室里面。理解上下、前后、里外等方位词的意义还表现在，能理解教师发出的方位指令并调整自己或者调整物体的位置。

研究表明，方位语言的获得具有一定的顺序，而且在不同的语言中也是一致的（Bowerman，1996）。幼儿首先获得的是上、下、里、上、下，这些词最初的意思是方位变化，如"上"不是指一物"在"另一物上，而是把一物"放到"另一物上面；随后是临近性的词汇，如旁边、中间；而后是涉及参照系的词汇，如"在……前面（后面）"。幼儿随着语言表达能力的发展，以及方位词汇的积累，他们开始主动尝试用方位词、句描述物体的位置和运动方向。首先是描述物体的位置，如，搭积木时，幼儿会用"长方形在下面，三角形在上面"描述积木的位置，然后幼儿才会逐步关注到物体的相对位置，如，会说"三角形积木在长方形积木的上面"，描述时包含参照物体。用方位词、句描述物体的相对位置，有助于幼儿发现物体之间空间方位的相对性。如，A 在 B 的上面，B 在 A 的下面，AB 之间的空间关系是相对的。幼儿对物体运动方向的描述基于对空间方向的感知以及对物体运动后的位置的预期，如，小鸟飞上天了、叶子掉下来，车子向前开……

左、右两个方位对幼儿来说是最难辨别的。幼儿首先根据生活经验来辨别自己的左右手，形成自己的身体感觉，根据身体感觉，以自己为参照物来辨别物体的左右。随着幼儿心理旋转能力的发展，他们的空间思维也逐渐发展到"去自我中心化"，即以客体为中心判断左右。

幼儿后期，他们开始对自己所处的空间环境形成心理表征，也能对其中的空间关系建立模型，并尝试用符号这样的抽象方式再现。如，绘画教室的布局图，使用箭头来指示方向，以及初步理解空间方位示意图中的空间位置关系等。不过这些已经不是单纯的空间方位能力，而是与下面将要介绍的空间视觉化能力密切相关了。

二、空间视觉化

（一）空间视觉化及其发展

空间视觉化是空间表象的一种，但又不仅仅是空间表象。空间表象是对物体内在的、整体的表征，与物体本身有一定程度的同构性（Kosslyn，1983）；空间视觉化是指理解和想象假想的二维和三维物体的运动。它是一种对空间关系的思考过程，即将视觉感知到的空间形象、空间关系在头脑中进行再现和操作，并将这种操作的结果表现出来。空间表象能力和空间视觉化这两种认知能力关系密切：空间视觉化需要具备形成心理表象，并对其进行操作的能力。

皮亚杰和英海尔德最早对儿童的空间表象进行了研究（Piaget & Inhelder，1967，1971）。他们认为，儿童的空间表象有三种：静态表象、动态表象和变形表象。幼儿时期只具有静态表象，而缺乏后两种表象的能力。举例而言，5岁的幼儿能够说出从自己家到幼儿园的路上，会经过哪些地方（静态表象的呈现），但却无法按照正确的顺序说出先后经过哪些地方（这需要动态表象能力的支持）。

不过当代的研究者认为，皮亚杰低估了幼儿的空间能力。幼儿已经表现出初步的空间变换能力（Clements，Battista，Sarama & Swaminathan，1997；Del Grande，1986；Ehrlich et al.，2005；Levine et al.，1999）。4岁幼儿和部分更小的孩子经过指导，能产生一些证实图形全等的策略，从比较初级的方法（如匹配图形边缘）（Beilin，1984；Beilin，Klein & Whitehurst，1982）发展到运用几何变换与重叠的方法。教学干预也能提高幼儿的空间表象能力，在故事情境中进行干预效果更佳（Casey，2005）。此外，运用电脑也会有效提升空间表象能力，屏幕工具使幼儿思考运动过程变得更加容易，让幼儿能外显地感知这一过程（Clements & Sarama，2003；Sarama et al.，1996）。

由此，我们可以得出，幼儿具有空间视觉化的能力，也就是对空间表象进行操作并加以表现的能力。这种能力是随着年龄的增长，和空间表象能力一起发展起来的。具体表现为幼儿能够在表象的水平上进行平移、旋转和翻转等空间运动，并能正确地表现出来。

（二）各年龄班的关键经验与分析

小班

尝试运用平移、旋转进行图形拼搭。

中班

1. 有意识地运用平移、旋转和翻转进行图形拼搭。

2. 探索图形、常见物品中简单的镜像对称关系。

大班

1. 进行图形拼搭时，有意识地预期旋转和翻转的结果。

2. 理解简单示意图中的空间关系。

3. 理解并重现观察三维物体的不同视角。

幼儿空间视觉化的学习经验集中表现在拼搭图形或积木等活动中。在拼图活动中，小班幼儿还不能在脑中预测图形运动的结果，也不能将图形运动的结果与拼图的缺块联系在一起，一般只是通过尝试错误的方法，平移或旋转图形来完成拼图。这时，幼儿平移、旋转图形都是无意识的。

随着拼图经验的积累，到了中班以后，幼儿便知道遇到"拼不上"的情况时，可以试着转一转、翻一翻的办法，这时幼儿脑中还未对图形运动的结果形成精确的表征，还不能准确预期旋转和翻转的结果，这时幼儿的操作还是具有一定尝试错误的性质，但是他们已经能将图形运动后的结果与拼图联系在一起。

到了大班以后，幼儿能对图形运动的结果形成较为精确的表征，能预期图形运动的结果，拼图时不经过尝试就能想象出缺失的那部分，然后准确地定位，计划好旋转的大致角度、平移的距离等，熟练地完成拼图。

儿童很早就能有"对称"的经验。他们会在游戏当中无意识地创造一些对称图形结构（Seo & Ginsburg, 2004）。例如，将一对积木放在小毯子上，然后将两块小积木放在刚刚的两块积木上，最后将一块三角形积木放在中间，就产生了一个对称结构。生活中对称的物体特别多，因此，幼儿理解图形、常见物品中简单的镜像、对称关系具有丰富的经验基础与认知基础。对称图形具有特殊的空间关系特征，即对称的两部分跟对称轴的水平距离相等。最初幼儿判断图形是否对称可通过沿对称轴对折的方法，对折这一动作实际包含了空间翻转这一运动。幼儿逐步将这一动作内化，在脑中想象出这一翻转的过程，而后就能判断图形对称与否。

空间示意图是三维空间关系的二维表征，是比较抽象的，对幼儿来说是不易理解的。通过抽象的示意图与幼儿的实际体验相联系，幼儿能在脑中重建出物体的空间关系，想象出在三维空间里物体之间的位置关系，从而确定物体的位置（定位）。例如，幼儿通过看着教室空间布局的二维示意图，与教室的实际布局相对应后，理解示意图的含义。

最后，特定的观察视角会影响幼儿对空间的体验和二维表征。例如，尖顶的生日帽子从侧面看是一个三角形，从上面看下去却是一个圆形。对幼儿来说，能够真正地去自我中心，并思考某个物体从他人的视角看是什么样的，需要很长的时间。但是，丰富的体验和语言有助于巩固幼儿对空间的认识和思考。当幼儿画一样东西的时候，往往就隐含了一个特定的视角。让幼儿关注同一物体从不同视角看的特征，是因为同一物体可以从不同角度看到不同的特征，是我们所生活的三维空间的基本特点。幼儿今后学习三维空间中的立体图形和它的面（平面图形）、学习图形之间的空间关系及其表征形式，都以这一点为根本前提。

第二节　空间关系活动设计与指导

一、空间方位活动设计与指导

(一) 感知、认识空间方位

1. 空间知觉游戏

幼儿对空间方位的认识是从对自己身体有关部位的方位认识开始的。让幼儿通过活动自我感知空间方位，再配合词的描述，无疑是一种有效的方法。如，"指鼻子"的游戏中，教师在组织活动时，要明确活动的主要目的是帮助幼儿理解方位词，其次才是认识身体部位，因此，可以在此活动指五官位置的基础上，设计让幼儿使用方位词的提问。如"头在你身体的什么地方?""腿在你身体的什么地方?"等。

当幼儿对自己身体部位所处的空间位置熟悉后，教师就可以运用观察法引导幼儿将视野扩大到周围的环境，让他们发现身体的前方、后方、旁边（左右概念的替代词）各有什么物体。如前面有黑板、后面有橱柜、旁边有钢琴等。

当幼儿掌握了以自我为中心辨别方位后，教师可再进行以客体为中心辨别方位的活动。如让幼儿回答自己在客体的什么位置或某物在另一物的什么位置的问题。还可在此时逐渐将"左"、"右"的方位辨别渗透进来。另外，教师还要帮助幼儿理解一些方位相对性的问题。如教师先让幼儿看到前方有一物体，然后让幼儿转过身来并说说现在物体在他们的什么方向。

2. 认识空间环境的活动

认识空间环境，从某种意义上说，就是认识"地点"。如幼儿认识自己的幼儿园、班级的地点、位置、消防通道和安全出口，认识家或幼儿园附近的街区公共设施的地点、位置等，这种认识活动是幼儿每到一个新环境，都需要做的事。有经验的教师重视向幼儿介绍他们的活动空间仅次于向他们介绍将和他们在一起的人。那么，教师该如何帮助那些需要认识空间的幼儿呢？最通常采用的方法是参观介绍。教师可以领着幼儿逐一介绍厕所（介绍中最不可忽视的地点）、活动室、午睡室等各个处所的位置以及用途，引导幼儿看各个室里空间的安排和各种设施的用途。在这个过程中，教师可不断提些问题让幼儿回答，如"墙角落是什么活动区？""紧靠着这个区的是什么地方？""门上有一个什么标记？（门牌或图标）"等，用这些提示来帮助幼儿记住某些地点的特征。教师还要引导幼儿回忆经过的路线，是从哪里进去的，从哪里出来的，要指引幼儿看拐弯处的标志物，这样以后幼儿也会自己学着认识环境。

活动范例 7-1　听声音，辨方位（感知方位）

适合年龄班　小班上

活动形式　集体

活动目标

1. 能根据听到的声音辨别声音的方位，并能用相应的符号在图板上表示出来。

2. 学习静下心来仔细倾听，知道在活动中不干扰别人。

活动准备

1. 事先找一处能够听到各种声音的地方，但也不要太嘈杂，如果找不到合适的声音环境，可请其他教师协助，在不同的方位、地点制造出一些声音来，供幼儿聆听并记录。

2. 记录纸、笔，人手 1 份。

活动过程

1. 介绍活动的名称与规则。

教师告诉幼儿，这个活动的名字叫"听声音，辨方位"。发给每个幼儿一张卡纸，让他们自己在卡纸中间画上一个"⊙"表示他们所在的位置。当他们听到某种声音时，就用恰当的简单符号把它标记在卡片上。如一阵风就画两道斜线、几声鸟叫就画一只小鸟。符号的位置应尽量精确地显示出声音的方向和远近（可适当做一次示范让幼儿理解）。教师可提示幼儿为了听到更多的声音，可闭上眼睛聆听，还可用手掌朝前或朝后拢着耳朵形成声音的反射面来听。

2. 幼儿自选活动地点进行作业。

（1）教师让幼儿快速地（1 分钟内）找到自己的倾听地点分散地坐下，以免倾听开始时还有人走动，并且要求幼儿一旦选定了地方，就不要再随便移动。

（2）在开始记录声音的前后，教师应分别给幼儿一个信号，如学一声牛叫或猫叫，以增加活动的趣味性。（活动持续时间可视幼儿、专注程度和当时环境的声音状况而定，一般 5—10 分钟。）

3. 幼儿自行结伴交流记录。

（1）在结束活动时，幼儿自行找好朋友，交流彼此的声音记录。

（2）教师可提问：你听到几种不同的声音？你是用什么符号来表示它们的？你最喜欢哪种声音？为什么？你最不喜欢哪种声音？为什么？哪种声音你以前从未听过？你知道声音是从哪儿发出来的吗？

（二）描述空间方位

基于空间方位的相对性，空间方位的描述应当是描述两个物体的相对位置。幼儿最初可能做不到完整描述，不会关注到以客体为中心的方位，因此，教师在活动中需要有意识地引导幼儿观察物体的方位，关注到物体的参照物，学习完整表述，如用"A 在 B 的上面/下面"准确说明空间关系，同时也从中感知空间方位的相对性，如"B 在 A 的下面/上面"。上下、前后、左右、里外表示的是物体之间的方位关系。

活动范例 7-2　小动物在哪里（用空间方位词描述空间方位）

适合年龄班　小班上

活动形式　集体

活动目标

1. 能用"上""下""里""外"正确地讲述物体的空间位置。

2. 正确感知画面中物体的上下、里外方位，并能按照要求进行操作。

活动准备

玩具小熊 1 个，各种小动物若干，数量与幼儿人数相等，在活动前分别放在活动室中桌子、椅子、玩具柜、钢琴、筐等物体的上下、里、外位置上。

活动过程

1. 小熊在哪里。

（1）教师出示玩具小熊，提问：今天小熊想和我们玩"找找在哪里"的游戏，小熊躲起来，请你们去找，找到了要说说它躲在哪里，说对了，小熊自己就会跑出来。

（2）教师请幼儿闭上眼睛，然后将小熊放在玩具柜上，引导幼儿寻找小熊藏在哪里，并清楚地说出"小熊在玩具柜的上面"。

（3）教师将小熊放在桌子下面，请幼儿寻找并清楚讲述"小熊在桌子的下面"。（若幼儿说小熊在地上教师也应肯定，如，"这位小朋友说得真好，发现'小熊在桌子下面'，还能说成'小熊在地上'"。）

2. 找找小动物。

（1）教师：还有许多小动物，躲在我们活动室中，我们每人找一个小动物做朋友。找到后，你要告诉我们小动物躲在什么地方。

（2）幼儿在活动室中自由地寻找小动物，鼓励幼儿说说小动物躲在什么地方，如，××藏在什么的上面（下面、里面、外面）。

（3）幼儿在集体面前大声地介绍自己找到什么小动物做朋友，小动物躲在什么地方。

3. 藏小动物。

（1）教师：小动物还想玩捉迷藏的游戏，我们帮它藏起来。教师说地点，如桌子上面、筐里面等，请幼儿把小动物放到相应的位置。

（2）每次活动后，教师请幼儿相互说一说小动物躲在什么地方。

（3）教师表扬在活动中积极讲述的幼儿，并请幼儿找找活动室××的上面和下面都有些什么。

指导要点

1. 本活动的重点是引导幼儿理解上、下、里、外等方位词。这些方位是幼儿在日常生活中经常接触的，易于接受和理解。所以本活动中，教师要更关注幼儿的讲述，引导幼儿用方位词完整地说出动物所在的位置。

2. 若幼儿发现方位的相对性，如位于桌子下、地面上的物体可用两种方式描述，对该情况教师应给予肯定，也可根据本班幼儿实际情况适当延伸，培养幼儿思维的灵活性，但暂不作为本次活动的重点与目标。

活动范例 7-3 猜猜我说的东西在哪里（描述空间方位）

适合年龄班 中班上

活动形式 集体

活动目标

1. 理解以客体为中心的方位词表示的物体之间的关系。

2. 能根据所提供的条件线索细心观察并寻找到物体所在的地点。

活动准备

1. 选择一处有各种物体的活动场地。

2. 编制一套有关物体方位线索的材料，如，"从我这里看，1号东西在滑梯的后面，但又在爬网的前边""2号东西有一个绿色的身体，它在花坛的左边，藏在草丛中"等。

3. 准备若干材料，如皮球、沙袋、可乐瓶等，红绸带数量为幼儿人数的一半。

活动过程

1. 教师带领幼儿到事先选好的地点，按物体编号顺序一一描述物体的方位线索。幼儿根据教师提供的线索前往搜索，找到教师描述的物体。

2. 幼儿两两一组自由结伴，每组取一份材料（如一个皮球）和一根红绸带。其中一人将材料先藏起来，然后挥舞绸带指挥另一个人前往寻找。向前挥动表示要向前走，向后挥动表示要向后退，向下挥动表示已到了藏物地点。找着后，两人交换角色。

（三）表征空间方位

1. 运用方向标记表征空间方位

幼儿在生活中对箭头表示的方向意义并不陌生，路牌、地铁站中的地标，到处都有箭头。教师也会在幼儿园的环境中设置一些箭头标记来指示某一地点的方位。在幼儿理解了方向标记的意义的基础之上，教师可以设计活动让幼儿运用方向标记来表征方位。如，在平面图中用方向标记表征从一个地点到另一地点的路线。教师可提供一张简易的网格平面图，在其中标记几个地点，如幼儿园、家、超市、公园等，引导幼儿观察平面图中几个地点的位置关系，尝试用箭头画出从家到幼儿园、超市、公园的路径，发展分析与比较的能力，进一步体会方向标记的作用。

2. 通过二维坐标图表征空间关系

学习二维坐标图的目的在于体验坐标图对于精确定位的作用，为今后学习地图中的坐标图奠定基础。通过按照范例在网络（或点阵）图中再现空间关系的活动，用行、列坐标表示位置，在点阵中复制图形等活动逐步发展幼儿运用行、列坐标描述和确定物体位置的能力，理解行、列坐标的意义，巩固用二维坐标给物体定位的经验。要求幼儿用行、列坐标来描述目标位置，是为了帮助幼儿熟悉一般地图定位的法则。教师要鼓励幼儿采用列、行的定位方法，但并不苛求幼儿必须采用这一方法，可以允许幼儿保留自己比较习惯的定位方法，同时期待通过与同伴的相互交流，用坐标定位的方法来影响他们，使他们逐渐接纳新的方法。

活动范例7-4 看图标行走

适合年龄班 大班下

活动形式 集体

活动目标

1. 理解→、←、↓、↑四个方向箭头所表示的意义。

2. 尝试根据路线图中箭头所指的行走方向，画出从起点到终点正确的行走路线。

3. 积极参与讨论活动，清楚地表达自己的想法。

活动准备

1. 自制四个方向箭头路线图、迷宫图，见活动材料。

2. 幼儿操作单（见活动材料）、笔，人手1份。

活动过程

1. 认识箭头，理解箭头所表示的意义。

（1）教师分别出示四个不同方向的箭头标记图：这里有四张标记图，你们认识它们吗？箭头表示什么意思？你在哪里看见过，它告诉我们什么？

（2）教师：这几张箭头标记一样吗？每张箭头标记表示什么方向？请用动作表示出它们的方向。

2. 明确路线图中每一步的行走方向。

（1）教师出示三条路线图：这里有几条路线图？路线图上有些什么？路线图中每个格子里的箭头和数字可以告诉我们什么？帮助幼儿理解箭头表示每一步所行走的方向，数字表示第几步。

（2）教师：从第一步走到最后一步，每张路线图一共有多少步，你是怎么知道的？每张路线图第一步的行走方向一样吗？

（3）教师：1号路线图的第一步往哪个方向走？第二步、第三步又往哪个方向走呢？我们一起来读一读1号路线图每一步的方向。1号路线图一共要走多少步？

3. 画出从起点到终点的行走路线。

（1）教师出示迷宫图：这里有一张迷宫图，迷宫图上有什么？

（2）教师：你认为这三只小动物分别按第几条路线图可以避开山到它们想去的地方呢？引导幼儿根据每条路线图的第一步行走方向进行分析判断。

（3）教师以第三条路线图为例，示范并介绍规则：第一步从小狗所在格子出发，根据箭头方向把每格的圆点连起来，直到终点。帮助幼儿明确每一步路线都要接着上一步的路线按箭头方向行走。

（4）请部分幼儿上来画后三步的行走方向，提醒幼儿注意从哪里开始到哪里结束。

4. 幼儿操作活动：小熊找朋友。

请幼儿拿出操作单，完成相关活动。

幼儿操作，教师巡回指导，观察幼儿能否按箭头方向画路线图，并调整适合的路线。

请幼儿在集体面前展示自己的路线图和操作结果，讲述自己选择线路的方法。

对照路线图，师生共同检查正确与否。

活动材料

路　线　图

1号路线

1	2	3	4	5	6	7	8	9	10	11	12	13	14	15
→	→	↓	↓	→	→	→	↓	↓	→	→	↓	↓	↓	↓

2号路线

1	2	3	4	5	6	7	8	9	10	11	12	13	14	15
↑	→	↑	→	→	→	→	↑	↑	←	←	↑	↑	↑	↑

3号路线

1	2	3	4	5	6	7	8	9	10	11	12	13	14	15
←	↓	↓	←	↓	→	→	→	↓	↓	↓	↓	↓	↓	↓

图 7-1

迷　宫　图

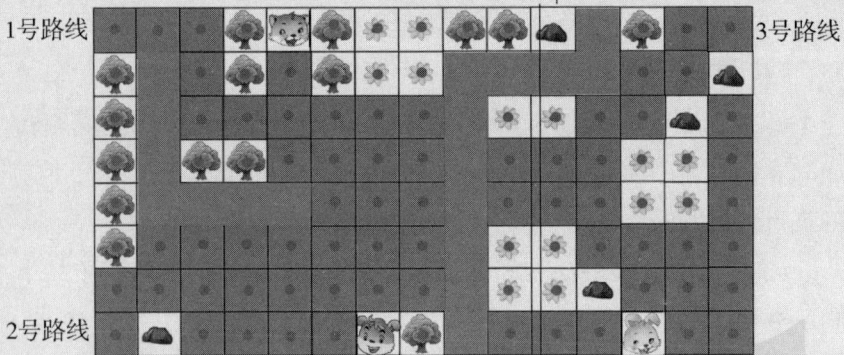

图 7-2

操　作　单

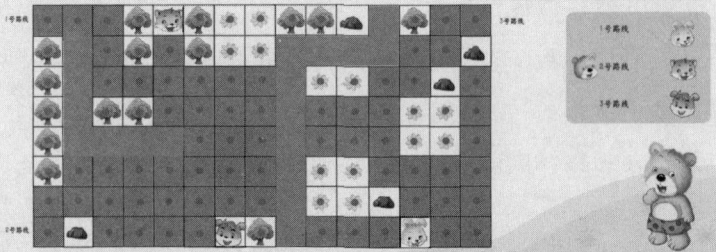

图 7-3

活动范例 7-5 小兔回家

适合年龄班 大班下

活动形式 个别

设计意图

通过运用方向标记表征路线的活动，发展分析空间方位的能力。

活动准备

小兔回家路线图、记录单（如图 7-4 所示）。

操作方法

根据小兔回家的路线，参照记录表中的记录方法在下面的方格中接着做记录。

指导要点

1. 引导幼儿在路线图上用手指一指，沿着路线画一画，感受从起点到终点路线的方向变化。

2. 提示幼儿观察记录表已经给出的记录方式，明确箭头表示的意义，熟悉记录的方法。

活动材料

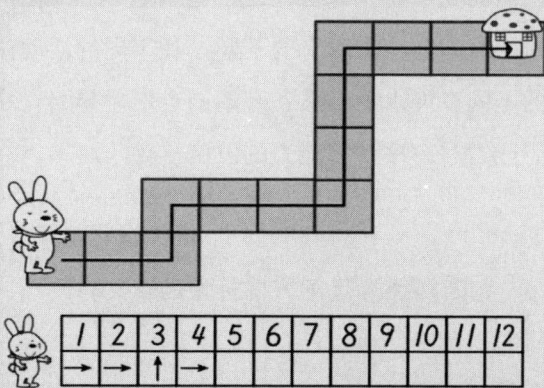

图 7-4

（四）手眼协调活动与视觉分辨练习活动

手眼协调与视觉分辨也属于空间知觉的范畴。手眼协调需要将眼球活动与手的活动相匹配，大脑必须对手动的方向、幅度做出相应控制；视觉分辨需要对前景与背景做出区分，同时还要能发现物体间的相似与相异，大脑也必须进行一番收集信息、分析信息、做出判断等积极活动方能实现。上述这一切都有赖于个体的独自运作，其能力无法通过模仿或他人的"告诉"而具备，因此，在设计相应的活动时，设计成个别操作活动的形式为好。当然，教师也可以把几个这种类型的活动安排在一个单位时间内供幼儿自选。

1. 走迷宫

幼儿对走迷宫向来是喜爱的，教师可收集各种有趣的迷宫图案，放大过塑后给幼儿进行练习。走迷宫的方式可设计成多种多样的方式，如用笔画线，用磁铁吸住回形针走，还可以用纸绳沿迷宫线粘贴，形成一些通道，再让幼儿用弹珠滚动着走等，这些方式都可以有效发展幼儿的手眼协调能力。

2. 找不同

教师可以选择两张有几处区别的相似图画，让幼儿找出不同之处。幼儿开始做这样的练习时常常是无序的，教师可提示幼儿有顺序地从上到下一处一处对比着观察。当幼儿掌握一定方法后，教师还可以提出时间要求，即比一比，看谁在规定的时间内找出所有的不同。找不同的活动充满刺激和挑战，教师可根据幼儿的不同发展水平，准备有不同难度差异的材料，供幼儿选择，促进幼儿视觉分辨能力和有序观察能力的发展。

活动范例7-6 判断路径（理解方向标记的意义）

适合年龄班 大班下

活动形式 个别

设计意图

巩固方向标记的意义。

活动准备

如活动材料中图 7-5、图 7-6 所示。

操作规则

根据各种颜色玩具的方向箭头，每次跳一格，最终找到目的地，给目的地的空白玩具涂相应颜色。

指导要点

在这个活动中，可以引导幼儿迁移玩跳棋的经验，即每次只能跳一格，同时引导幼儿理解方向箭头所表示的意义，如向上、向左、向右等，在操作中发展幼儿的方位感。

活动材料

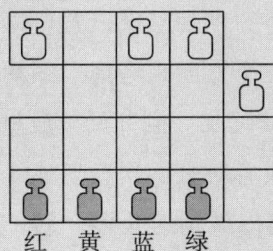

图 7-5

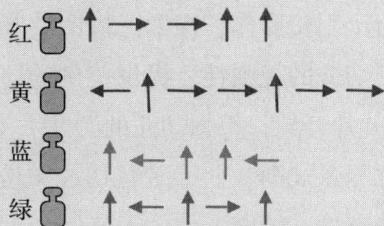

图 7-6

二、空间视觉化活动设计与指导

（一）补图与拼图活动

1. 补图

教师可以在一张完整的图片中，有意剪下几个有规则图形的补块，提供给幼儿，让幼儿将那些剪下的补块再拼合到原图上。幼儿在操作补图时，需要看着原图上的画面内容及颜色来决定某处该补上哪个补块，由此获得对整体与部分关系的认识和图形特征的认识。

组织补图活动时，教师可以通过减少或增加补块的数量或补块的规则程度来控制活动的难易程度。给小班幼儿的补图任务可以是补4—5块，给中、大班幼儿的补图任务可以是6—8块，且每个补块还可以再有分割。在具体活动的指导中，教师对那些操作有困难的幼儿，可以和他们一起观察每一个空缺的地方分别是一个什么样的图形，让幼儿找出符合空缺形状的补块，尝试进行拼合，讨论补块与周围图画内容及颜色是否吻合，来帮助他们完成补图；对已能进行独自操作的幼儿，教师可以挑战幼儿的思维，请幼儿说一说每个补块拼合的理由。

2. 拼图

拼图是各个年龄段幼儿都特别喜欢的游戏，是丰富幼儿平移、旋转等空间运动经验的重要途径。拼图活动适宜放在区域活动中，投放拼图游戏材料，供幼儿进行个别化操作、探索。拼图游戏材料的难度层次设置可以从图片切分的数量、切分的规则性、提供范例的层次三个方面来考虑。图片切分的数量可从3—4片开始，根据幼儿的游戏水平逐步增加。刚开始投放材料时，图片的切分要尽量规则一些，平行切成4份，或者对分两次、切成4份。范例层次分为全范例、轮廓范例、无范例。教师可以鼓励幼儿多"转一转后再试一试""翻一下试一试"，引导幼儿看着拼图范例的轮廓来想拼法，随着经验的丰富，幼儿的空间想象能力和心理旋转能力也会得到发展。

活动范例7-7 小动物的照片（拼图）①

适合年龄班 小班下

活动形式 集体

---

① 本活动由南京市中华路幼儿园数学教研组设计。

活动目标

能将零散的图片拼成原图，体验物体的空间关系。

活动准备

小动物的拼图材料（如图 7-7）及拼图底板（如图 7-8）若干套。①

活动过程

1. 以小动物请小朋友帮助拼照片为由，引出图片还原问题。

（1）教师：小动物不小心把照片剪坏了，想请小朋友们帮帮忙，把碎照片再拼起来，好吗？

（2）教师组织幼儿讨论拼合照片可用的方法：照片都撕碎了，怎么才能把它拼起来呢？

（3）教师出示拼图底板：看看这块图板能不能帮助我们拼图呢？如果把碎片重合在图板上，你能不能把照片拼好呀？

2. 幼儿操作，教师观察指导。

（1）幼儿自取一套拼图片进行拼图。教师对拼图有困难的幼儿进行个别指导，如可引导他们逐一用匹配的方法完成拼图。

（2）教师可个别提问幼儿有关空间关系的问题，如"哪两张图片应该靠在一起？""中间是哪一张图片？""上面应是哪一张？"

3. 交流与分享。

（1）教师展示幼儿拼好的照片，提问：刚才你把图片拼起来了吗？你是怎么拼的？

（2）教师组织幼儿讨论拼图中遇到的问题和解决办法，提问：图片位置不对时你是怎么办的？图形反了时你又是怎么办的？

（3）教师组织幼儿收拾材料，结束活动。

---

① 图中动物形象及拼图分割方式仅供参考。——作者注

活动材料

图 7-7

图 7-8

活动范例7-8 智慧拼板（拼图）

适合年龄班 大班下

活动形式 个别

设计意图

运用不同组合形式的方块拼图板拼满九宫格，学习从多个角度思考问题，探索不同组合，寻求多种答案。

活动准备

1. 自制拼图底板，各种颜色、不同组合形式的方块拼图板若干，记录单，见活动材料。

2. 自制拼图底板、拼图板若干（见活动材料），彩笔若干，人手1份。

操作规则

尝试运用不同组合形式的拼图板拼满拼图底板。

指导要点

1. 引导幼儿观察比较各种方块拼图板，哪些地方相同？哪些地方不同？引导幼儿发现可以运用图形重叠的方法证明。

2. 鼓励幼儿尝试运用不同组合形式的拼图板拼满拼图底板。请幼儿通过旋转、组合拼图板的方法，尝试拼满拼图底板，并在记录单上记录自己的拼图方法。

活动材料

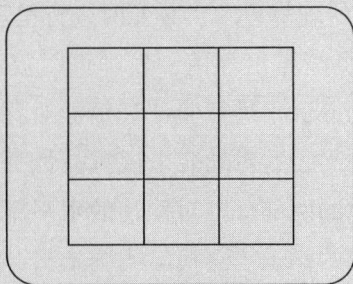

图 7-9　拼图底板　　　　　图 7-10　记录单

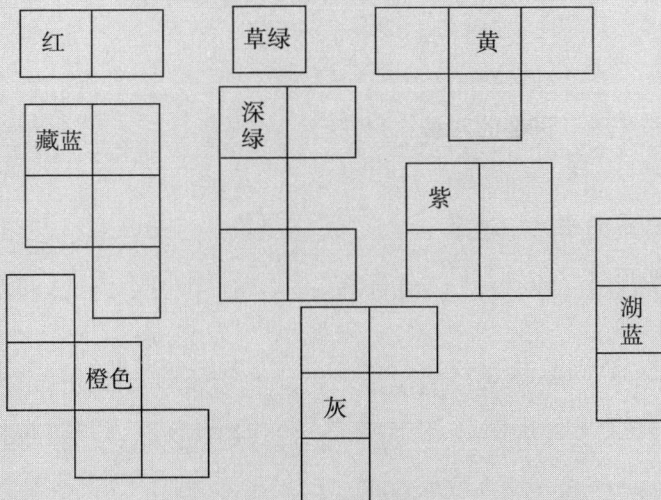

图 7-11　拼图板

（二）认识对称图形

教师可以先通过半个图案构造出完整对称图案的活动，帮助幼儿体验对称的意义，即左右两边对着能重合在一起。如，在对折剪纸活动中，教师先在对折的纸上画出图案的一半，然后沿轮廓线剪下图案。幼儿理解了对称的意义之后，教师可带领幼儿进行判断对称图形的活动，巩固幼儿对对称意义的理解。如准备各种图形、图案，让幼儿挑出其中的对称图形。判断图形、图案是否是对称的过程中，教师需要通过提问引发幼儿思考，了解幼儿对"对称"概念的理解程度，必要时进行提示。如，"你是怎么知道它是对称的呢？"如果幼儿说不出理由，教师可以提示幼儿迁移剪对称图形活动中的经验，用对折的办法来进行验证。根据对称图形或图案的一半找出另一半，或者是画出另一半，这对幼儿来说挑战性更高。对称图形具有特殊的空间关系特征，即对称的两部分跟对称轴的水平距离相等，幼儿要先根据给出的一半想象出另一半的样子，再找出或画出另一半。教师可在活动过程中引导幼儿有序观察给出的一半图形或图案特征，如轮廓的特点，花纹图案的形状、颜色，想一想缺的另一半的轮廓、花纹、颜色是什么样的。

活动范例7-9 有趣的对称①

适合年龄班 中班上

活动形式 集体

活动目标

1. 初步了解对称的含义，能区分对称与不对称的物品。

2. 能尝试运用对折的方法寻找对称图形，了解对称图形的特点。

① 本活动由南京市中华路幼儿园数学教研组设计。

3. 寻找生活中的对称物体，感受对称在生活中的体现。

活动准备

纸蝴蝶一个，各种对称、不对称的物品图片若干，"找对称"操作单、"它是对称的吗?"操作单、对称和不对称的物品贴纸。(见活动材料)

活动过程

1. 观察蝴蝶，初步了解对称的含义。

（1）教师出示纸蝴蝶：看，谁飞来了？小蝴蝶是什么样子的呢？引导幼儿观察并讲述蝴蝶主要的外形特征。

（2）教师：蝴蝶左右两边的翅膀是完全一样的吗？鼓励幼儿猜测并讲述理由。

（3）教师：有什么方法可以证明蝴蝶两边的翅膀是完全一样的呢？引导幼儿思考、讨论并提出验证的方法。当幼儿提出用对折的方法验证时，鼓励幼儿演示，提示幼儿对折时边角对齐，证明蝴蝶左右两边的翅膀对折后外形、大小是一样的。

（4）教师：我们是通过什么方法知道蝴蝶两边的翅膀外形、大小都是一模一样的呢？（对折）这样对折后两边完全一样的图形叫什么？引导幼儿表达自己的想法，初步理解对称。

（5）师幼共同小结：对折后两边外形、大小完全相同的图形就叫对称图形。

2. "对称找朋友"，进一步巩固对对称的理解。

（1）教师：我这儿有一些东西只有一半，你能帮助它们找到和它们一模一样的另一半吗？介绍规则，引起幼儿操作的兴趣。

（2）教师：他找的这一半对吗？你从哪里看出来的？个别幼儿在一体机上进行操作，教师引导幼儿进行观察并说出理由。

3. 幼儿操作，学习区分对称与不对称的物品。

（1）教师出示"找对称"操作单，对第一、二组的幼儿说：请你根据物品的一半找到完全相同的另一半，说一说他们哪里是对称的。

（2）教师出示"它是对称的吗"操作单，对第三、四、五、六组的幼儿说：我这儿有一张记录单，你知道对称图形放在哪儿，不对称图形放在哪儿吗？这两个标记表示什么意思？请你想一想有什么好办法能准确地判断出它是不是对称图形。

（3）教师鼓励幼儿用对折的方法区分对称和不对称图形。教师用问题"它是对称的吗？"引导幼儿将面前的图形一一对折，判断是否是对称图形，并分类粘贴。教师可提醒能力较弱的幼儿对折时边角对齐，对折后说一说图形两边的外形、大小是否都相同；鼓励能力较强的幼儿多尝试不同组的操作。

4. 交流操作，巩固对对称图形的认识。

（1）教师：你们刚刚找到了哪些对称图形？一起来说一说。引导幼儿说说自己找到的对称图形，相互交流。

（2）教师：这是什么图形？它们都是三角形，怎么一个是对称图形，一个不是对称图形呢？是不是贴错了？引导幼儿边示范边讲述，发现三角形的不同，启发幼儿思考并讲述理由。

活动材料

操 作 单

图 7-12

图 7-13

（三）空间表征

1. 认识平面示意图

平面图是三维实景世界的一种表征形式，教师为幼儿提供一张实景平面图，同时利用实景或提供有关场景的模型，让幼儿分析实景中物体与物体之间的邻近、分离、次序、包围等空间关系，能进一步促进幼儿对平面示意图和实景空间对应关系的理解，发展心理旋转能力以及空间定位能力。教师还可提供娃娃家的布局图，供幼儿观察，进行娃娃家游戏场景的布置。教师也可以鼓励幼儿们互相合作、讨论，设计娃娃家的布置，用画平面图的方式将自己脑中想象的布局画下来，请另一组的幼儿根据平面图来布置。

2. 从不同角度辨认、表征物体

让幼儿关注同一物体在不同视角下的特征，是因为同一物体可以从不同角度看到不同的特征，这是我们生活的三维空间的基本特点。幼儿今后学习三维空间中的立体图形和它的面（平面图形），学习图形之间的空间关系及其表征形式，都以这一点为根本前提。教师可以设计根据照片呈现的特征辨认相应实物的活动，如根据积木造型的照片找出相应的积木造型，先让幼儿初步了解实物的空间二维表征形式。如果幼儿从一个角度观察积木的造型并不是照片中所呈现的样子，教师可以引导幼儿动一动，换一面看一看，再比一比这时看到的造型是不是和照片上的一样了。而到了大班后期，教师可以让幼儿尝试从不同的角度观察物体并画图表示该视角下物体的主要特征，理解物体的三维特性，如观察、绘画出玩具的正面、侧面、后面的主要特征，而后比较三种视角下看到的主要特征有什么联系与不同。

活动范例7-10 我的座位（认识平面示意图）

适合年龄班 大班下

活动形式 集体

活动目标

1. 理解场景平面图中各符号的意义。

2. 能在实景中对应地找到平面图上标注的位置。

3. 能主动探究空间关系，积极参与空间定位问题的讨论。

活动准备

活动室、午睡室平面图各一张（参考图7-14根据教室实景自制）；圆形磁铁6个，事先贴好两个于平面图中（如图7-15所示）。

活动过程

1. 集体观察活动室平面图，理解图中各种符号的意义。

教师出示活动室平面图（方向需与实景图一致），提问：我用图画画出了我们班，请你们来看一看，我画的是我们班哪一个房间呢？说一说你是怎么看出来的？

2. 练习找座位。

教师：我在平面图上标注了两个小朋友的座位（指着两个圆形磁铁的位置），你知道我标出的是谁和谁的位置吗？你是怎么看出来的？

3. 集体游戏：这是我的座位、按图示摆学具。

（1）教师：我们一起来玩一个"这是我的座位"的游戏，我指图上的座位，请坐在这个座位上的小朋友站起来说"这是我的座位"。

（2）教师：好，大家都看懂图画中表示的位置了，下面我要请小朋友来帮忙摆放学具了。教师出示分类盒，在图中每一张桌子的某一角贴上磁贴，表示分类盒的摆放位置，然后给一组幼儿每人分发一个分类盒，请他们按照示意图，摆放到相应课桌的一角，请其他幼儿检查摆放的位置是否正确。

4. 巩固练习，游戏"这是我的小床"。

（1）教师出示午睡室平面图：我们再来看另一张图，这张图画的是哪一个房间呢？你是怎么看出来的呢？

（2）教师带领幼儿去午睡室，提问：这张图要怎么挂才跟午睡室的方向一致呢？

（3）教师：我们再来玩一个"这是我的小床"游戏，我来指图，请睡这张小床的小朋友坐到自己的小床上去。

指导要点

集体玩"这是我的座位"的游戏时，幼儿起立后说："这是我的座位"，这时教师应问其他幼儿"大家同意吗？"，如果没有人起立或者有两个人同时起立，则可以请幼儿讨论这个座位到底是谁的。

活动材料

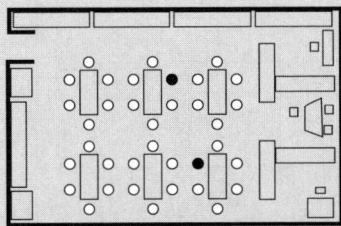

图 7-14

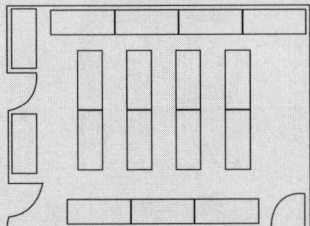

图 7-15

活动案例 7-11 塔楼（表征不同角度的视图）

适合年龄班 大班下

活动形式 个别

设计意图

尝试表征三维造型不同角度的视图。

活动准备

彩色塔楼照片（如图 7-16），操作单（如图 7-17），红、黄、蓝、绿彩色笔。

操作方法

根据照片上塔楼的颜色，在操作单上填涂从正面、侧面、上面不同角度看到的颜色。

指导要点

塔楼的照片是静态的，不可移动。上面与侧面的视图需要幼儿通过看到的视图进行推测。教师需要引导幼儿想象从上面、侧面看，会看到哪些块积木，它们分别是什么颜色的。

活动材料

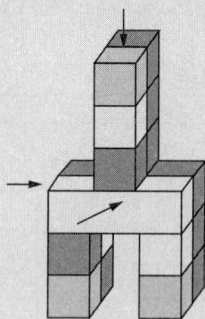

图 7-16

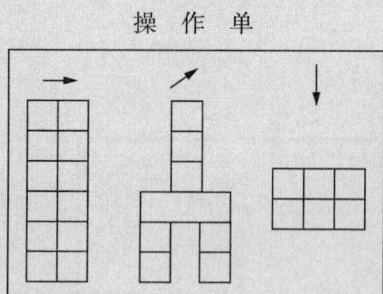

图 7-17

活动范例 7-12　看照片搭积木（用实物再现图片中的造型）

适合年龄班　小班下

活动形式　集体

活动目标

1. 观察发现范例图中物体的空间关系。

2. 能用实物再现范例图中物体的空间关系。

3. 能根据需要选取积木进行搭建，轻拿轻放。

活动准备

操作底纸（用下列几何积木搭出的积木照片若干张，如图7-18，每张用不同的小花、爱心、星星等作为照片的标记）；几何积木若干，其中圆柱体两个、长方体1个、正方体两个、球体两个。

活动过程

1. 欣赏积木造型范例图，引发幼儿用积木再现图中造型的愿望。

（1）教师：麦麦是搭积木的小能手，每天都能搭出一种新花样。（出示操作底纸）看看，派派为了跟麦麦学搭积木，把她搭出来的各种建筑造型悄悄拍成了照片，我们一起来欣赏一下。你能看出麦麦搭的是什么吗？

（2）教师手指有爱心图标的积木造型，提问：这张有爱心标记的照片，麦麦用了几块积木？分别是哪些积木呢？

（3）教师出示积木，提问：你能从这些积木中把爱心照片用到的积木找出来吗？请一幼儿取积木，师幼共同检查他拿得对不对。

（4）教师：爱心照片中要用到的积木都拿出来了，你能看着爱心照片上的建筑把它搭出来吗？先搭哪一块呢？你想不想和派派一起学着搭一搭呀？

（5）教师：那好，我们就和派派一起来学搭积木吧！每个小朋友可以先选一张照片，看一看用了哪种积木、数一数用了几块，再到积木筐里把它们找出来，然后就可以看着图搭了。要记得哦，需要什么积木就拿什么积木。搭好后看看，你搭的积木和照片上的是不是一模一样。

2. 幼儿分组操作，选图尝试搭建，教师观察指导。

（1）教师整体巡视一遍后，可进一步观察幼儿对操作规则是否理解；询问幼儿搭建的是哪个建筑，选用的积木和图上是否一致；观察幼儿能否看图完成搭建。

（2）教师：搭完的小朋友，可以请旁边的小朋友检查一下。检查完了，可以再搭一个相同的，也可以换一张照片继续搭。

3. 组织幼儿相互观摩、交流搭建经验。

（1）教师：小朋友们，你们都搭好了吗？把搭好的东西留在桌子上，给麦麦和其他小朋友看看，好吗？大家相互参观一下，看看你的好朋友搭的是什么？你能找出他是照着哪张图纸的积木搭的吗？

（2）教师：今天我看到×××用积木把各张图上的东西都搭了一遍，还有谁也都搭出来了？今天我还看到×××搭积木的时候，会先数数图纸上用了几块积木，然后再从筐中拿积木，一块也没多拿。还有哪些小朋友也是像他这样的？还有哪些小朋友会爱护积木，轻轻拿轻轻放？

（3）教师：今天小朋友学搭积木很认真，也很爱护积木。下面老师还要看看，哪些小朋友会从上到下一块一块拿下积木收到筐子里，比一比哪组的小朋友收积木声音最轻。

活动材料

积木照片

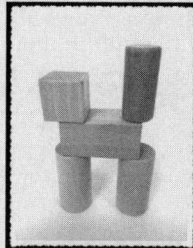

图 7-18

第八章

空间测量: 关键经验与活动指导

第一节 空间测量相关概念与关键经验

所谓测量（计量），是指把一个要测定的量同一个作为标准的同类量进行比较的过程。用来作为计量标准的量，叫作计量单位，或单位量。如用厘米作计量单位测定桌子的长和宽的过程就是计量。用一个计量单位去计量某一个量，结果得到这个量是计量单位的若干倍，这个数值叫作这个量的量数。同一个量，用不同的计量单位来计量，所得的量数不同。如，桌子边长用厘米来计量，所得量数是 80，用分米来计量，所得的量数就是 8。一般常用的计量方法有两种，即直接计量和间接计量。如，用尺量桌子的边长就是直接计量，而用尺量出桌子边长后，再计算桌子的面积就是间接计量。测量将几何、数这两个关键的领域联系起来，是数形结合的很好例证。

儿童在很早的时候，就已经有了对量的感知和比较。他们会直接比较两个物体，发现相等或不等（Boulton-Lewis, Wilss & Mutch, 1996）。但是测量不同于直接的比较，它是以单位为中介的比较，因而涉及比较复杂的数量关系的理解。尽管生活中的各种连续量（长度、重量等），都可以通过测量或计量的方法来测定其量的多少。但在幼儿阶段，他们首先接触到的测量内容是具体形象的空间量（长度、面积、体积），也称为空间测量。基于此，我们将其作为几何空间系列的内容。

根据皮亚杰的理论，量和数具有同构性，但是儿童对量的认识要明显地晚于数：相比于 5 岁的儿童已能很好地掌握数数技能，测量能力要到 8—11 岁才完成发展。这是为什么呢？计数的对象是不连续量，也就是说，当幼儿点数物体时，每一个物体都是独立的、分离的，幼儿通过分别计数这些物体，就可以得到它们的总数。而测量的对象是连续量，也就是说，幼儿在测量时，需要在心里将这个连续的整体分割成若干个单位量，同时还能在整体和分割成的若干个单位量之间建立起等量替换的关系。显然，这比直接数出分开的元素要困难得多。

正因为此，幼儿阶段的测量，还不是使用标准量具和计量单位进行的测量，而是使用自然物作为工具的自然测量（非正式测量）。幼儿在自然测量过程中可以获得两种逻辑经验：一是知道整体是由若干个部分组成；二是逻辑相加，进行易位和替换的过程，即把每次测量的一部分和另一部分连接起来，建立起一个以测量单位为基础的完整体系。

一、长度测量

（一）长度测量概述

构成儿童理解长度测量的基础至少有八个概念：理解长度的特征、长度守恒、传递性、均分、单位的重复、长度的累积和可加性、原点、测量单位与量数的关系。

1. 理解长度的特征。理解长度是确定的距离（在皮亚杰的论述中，是"欧几里得的"概念而非"拓扑的"概念）。

2. 长度守恒。理解长度是确定的距离；理解一个物体移动位置后，其长度不变。如，给幼儿并排呈现两根等长的木棒，他们通常会同意二者长度相等。如果移动其中一根使其突出一块，4.5—6 岁儿童常常会说，突出来的这根更长（哪一端都是如此；有的会坚持"两根都更长"；对这一结果充满了不同的解读，但是显然儿童的"长度"观念并未达到数学上的准确性）。5—7 岁时，许多儿童会迟疑或动摇；此后，他们能很快地正确回答。随着儿童学会了测量，长度守恒也得到了发展（Inhelder, Sinclair & Bovet, 1974）。

3. 传递性。理解如果物体 X 的长度等于（或大于/小于）物体 Y 的长度，而物体 Y 的长度等于（或大于/小于）物体 Z 的长度，那么物体 X 的长度等于（或大于/小于）物体 Z 的长度。理解这一点的儿童就能运用第三个物体作为参照物，比较其他物体的长度了。

4. 均分。均分是将一个物体分割成相同大小的单位的心理活动。这一观念对幼儿并非显而易见。它要求进行实际测量前，幼儿能在心理上将物体看作可以分割的。询问儿童尺子上的刻度是什么意思，能够揭示他们对长度分割的理解（Clements & Barrett, 1996；Lehrer, 2003）。如，有些儿童可能把"5"理解成刻度标记，而不是代表一个被分割成五个大小相等的单位的空间。当儿童能理解单位也可以被分割时，他们就能理解长度是连续量这一概念了（如任何单位本身都可以被进一步分割）。

5. 单位和单位的重复。单位重复需要儿童将一个小的单位（如一块积木）的长度看作被测物体长度的一部分，并且能将这个小积木沿着大物体的长度重复地摆放（Kamii & Clark, 1997；Steffe, 1991），不留白、不重叠地覆盖整个长度，并对这些重复进行计数。

6. 长度的累积和可加性。长度的累积，是指将一个单位沿着被测物体的长度重复摆放并对摆放次数进行计数时，数词代表了此前数过的所有单位所覆盖的空间（Petitto, 1990）。1960 年皮亚杰等人将儿童的测量活动描述为距离的累积，重复的结果形成了彼此嵌套的关系。也即，3 个单位覆盖的空间包含于 4 个单位覆盖的空间之中。可加性是一个相关的概念，即长度可以分解或组合，所以两点之间的总距离等于两点之间线段分割成的任意个小线段的长度之和。当然，这就跟算术中的合成这一概念密切相关了，不过测量还具有连续性这一额外的复杂性。

7. 原点。理解尺上的任何一点都可作为原点。幼儿常常从"1"而不是 0 开始进行测量。由于欧几里得空间的测量具有几何变换不变性（45 与 50 之间的距离等于 100 与 105 之间的距离），因此任何一点都可以作为原点。

8. 测量单位与量数的关系。儿童的测量判断常常是基于计数的观念，而且通常是基于对具体实物的计数经验。他们要能理解同样的长度量出的测量结果为什么不一样，不是一件容易的事。如，1974 年英海尔德等人向儿童展示两行火柴，总长度相同但每行的火柴个数不同（如图 8-1 所示）。尽管从成人的角度来看，两行的长度是一样的，但许多儿童却认为，有 6 根火柴的那一行更长，因为火柴数更多。因此，在测量中，有些情境是与实物基数情境不同的。

图 8-1

（二）幼儿长度测量能力的发展

1. 阶段一：长度的直接比较

处在发展阶段一的幼儿，测量长度的方法只是进行长度的视觉比较，并没有想到应用任何测量工具，如木棒。即使给他一根木棒，问他这根木棍对他是否有用，他也还是不会用。如，一名 4 岁幼儿先瞧了瞧模型塔，然后就专心地去搭自己的塔，不再去看模型。搭着搭着他感到不满意，于是拆掉重搭，后来又第三次这样做。研究者问他，他的塔是否与模型高度相同，他回答"是的"。给他一根木棒，问他这是否能帮助他量一量，他只是把木棒放在他的塔顶上作为装饰而已。

2. 阶段二：开始使用工具，进行长度的简单比较

在阶段二，幼儿使用了测量工具，但运用得不正确。在这个阶段，低龄幼儿仍然缺乏空间的协调观念。为了比较两座塔，幼儿需要一个参照系。如果他把木棒的两端分别放到两座塔的顶上，那说明他还没有将木棒作为解释

结果的参照系。幼儿这时把塔一直往上搭，到看上去两座塔的塔顶差不多在同一水平线时为止，这时他仍是靠视觉来判断的。他还没有考虑到两座塔的底部不是在同一水平面上这个事实。水平高一些的幼儿会拿起一根木棒，把它横在两座塔的顶上，同时思考着两座塔的底部是否在同一水平面上。后来他认识到，它们不在同一水平面上。他想把一座塔搬到另一座塔的桌子上，这样可更清楚地用视觉进行比较。但研究者不允许他这样做。最后，他想找另外一样东西，作为测量的标准。他想到了用自己的手，他把一只手放在塔顶，另一只手放在塔底，然后尽量保持两手的相对位置，把两只手移到另一座塔旁，看看他的手是否碰到了塔顶和塔底。当他发现这不是一个很好的方法时，他想到用自己的身体，他在身体上与他的塔顶同样高的地方做个记号，同样在和塔底一样高的地方，如膝盖处，也做个记号，然后走到另一座塔的旁边去比较。6岁左右的幼儿使用的就是这种方法。幼儿固定自己双手的位置作为测量单位，说明它们已感知到等量关系的传递性。

最后，幼儿开始寻找一种比自己身体更为方便的测量工具。他可能想到再另外搭一座和他的塔同样高的塔，而这两座塔是允许搬动的。这种方法已包含着数学关系的逻辑了。因为，他造的第二座塔 B，在高度上等于他造的第一座塔 A，如果他把塔 B 搬到塔 C 所在的桌上，塔 B 在高度上等于他要测量的塔 C，那么，这必定意味着 A 和 C 的高度是相等的。这个思想在数学上就是等量关系的传递性：若 A＝B 且 B＝C，则 A＝C。5 岁幼儿还不能运用传递思想，6—7 岁的幼儿已懂得等量关系的传递性。

3. 阶段三：测量是一种心智的或运算的测量

幼儿这时能够用任意长的物体作为普通的测量工具。就上例来说，幼儿在利用第三座塔作为测量标准以后，他发现用一根木棒更加方便。他最初选用一根与要测的塔一样高的木棒，后来又选用一根比塔高的木棒，他在木棒上做了记号。这时也有幼儿开始选用比塔低的木棒，用这根木棒沿着塔身移动几次，进行了真正意义上的测量。

研究表明，在教育条件下，5—6 岁幼儿对长度测量的意义能够理解，并表现出很大的兴趣。如他们知道重量是用秤来确定的，教室的长度可以用尺量、用脚步量等。当问幼儿怎样才能知道口袋中的米有多少时，有的幼儿会回答"应该在秤上称一下""放在秤上就知道了"；有的会按自己已有的经验来回答，如"可以用茶杯来测量"。他们还知道要确定物体的长短就应该去量它们，知道自己的身高也是量出来的。不少幼儿还能用各种自然物，如胳膊、脚步、小棒、绳子、纸条、瓶子等测量物体的长短、高矮、粗细、轻重等或目测大小、步测远近等。但是对于测量的方法，他们还常会说得不准确，如，"用米尺量""背靠背站着比""在家里的门上做个记号"等。

4. 阶段四：向正式的测量过渡

幼儿随着年龄的增长，逐渐萌发出使用标准的单位进行长度测量的实际需要。但是标准测量工具——尺子的使用对幼儿来说有两个障碍，一是尺子的起点通常不是零点，而且尺子上会有至少两个测量单位和读数，这些都影响了幼儿的正确使用。研究者设计了专门的"厘米尺"（见图8-2）来帮助幼儿克服以上困难。它的零点就在尺的一端，尺上只有一种长度单位：厘米。实践证明，大班后期的幼儿已经能够学会使用这样的尺子进行长度测量。

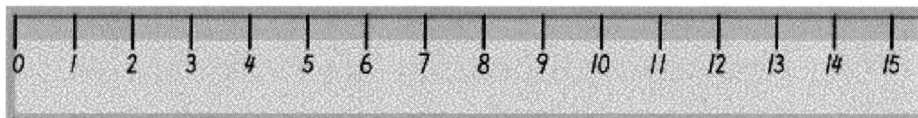

图8-2

（三）各年龄班的关键经验与分析

中班

用首尾相接摆放单位量的方式，进行长度的自然测量。

大班

1. 重复使用一个单位量进行长度的自然测量。

2. 理解测量同一长度时，单位长度的长短和所需单位数量之间的相反关系。

幼儿在中班下学期（5 岁左右）开始理解量的分割，即空间分合的意义，知道长度可以分割为若干份，能用计量数＋测量单位的方式来描述物体的长度。但是，此时幼儿还不能建立表象中的测量单位，需要借助首尾相连摆放单位量的方式，完成物体的长度测量，理解测量结果的意义。如，用小棒、回形针首尾相连摆放，测量桌子的长度。在首尾相接摆放单位量进行长度测量的过程中，幼儿也在逐步积累长度与单位量等量替换关系的感性经验。在这一阶段的测量活动中，引导幼儿掌握首尾相连摆放这一测量的技能至关重要，摆放时不能间断、不可重叠，这也是帮助幼儿理解长度与单位量等量替换关系的关键。

到了大班初期，幼儿开始理解长度可以分割为若干个单位量，可以重复使用一个单位量进行长度的自然测量。这时幼儿已能在头脑中建构单位量与长度之间的等量替换关系，表现为重复使用一根小棒来进行长度的自然测量。到了大班后期，幼儿在学习活动和生活情境中已经积累了一定的测量经验，并且尝试过使用不同的单位量测量同一长度，他们或自发或在教师的启发下开始了测量单位和测量结果之间关系的思考：同样的长度，测量工具的单位长度不同，其测量结果中计量数也相应不同，且它们之间呈现出一种反向的函数关系，如，用小棒和回形针同时测量桌子的长度，回形针比小棒短，所测的结果是回形针的数量要比小棒多。

二、面积与体积测量

（一）面积与体积测量概述

相较于长度而言，面积与体积更加不宜通过直接比较来判断大小。物体的面积与体积的大小比较似乎也是幼儿经常争论不休的问题。有的幼儿只关注到物体的长度，认为更长的物体就更大；有的幼儿只关注到物体的宽度或高度，认为更宽或更高的物体是更大的。这是他们学习初步的面积与体积测量的基础。

要理解面积测量，需要学习和协调多个概念（Clments & Stephan，2004）。这些概念中的大多数，如传递性、数与测量的关系、单位重复，在面积与体积测量中的含义与长度测量相似。此外还有三个基本概念，简述如下。

1. 理解面积的特征：定量刻画有边界的二维平面的大小。

2. 单元均分：一种心理操作，将二维平面分成若干份、每份面积相等（通常各份全等）。

3. 空间构造：儿童只有构造出一个阵列（structure an array），才能真正理解面积的二维特性。空间构造是为空间中的一个或一组对象构造组织形式的心理操作，是某种形式的抽象，是对一组心理对象和操作进行选择、协调、联合、在记忆中登录的过程。根据皮亚杰和英海尔德（1967）关于维度协调的原始论述，空间构造将之前经过抽象的对象作为内容，并将其整合形成新的结构。它产生的是个体用于联系感觉经验的心理动作的稳定模式，而不是经验的感觉输入本身。这种空间构造限于对结构的有数学意义的运用，如确定面积或容积（Battista & Clements，1996；Battista，Clements，Arnoff，Battista & Borrow，1998；Outhred & Mitchelmore，1992）。

容积（体积）引入了更多的复杂性，不仅仅是因为增添了第三个维度、对幼儿的空间构造能力形成了重大挑战，也取决于需测量容积的材料本身的特性。这导致了两种测量容积的方式："填充"空间，如用单位立方块的三维阵列；"装满"容器，用单位体积的流体。对于后者，单位结构对某些儿童看来是一维的（即，简单地重复计数，而无须理解成三维的几何操作），尤其是装入圆柱体形状的罐子时更是如此，这时（一维的）高度与体积成正比（Curry & Outhred，2005）。

（二）幼儿面积与体积测量的发展

1. 面积测量

第一阶段：面积的简单比较

这时幼儿像比较长度一样，将两个长方形中的一条边放在一起比较，或者是将长与宽加起来估测一下进行比较。当被提示可以使用重叠的方法比较时，他们会将一张纸放在另一张上进行比较。

第二阶段：面积/空间构造：边对边的面积测量

这时幼儿能用一些小片片覆盖一块长方形的区域，但是，在没有视觉提示的情况下不能组织、协调、建构出一个二维的平面，只是用一些接近矩形的图形一个挨着一个摆出一行、一列构建出主要结构。幼儿最初关于面积的经验正是源于用一个二维单元将一块区域平铺，这些经验有利于促进幼儿在头脑中将面积分解为可数的单元。

第三阶段：面积/空间构造：原始覆盖

幼儿知道要将一块区域全部覆盖，但还不能完全排列正确，不能理解单元内部行与列排列的系统性，进行单元计数时会出现重复数和漏数。

第四阶段：面积/空间构造：面积单元相连并重复

幼儿知道覆盖排列的每行面积单元是重复的、相连的，每行所需要的数量是一样的，能够逐行计数单元。

2. 体积测量

第一阶段：直接比较

幼儿将一个容器的东西倒到另一个容器中，从而判断哪一个容积比较大。

第二阶段：使用参照间接比较

幼儿借助于第三个容器，将第三个容器中的东西分别倒入两个容器中，由一个溢出来而另一个装不满来判断两个容器的容积大小。

第三阶段：使用单元测量工具

幼儿有意识地用立方体填充容积，每次只铺一层。

（三）各年龄班的关键经验与分析

中班

通过用单位面积（方块）覆盖的方式，体验面积和面积测量的意义。

大班

通过用单位体积（立方块）填充的方式，体验体积和体积测量的意义。

幼儿通过单位面积覆盖的方式，发现测量一块区域所需的单位面积数量不仅与被测区域的长度有关，而且与其宽度也有关，积累面积的二维空间概念的经验，体验面积和面积测量的意义。

同样，幼儿在用单位立方体填充立方体空间时，发现填充所需要的单位立方体数量不仅取决于填充第一层所需要的立方体数量（长与宽），还与物体的高度有关，慢慢积累起体积的三维空间概念的经验，体验体积和体积测量的意义。

总之，幼儿阶段的面积与体积测量，都是在成人指导下开展的非正式测量活动。

第二节　空间测量活动设计与指导

一、长度测量活动设计与指导

（一）长度的自然测量

1. 使用同一测量单位测量长度

测量的目的与意义都在于公平的比较。幼儿的生活和游戏中具有丰富的关于量的比较的问题情境，如，跳远比较远近、户外活动时比较影子的长短等。由生活情境中生发出的测量问题来开展测量活动具有重要的意义，幼儿可在问题解决中感受测量的必要性。

使用同一测量单位测量长度的活动分为两个层次。第一个层次是用多个测量单位首尾相接的方法测量长度，初步学习自然测量的方法；第二个层次是重复摆放一个测量单位，通过一个单位的位移来完成测量活动。活动中教师需要特别强调测量的操作规则，引导幼儿通过操作理解，测量就是用小的单位组合在一起，等量地替换或"表示"测量的对象。首尾相连摆放测量单位这一操作实际上是幼儿心理活动的外化，早期幼儿学习测量必须借助于这一外化的动作来理解测量的意义，完成测量活动。教师需要强调测量时从起点开始摆，一个紧接着一个摆，不能空开也不能重叠。交替使用一个长度单位进行长度测量时，教师需要引导幼儿使用在测量单位末尾做标记的方法来标示下一次摆放单位的起始位置。测量的结果是一个抽象的数，幼儿需要理解这个数的抽象意义是测量所用单位的数量，表示所测量物的长度。这个测量所得的数的大小可以用来比较被测物的长短。

2. 用不同测量单位测量同一长度

使用不同的测量单位测量同一长度，幼儿会发现其结果是不同的。所用的测量单位越短，最终的测量单位的数量越多，测量单位的长短与测量的结果之间呈反向的函数关系。

教师可在活动中准备多种测量工具，在活动中鼓励幼儿试试使用不同的测量工具来测量同一长度。值得教师关注的是，幼儿要真正理解测量单位的长度与测量结果之间呈现出的反向函数关系并不容易，幼儿必须在积累了较多的测量经验之后才可能在比较中获得相关的认识和思考。对于教师来说，不用急于为幼儿概括出这一结论的要点，因为没有基于幼儿自己真实而有意义的测量活动之上的思考，语言性的归纳和概括对幼儿而言是没有意义的。教师可先尝试引导幼儿去比较各种不同测量单位所测结果的不同，用语言来表述，如，测量椅子的宽度用了5根木棒或10根彩链，木棒的数量比彩链的少，而使用回形针测量的结果是用了20个回形针。

总之，由于测量技能的复杂性和幼儿抽象思维的局限性，对于学前儿童来说，首尾相接、替换和位移的测量技能并不是一个简单的认知过程，它是建立在对测量中单位结构和整体之间抽象逻辑关系的理解的基础之上的，而非标准测量的经验可以为幼儿今后进入标准测量的学习奠定良好的认知基础。

活动范例 8-1　量布裁衣（使用同一测量单位测量长度）

　　适合年龄班　中班上

　　活动形式　集体

　　活动目标

　　1. 探索用量具一个接一个摆放的方法进行测量，并学习用数字记录测量结果。

　　2. 愿意和同伴分享自己的经验。

　　活动准备

　　1. 木偶羊 1 个；自制背心模板两张（10.5 厘米×12 厘米），彩纸 1 张（25 厘米×13 厘米）。

　　2. 彩纸若干（14 厘米×5 厘米），幼儿人手两张；背心、裤子的模板，人手 1 份，放在小筐中，见活动材料；数字印章、印泥每组 1 套；记录单人手 1 张，见活动材料。

　　活动过程

　　1. 萌发探索测量方法的兴趣。

　　教师依次出示大的彩纸和背心模板，说：天气冷了，羊妈妈想为她的宝宝做背心，她带来了一块布，想请小朋友帮她量量这块布最多能做几件这样的背心？

2. 讨论正确的测量方法。

（1）教师：在量之前，羊妈妈有两个要求：第一，用这块布量出的每件背心都要是完整的；第二，要尽量多做几件背心。

（2）教师：怎么摆，做出的背心既完整又最多呢？哪位小朋友愿意上来试一试？

（当幼儿将背心摆在布的正中间时，可提问：他这样摆，做出的背心是完整的吗？羊妈妈满意吗？羊妈妈刚才是怎样说的？用这块布做的背心不仅要完整，还要做得越多越好。）

（3）教师：怎样可以知道这样摆做的背心是不是最多呢？

（4）请一位幼儿摆第二件，若幼儿直接摆在刚刚第一件的旁边，可提问：羊妈妈满意吗？什么地方不满意？第二件背心不完整，什么叫完整？一点儿都不少才叫完整。这儿什么地方不完整？

（5）教师：怎么摆才能做出最多的背心，而且每一件都是完整的呢？

（6）教师引导幼儿调整两个背心模板的位置，知道第1个模板要紧贴着彩纸的边缘，然后一个接一个摆放。

3. 幼儿操作活动。

（1）请幼儿拿一张彩纸和背心模板，尝试摆出最多的背心，摆好后用数字印章在记录单上记下背心数。

（2）做好后，请幼儿拿另一张彩纸和裤子模板，尝试摆出最多的裤子，摆好后用数字印章记录，感受、探索摆裤子与摆背心的不同。

（3）幼儿操作过程中，教师观察、发现幼儿出现的典型错误和不同摆法。

4. 交流讨论操作结果。

（1）教师将幼儿在彩纸上摆背心模板的操作结果（如背心做得不完整）和记录单展示在集体面前，提问：这样摆背心，羊妈妈满意吗？为什么？鼓励幼儿发现并说出背心不完整，所以羊妈妈不满意。请出现该错误的幼儿自行修改。

（2）教师将横着和竖着摆背心的操作结果和记录单同时展示在集体面前，提问：这两种摆背心的方法正确吗？羊妈妈更满意哪种呢？为什么？鼓励幼儿发现并说出两种摆放方法都是正确的，但羊妈妈更满意竖着摆的方法，因为她想做最多的背心，竖着摆的方法能做4件背心，横着摆只能做3件。

（3）教师以同样的问题启发幼儿思考，横着和竖着摆裤子的方法，羊妈妈更满意哪种，并说明原因。鼓励幼儿发现并说出，羊妈妈更满意竖着摆裤子，因为她想做最多的裤子，竖着摆的方法能做4条裤子，横着摆只能做两条。

指导要点

1. 本活动通过做衣服的情境，使幼儿学习了测量的基本方法。活动中教师应引导幼儿分析怎样能在一块布上做的衣服件数最多，即测量工具应一个紧接着一个，中间不能有缝隙。同时发现横着和竖着摆背心/裤子时，做的数量是不同的。

2. 为了方便幼儿记录，提供的被测物的长度应是测量工具长度的整数倍。

活动材料

背心模板

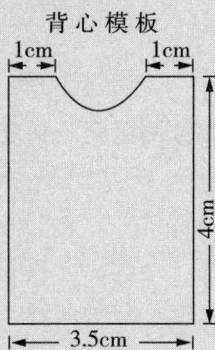

图8-3

裤子模板

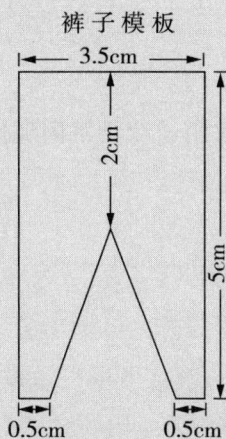

图8-4

记录单

背心/裤子摆放方法	数量

图8-5

活动范例8-2 一寸虫

适合年龄班 中班

活动形式 个别

设计意图

利用图画书《一寸虫》来启发幼儿利用套索玩具一寸虫作为测量工具测量物体的长度。

活动准备

图画书《一寸虫》、套索玩具若干、测量记录纸。

操作方法

利用探索玩具一个接着一个连接在一起测量物体的长度。

指导要点

1. 引导幼儿关注测量物体的起点，如测量洋娃娃的高度要从洋娃娃的脚开始到头顶。

2. 测量时需要把一寸虫摆直。

活动范例8-3 量量桌子有多长（用不同测量单位测量同一长度）

适合年龄班 大班上

活动形式 集体

活动目标

1. 学习运用自己选择的测量工具，探索测量直线的方法。

2. 初步体验量具的长短与使用数量的关系。

活动准备

1. 师幼共同收集各种不同的测量工具：回形针、长短不同的长条积木，各种不同长度的尺子、小棒、长条纸等。

2. 在幼儿测量的桌子的左边贴一个小动物标记，右边贴一个食物标记；记录单、笔若干。

活动过程

1. 观察各种材料，猜测活动的内容。

（1）教师：请小朋友看看桌上有什么？鼓励幼儿说出小动物和食物的名称。

（2）教师出示各种材料，提问：请小朋友看看，这里有哪些东西？它们有什么用呢？鼓励幼儿大胆猜测。

2. 操作游戏：路有多远。

（1）教师：请每个小朋友选择一种材料，量一量桌上小动物找到食物的路有多远。

（2）教师：怎样量才能又对又准？每次测量时，怎样才能不与前一次的测量结束处有空隙呢？如何在每一次测量的结束处留下记号？鼓励幼儿大胆表达。

（3）教师小结：每次测量时，将前一次测量的结束处作为后一次测量的起点。量完后将使用的测量材料及其数量记录下来。

（4）教师：谁能用刚才我们讨论的方法选用一种材料来量一量小动物找食物的路有多远？量好后把用了多少个××记下来。请个别幼儿在集体中实践讨论的方法，为大家展示测量的方法和结果。

（5）教师：注意看他是怎样量出这条路有多长的？量好一次后，第二次他是从哪里开始接着量的？每次量完后他是怎样留下记号的？

3. 选择测量工具进行测量活动。

（1）教师请幼儿任选一种材料进行测量，观察、发现幼儿使用的测量方法以及解决问题的不同策略。

（2）教师启发幼儿用数字、点、线条等符号，在记录单上记录自己使用量具的数量。

4. 分享交流。

（1）使用不同测量工具的幼儿介绍自己选择的测量工具及其数量，集体验证（重点关注量具移动时的技能）。

（2）教师：为什么同样距离的路，有的用的量具多，有的用的量具少？帮助幼儿体验量具的长短与使用数量的关系。

指导要点

1. 有条件的幼儿园，可在幼儿活动时，用摄像机将幼儿的活动过程拍摄下来，在活动第四环节时直接放映出来给幼儿观看，让幼儿了解同伴在测量中所运用的不同策略。

2. 幼儿的各种测量策略，教师都应给予肯定（只要符合要求），不要给予好坏的评价，这样才能真正让幼儿在活动中进行大胆的探索。

3. 教师应让被测量物的长度是测量工具的整数倍，这样便于幼儿记录和介绍。

（二）初步学习使用标准化测量工具——厘米尺测量长度

此活动的要点在于帮助幼儿在理解测量的意义（用多个相同的单位长度之和等量替换长度）的基础上，认识厘米尺上刻度的含义，初步学习使用厘米尺测量生活中物体的长度，体验标准化测量工具在测量中的重要作用。在活动中，教师可引导幼儿迁移前期自然测量活动中积累的测量经验，明白尺上的一个一个小格子就相当于以往用来测量桌子长度的回形针、小棒等。而所有的物体的长度都可以用这一个一个小格子来表示，一个小格子代表 1 厘米，从 0 到 n 之间有几个小格子，就代表几厘米。

厘米尺的使用方法需要教师来示范，要把尺子有刻度的一边对齐物体被测的直边，然后把 0 的一头对齐直边的一头，再看直边的另一头与尺子上哪一条刻度线平齐，读出这条刻度线对着的数字，就知道物体有几厘米长了。

活动范例 8-4　量一量（用厘米尺测量长度）

适合年龄班　大班下

活动形式　集体

活动目标

1. 知道尺子的用途和刻度的意义。

2. 能正确使用尺子测量生活中物体的长度。

3. 能独立完成测量操作。

活动准备

大块橡皮、几何积木、纸盒子（边长短于 15 厘米，自备）、厘米尺、操作单（见活动材料）、笔。

活动过程

1. 介绍厘米尺，讨论尺子测量长度的方法。

（1）教师出示厘米尺，提问：小朋友，你们知道这是什么吗？对。是一把尺子，尺子是做什么用的？

（2）讨论后教师小结：尺子是用来量物体长度的。

（3）教师请每个幼儿取一把尺子，提问：请你们看看尺子上有什么呢？

（4）幼儿观察并描述后，教师小结：尺子上有一段段的刻度线，还有数字，每个数字对着一条刻度线。

（5）教师：你们知道这些数字代表什么意思吗？代表从 0 开始到这个数字之间的距离有多长。比如，数字 4 代表从 0 到 4 这一段的距离是 4 厘米。大家看看从 0 到 4 之间是几格？（4 格），每一格代表 1 厘米。

2. 讨论测量方法。

（1）教师：你会用厘米尺来量一量东西吗？怎么量呢？请个别幼儿描述。

（2）教师出示实物，请幼儿运用厘米尺来测量。

（3）教师拿着尺子，示范一次使用厘米尺测量长度的方法：把尺子有刻度的一边对齐被测量的直边。

3. 介绍活动规则。

教师出示操作单，对幼儿说：今天这个游戏的名字就叫"量一量"，请小朋友选择桌上的一样物品，把它画在操作单上的阴影部分，标出你量的是哪一段，然后量一量，把量出的数字记在你画的图旁边的横线上。

4. 幼儿操作，教师观察指导。

（1）幼儿自选材料进行操作，教师可提示：量积木、橡皮等物体的长度时，请你把尺子横着放，量物体的高度时，请你把尺子竖着放。

（2）教师巡视各组幼儿的操作，重点观察幼儿是否掌握了测量的方法，能否理解操作的要求，记录是否正确；分析幼儿的发展水平，因人而异进行分层指导。

5. 交流点评。

（1）教师：今天你用尺子量了什么东西？你量的是哪一条边？你是怎么量的？结果是多少？这个结果是什么意思？还有谁量过这个东西，量出来的结果一样吗？（如果有幼儿提出不一样的测量结果，教师可以追问并组织讨论，集体纠错。）

（2）教师：今天我们认识了一个新的学习工具，叫什么？（尺子）你学会使用尺子来测量物体了吗？你用尺子测量物体还有困难吗？

指导要点

如果幼儿尚未理解测量的方法，仍不会测量，教师可以把着他的手，指导他先测量一个物体的高度或长度，待他理解操作方法后，再请他独立完成操作。

活动材料

操 作 单

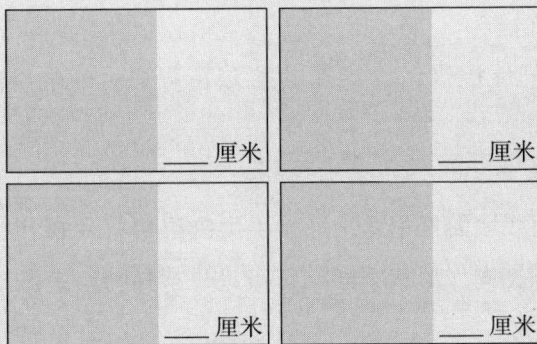

_____厘米   _____厘米

_____厘米   _____厘米

图 8-6

二、面积与体积测量活动设计与指导

（一）面积测量

面积测量活动中的要点与长度测量活动类似，即通过测量面积、比较大小的活动，理解面积测量就是用多个单位量的组合"表示"（等量替换）被测面积，并根据测量结果比较面积大小。不同之处是面积测量的操作规则要点在于，用测量单位不重、不漏地覆盖被测面积。

活动范例8-5 果园有多大①

适合年龄班 大班上

活动形式 集体

活动目标

1. 能用不重叠、不留空平铺自然物的方法测量并比较果园面积的大小。

2. 能大胆猜测面积的大小，并通过测量验证自己的猜测，初步体验面积的守恒。

3. 能与同伴积极讨论测量的方法，有初步的观察分析和判断能力。

活动准备

操作单 [3块面积相同、形状不同的果园（见操作材料中图8-7)，3块面积相同、形状不同的花布（见操作材料中图8-8）]，单位方形片若干。

活动过程

1. 比比"哪个果园大"，引导幼儿用测量的方法比较大小。

（1）教师：这两天，小猴、小鹿和小熊特别高兴，因为它们果园里的水果丰收了。我们一起去看看它们的果园，好不好？

（2）教师：今天，三个好朋友有点儿不高兴，它们都觉得自己家的果园最大。小朋友你们觉得谁的果园大？为什么？教师鼓励幼儿大胆猜测，并说出自己的理由。

（3）教师：怎样才能知道我们猜得对不对呢？引导幼儿迁移前期经验，说出用测量、比较的方法，比出谁的果园大。

---

① 本活动由南京市中华路幼儿园数学教研组设计。

2. 选择测量工具，学习用平铺自然物的方法测量果园的面积。

（1）教师出示回形针、小棒、吸管、大小不同的方块，提问：这里有一些工具，你认为选择哪一种工具能测量出果园的面积呢？

（2）师幼共同小结：回形针、小棒、吸管适合测量物体的长度，小方块适合将果园铺满，数数有几块小方块就知道果园有多大。

（3）教师指大小不同的方块，提问：只要是方块就都能用来测量吗？引发幼儿讨论后了解到，要用一样大小的方块测量。

（4）教师：用方块怎样量才能量得比较准呢？

（5）师幼共同讨论总结：要沿着果园平铺，不能重叠也不能留空。

3. 小组操作活动，测量并比较果园的面积。

（1）教师：今天我们除了要帮这三个好朋友比出谁的果园大，还要帮小猫看看它买的三块花布，哪块最大？小朋友你们可以先仔细看一看、猜一猜，然后再用小方块量一量，看看你量的结果和你猜的结果是否一样。

（2）教师引导幼儿先猜测一下哪块布面积大，再进行测量。测量时每一个方块之间不留空隙。

（3）教师应提醒能力较弱的幼儿测量时细心操作，正确点数并记录；鼓励能力较强的幼儿完成操作后，比较猜测与测量的结果，在测量过程和结果中初步体验面积的守恒。

4. 交流、分享，初步体验面积的守恒。

（1）教师：你们刚刚比出哪个小动物的果园面积大吗？为什么？师幼共同交流、讨论，知道通过测量发现三个小动物的果园面积一样大，因为它们都用了×块方块。

（2）教师：小猫买的花布哪块大？为什么？引导幼儿通过测量后记录的数字比出哪块花布面积大。

（3）教师：小朋友你们一开始猜测的结果和你测量的结果一样吗？为什么我们用眼睛观察时，会认为××块大呢？

（4）教师引导幼儿总结，知道由于果园（花布）形状不同，会让我们觉得它们的大小不同，因此，要通过量一量的方法才能正确地判断它们的大小。

活动材料

图 8-7

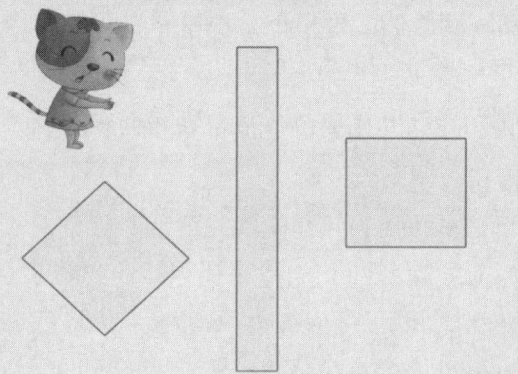

图 8-8

（二）体积测量

体积测量对幼儿来说比较复杂，且幼儿生活中常见的物体体积大多是不规则的。但是，幼儿对于生活中容器的容量（容积）大小的感知并不陌生。

教师可以让幼儿通过装单位容积的液体的方式，如，用 20 毫升的小量杯往瓶子里装水，记录装满需要多少杯，进而依此比较两个容器的大小。

教师也可以在生活中跟幼儿玩"数一数有多少个组块"的游戏。将组块插成一个长方体形状，让幼儿数一数，一共用了多少个组块，通过这样的经验发展其对体积的理解。

参 考 文 献

Clements D H, Sarama J A. Learning and teaching early math: The learning trajectories approach[M]. New York: Routledge, 2009.

Cross C T E, Woods T A E, Schweingruber H E. Mathematics Learning in Early Childhood: Paths Toward Excellence and Equity[M]. Washington, D. C.: National Academies Press, 2009.

A. M. 列乌申娜. 学前儿童初步数概念的形成[M]. 曹筱宁，成有信，朴永馨，译. 北京：人民教育出版社，1982.

曹飞羽. 学龄前儿童数概念的发展[J]. 课程·教材·教法，1984.

常宏. 3—6岁儿童平面几何图形组合能力的发展研究[D]. 上海：华东师范大学，2009.

陈英和. 认知发展心理学[M]. 杭州：浙江人民出版社，1996.

D. 埃尔金德. 儿童发展与教育[M]. 上海：华东师范大学出版社，1988.

卡西尔. 人论[M]. 上海：上海译文出版社，1985.

丁祖荫，哈咏梅. 幼儿形状辨认能力的发展[J]. 南京师大学报（社会科学版），1985.

李季湄，冯晓霞.《3—6岁儿童学习与发展指南》解读[M]. 北京：人民教育出版社，2013.

林嘉绥. 儿童对部分与整体关系认识发展的实验研究——4—7岁儿童数的组成和分解[J]. 心理学报，1981.

林嘉绥，李丹玲. 学前儿童数学教育[M]. 北京：北京师范大学出版社，1994.

刘范，张增杰. 幼儿认知发展与教育[M]. 北京：人民教育出版社，1985.

美国科学促进协会. 科学素养的基准[M]. 中国科学技术协会, 译. 北京：科学普及出版社, 2001.

皮亚杰. 皮亚杰教育论著选[M]. 卢濬, 译. 北京：人民教育出版社, 1990.

Rosalind Charlesworth Karen K. Lind. 幼儿数学与科学教育[M]. 李雅静, 龙洋, 曾先运 等, 译. 北京：北京师范大学出版社, 2011.

肖湘宁. 幼儿数学活动教学法[M]. 南京：南京大学出版社, 1990.

徐苗郎. 我的幼儿园数学活动模式[M]. 上海：上海社会科学院出版社, 2001.

袁林. 幼儿平面几何图形辨认能力和组合能力的研究[D]. 长春：东北师范大学, 2012.

约瑟夫·克奈尔. 与孩子共享自然Ⅱ[M]. 天津：天津教育出版社, 2000.

张慧和. 学前儿童数学教育[M]. 重庆：西南师范大学出版社, 2001.

张慧和, 张俊. 幼儿园数学教育[M]. 北京：人民教育出版社, 2004.

张慧和, 张俊. 幼儿园数学教育活动指导[M]. 北京：人民教育出版社, 2008.

张慧和, 朱俐瑶. 幼儿园领域课程资源 数学[M]. 北京：教育科学出版社, 2014.

赵振国. 3—6岁儿童估算和数感的发展研究[D]. 上海：华东师范大学, 2006.

周淑惠. 幼儿数学新论——教材教法[M]. 台北：心理出版社, 1995.

周欣. 幼儿数概念的早期发展[M]. 上海：华东师范大学出版社, 2004.

出 版 人　李　东
策 划 编 辑　白爱宝
责 任 编 辑　徐　杰
版 式 设 计　杨玲玲
责 任 校 对　张　珍　金　霞
责 任 印 制　叶小峰

图书在版编目（CIP）数据

幼儿园数学领域教育精要：关键经验与活动指导 /
张俊著 . —北京：教育科学出版社，2021.1（2025.3 重印）
　（幼儿园领域课程指导丛书）
　ISBN 978-7-5191-2387-1

　Ⅰ. ①幼… Ⅱ. ①张… Ⅲ. ①数学课—教学研究—学
前教育 Ⅳ. ①G613.4

中国版本图书馆 CIP 数据核字（2020）第 226323 号

幼儿园领域课程指导丛书
幼儿园数学领域教育精要——关键经验与活动指导
YOU'ERYUAN SHUXUE LINGYU JIAOYU JINGYAO——GUANJIAN JINGYAN YU HUODONG ZHIDAO

出 版 发 行	教育科学出版社				
社　　　址	北京·朝阳区安慧北里安园甲 9 号		邮　　编	100101	
总编室电话	010-64981290		编辑部电话	010-64989386	
出版部电话	010-64989487		市场部电话	010-64989572	
传　　　真	010-64989419		网　　址	http://www.esph.com.cn	
经　　　销	各地新华书店				
制　　　作	北京金奥都图文制作中心				
印　　　刷	保定市中画美凯印刷有限公司				
开　　　本	720 毫米×1020 毫米　1/16		版　　次	2021 年 1 月第 1 版	
印　　　张	114.75		印　　次	2025 年 3 月第 5 次印刷	
字　　　数	1688 千		定　　价	377.00元（共7册，含光盘）	